教育 的
弦外之音

宋德发 —— 著

EDUCATION

时代出版传媒股份有限公司
安徽教育出版社

图书在版编目（CIP）数据

教育的弦外之音 / 宋德发著. —合肥:安徽教育出版社,2021.12
 ISBN 978-7-5336-9523-1

Ⅰ.①教… Ⅱ.①宋… Ⅲ.①高等教育—教学研究—中国—文集 Ⅳ.①G649.21-53

中国版本图书馆 CIP 数据核字（2021）第 193663 号

教育的弦外之音
JIAOYU DE XIANWAIZHIYIN

出 版 人:费世平
策划编辑:周　佳
责任编辑:周　佳
装帧设计:吴亢宗

出版发行:安徽教育出版社
　地　　址:合肥市经开区繁华大道西路398号　邮编:230601
　网　　址:http://www.ahep.com.cn
　营销电话:(0551)63683012,63683013
　排　　版:安徽时代华印出版服务有限责任公司
　印　　刷:合肥市宏基印刷有限公司

　开　　本:880×1230　1/32
　印　　张:9.25
　字　　数:200千字
　版　　次:2021年12月第1版　2021年12月第1次印刷
　定　　价:49.00元

（如发现印装质量问题,影响阅读,请与本社营销部联系调换）

目录

前 言
论大学教师的身份危机　003

第一辑
最重要的是上课的感觉
　　——童庆炳先生课堂教学思想述论　015
高校文科教学十大关键词
　　——以西方文学史课的教学为例　028
写作可以这样教　039
我为什么这样讲课？
　　——申报"中国大学视频公开课"背后的故事　051
元典教学的价值与困境　063

讲授的弦外之音

——显性讲授中的隐性教育　071

第二辑

老北大名师的教书育人

——以《负暄琐话》《负暄续话》为考察中心　085

大学"名嘴""七宗最"　101

如何化解科研与教学的矛盾？

——从易中天的科研转型谈起　118

通识教育不是什么？　134

张楚廷的"好教师"观　148

名师的第三种解释

——《文学教育新视野》的教学价值　164

第三辑

好导师的三种风格　173

研究生导师要做的十件事

——以张铁夫先生的研究生培养方式为例　189

非名牌大学如何培养出名牌博士？

——周益春教授的博士研究生培养之道　198

教授中的教授、博导中的博导

——论童庆炳先生的博士生培养之道　211

第四辑

大学教学荣誉体系的缺失与构建　227

当得不像校长了,就当好了

——张楚廷日常生活中校长形象的呈现、实质与启示　243

最好的管理是不需要管理的管理

——张楚廷"隐性管理"思想述论　259

在最美丽的时候,我遇见了谁?

——张楚廷先生教我治学与为人　272

后记

每个人都有不同的境遇　285

前言

论大学教师的身份危机

在所谓"后现代社会",大学教师这个公众形象曾经十分完美的群体也面临被解构的命运。社会公众在不断质疑大学教师:"你是谁?"作为最具自觉反省意识的一个群体,大学教师更是陷入了"我是谁"的自我责问中。大学教师到底是"教师""学者",还是"官员"? 这个"后现代社会"中典型的身份危机问题让我们无法回避。

一

这里所说的"大学教师"是比较狭义的,它专指给本专科生上课的教师。因此,大学的工作人员里,至少有两类人不属于"大学教师"范畴:第一类是专门从事行政后勤工作的人员,第二类是完全不从事本专科教学的研究生导师。第一类情况容易理解,第二类情况需要做进一步说明。本专科教学和研究生教学的目标和方法明显不同,即本专科教学属于入门教育,以专业知识普及为主要目标,以课堂教学为主导方式;而硕士、博士教学属于提高教育,以培养科研人才为主要目标,课堂之外的熏陶和手把手的经验传授比课堂教学更有效。因此,在笔者看来,大学里完全脱离本专科讲台的教师并不能被划入大学教师的范畴,而应该属于另一个独立的群体——在大学里工作的学者。

做如此限定之后,界定大学教师的身份就不再是一件艰难的事情。大学教师,顾名思义,就是在大学校园中,面对本专科生从事教书育人活动的教师。大学教师的职责是多层次、多方面的,但"教书育人"无疑是最基本和最核心的。因此,评价一个大学教师优秀与否的最佳标准,就是考察他教书育人的水平和成效如何。这样一个原本简单明了的问题,如今却变得复杂无比。因为大学教师最基本、最核心的职责越来越模糊和弱化,甚至变成可有可无的影子。

生活告诉我们,优秀是相对的。一个被公认为最优秀的大学教师也会有他的不足之处,但可以肯定的是,他在履行大学教师最基本和最核心的职责方面无疑是相当成功的。据笔者的长期观察,在"教书"方面,或者在"育人"方面取得明显成效的大学教师都比较容易获得广泛认同,而把"教书"和"育人"统一起来更能体现出一名优秀大学教师的可贵素质。"教书"或者"育人"固然不是判断一名大学教师优秀与否的充分条件,却是一个大学教师的教师身份得到普遍认可的必要条件。

由于本专科教学主要采取课堂教学的方式,所以,评价一名大学教师的"教书"水平主要是看他的课堂教学水平——这一点和研究生导师教学水平的评价标准显然不同。就研究生培养而言,因为学生数量少,教学手段更为灵活多样,也更强调学生的自主学习能力,所以课堂教学的重要性实际上并不特别明显。至于大学教师的"育人"水平如何,这是一个非常复杂的问题,如果用培养研究生的方式,手把手地培养本专科生,那么不管教师课堂教学水平如何,本专科生的专业能力都会普遍提高。可是由于教师少,学生多,这种情况一般不会普遍存在。因此,普通大学教师如果不承担辅导员或者班主任职责的话,那么他的"育人"主要是在课堂上进行的,即在传授专业知识的过程中潜移默化地塑造学生的专业能力,引导学生为人处世原则的形成。

如果说研究生导师主要是在课堂之外的"育人"中"教书"的话,那么,本文所指的大学教师则主要在课堂之内的"教书"中"育人"。这样看来,课堂教学在大学教师的身份形成中占据了举足轻重的地位。也许一个大学教师应该承担多方面的职责,但"教书"无疑是其最根本的职责,课堂教学水平低的大学教师则不能成为称职甚至优秀的大学教师。因此,提高课堂教学水平对大学教师来说,不是最高的要求而是最基本的要求,就像提高驾驶水平是对驾驶员的基本要求一样。可是,实际情况并不让人乐观,我们看到的情况是,越来越多的大学教师既没有用心"育人",也没有专心"教书",以至于引发了深刻的身份危机。

二

我国高校现在被划分为教学型、教学科研型和科研型等类型(或层次)。不论何种类型(或层次)的大学,都包含一个共同的群体:本专科生(随着高校"升级运动"的展开,在校专科生数量越来越少)。从实际情况来看,本专科生的培养是面向社会的,研究生的培养是面向学术的。因此,不管哪个层次高校的大学教师,只要他需要面对学生,并且要晋升职称,那么课堂教学水平都是衡量他称职或优秀与否的主要标准。

不妨从一个最简单的角度来看。我国大学教师的职称从低到高是"助教""讲师""副教授""教授",这在任何高校都是通用的。显然,大学教师的职称和专职研究人员的职称——"助理研究员""副研究员""研究员"等明显不同。称号的区别揭示出大学教师和研究人员基本职责的差异:大学教师以"教书育人"为主,学术研究为辅;研究人员以研究为主,"教书育人"为辅。在大学教师的职称中,关键词是"教"和"讲",即强调口头表达能力;在研究人员的职称中,关键词是"研究"。课堂教学水平是评价大学教师的核心标准,研究能力只起参考作用;研究能力是评价研究人员的核心标准,教学能力只起参考作用。但实际情况是,研究能力越来越成为大学教师的核心评价标准,这也一定程度上制约了大学教师课堂教学水平的普遍提高。

大学教师一般要接受四个方面的评价:高校管理者、同事、学生以及自身。前三个方面构成社会公众评价,最后一个方面则是自我评价。自我评价是一种良心行为,并不具有普遍的推广性。实际上,自我评价的标准和结果很难真正不受社会公众评价的影响。这其实可以从正反两个方面来看,从正面看,社会公众评价高的大学教师自我评价一般不会很低;从反面看,社会公众评价低的大学教师自我评价一般也不会太高。问题是,社会公众的评价标准是什么?它和自我评价的标准是否一致?大学教师的同事一般会在茶余饭后从事评价活动,且评价的信息主要来自管理者和学生的反馈。因此,大学教师的公众评价主体是管理者和大学生。

从本文对大学教师基本职责的界定来说,管理者和大学生的评价标准应该是一致的,即以课堂教学为核心。而大学教师自我评价的标准也应该遵从于他的基本职责。可是实际情况是管理者的评价标准和大学生的评价标准相抵触,这也直接导致大学教师自我评价标准存在矛盾。由于大学教师直接对学生负责,因此,最"权威"的评价者应该是学生。实践证明,学生一般不会戴着有色眼镜来评价教师,这里所说的有色眼镜就是教师的年龄、学历、职称和学术水平等。在他们看来,教师的课堂教学水平无疑是最重要的,至于教师做过多少及哪些级别的课题,发表过多少及哪些级别的论文,职称是资深教授还是刚上讲台的新人,学历是研究生还是自学成才等,最多具有参考价值,不会从根本上决定他们对大学教师的评价。正因为如此,学生对大学教师的评价普遍偏低。在很多学生眼中,有的大学教师甚至丧失了"说话"的能力,成为典型的哑巴教师,把本该精彩的课上得让人昏昏欲睡。于是学生对大学教师的真正身份产生了质疑,甚至提出了"大学教师,你为什么还不下岗?"的质疑。

学生对老师讲课水平的不满应该引起足够重视。试想,一个不会上课,甚至不愿上课的大学教师还能称之为大学教师吗?正如同,一个不会研究、厌恶研究的研究人员还能称之为研究者吗?

三

对于教学科研型大学,从表面上看,"教学"排在"科研"前面,"教学"地位高于"科研"。但实际情况是,"教学"往往被忽略,"科研"受到热捧。这通常表现在两个方面:一是教师教学水平缺乏一个稳定明确的评价和奖惩体系,二是不定期举办的青年教师讲课比赛的结果并不被纳入教师的职称晋升标准中。与此相反,学校一般有长期明确的科研评价体系,其中规定对科研成果采取重奖原则。因此,教学对教师切身利益的影响微乎其微,而科研直接关系到教师的前途和命运。

不难发现,普通高校教师必须在两个其实已经对立的评价体系——管理者的科研评价体系和学生的教学评价体系中有所选择,至少要有所侧重。从理想的角度说,教学和科研理应相辅相成,教师和学者两个角色可以并行不悖。可实际情况并非如此,一是因为人的时间和精力毕竟有限,同时做好两件事情无疑具有一定难度;二是因为我们通常所说的科研其实是学术研究而不是教学性科研,即使是教学性科研,也更侧重宏观理论的建构和阐释而不是经验性的研究;三是现在的学术研究分工越来越精细,这意味着某个领域的专家对其他领域的了解可能会非常有限;四是科研和教学是两种不同能力的体现,科研注重专一性以及用文字表达思想的能力,而教学注重知识的广阔性以及用口语表达思想的能力。考虑到这些因素,也就不难理解为什么很多学术上颇有建树的知名学者的课堂教学效果并不能让学生满意了。

讲台如同舞台,也讲究"台上十分钟,台下数年功"。台下功夫虽然包括对所讲内容的研究,但这种研究是综合性的,和以创新为目标的学术研究有所不同。实际上并不是所有创新的内容都适合在课堂上讲授,而且作为专业课的入门教学,一个教师"创新"的内容未必就是最好的内容,何况人的创新能力是很有限的,有时候一辈子思考出的新结论也许用一次学术讲座就可以交代清楚。因此,课堂教学的创新更多体现在教学语言和教学方法上。

依据笔者的经验,要使一堂45分钟的课有相当高的水平,需要两个月甚至更长时间的精心准备。而一门课一学期一般有48个45分钟,这意味着上好一门课要心无旁骛地准备好几年时间。可是面对关系到自己切身利益的科研评价体系,大部分年轻教师不得不调整自己的追求方向,顺应现行评价标准来分配时间和精力。普遍的情况是,原本应该在教学之外的"业余时间"里从事科研的大学教师现在只能是在科研之外的"业余时间"里从事教学工作。这就像研究人员把研究工作放在一边,一心一意去从事教学一样。其结果不仅是模糊了身份,甚至是改变了身份。

四

不可否认,天赋对一个人最终达到什么高度有着重要影响。有的人更适合做教师,有的人更适合做科研,也有人两方面的天赋都具备。如果要普遍提高大学教师的课堂教学水平,最根本的措施之一就是把好选材关,尽可能引进一些具有教学天赋的人才。可实际情况是,有的专业师资紧缺,没有挑选人才的余地,报考人员只要有一定层次的学位就照单全收。

而很多高校在引进人才时,虽然也有试讲之类的环节,但多流于形式,缺乏实质性内容。往往在试讲过程中,只有几个同行或者人事部门的行政人员听讲,没有一个学生参与其中。教师的教学对象是学生,教师的教学水平如何,学生应该最有发言权,可是学生没有权利选择自己的授课教师,而是专家和管理者代替他们做出选择。更重要的是,一些高校在引进人才的时候,其主要衡量标准并不是教学水平,而是学历和科研水平。因为高校需要适应特定的排名体系,在这个体系中,专家看得见(可以填入表格)的学术成果是最核心和最有效的,而专家看不见的课堂教学效果自然可以忽略不计,高校教师的课堂教学水平在源头上也就无法得以保证了。

正像很多学生所感叹的，有的博士根本不会讲课，没有体现出博士的水平。在学生眼中，博士的水平主要还是应在课堂上有所体现。当人才引进方式和现有大学教师的天赋不能得到改变时，可以通过政策来引导大学教师对教学做后期投入。实践证明，好的政策不会让所有的人变得更好，但可以让更多的人期待更好，并努力做得更好。学生和同事构成的评价体系只是一种舆论。只有管理者制定的评价体系才具有政策性的导向作用。当管理者制定的评价标准偏重科研、轻视教学时，意味着越来越多的大学教师更期待在科研上有所建树，并努力在科研上有所建树；同时也意味着越来越多的大学教师在课堂教学方面的目标有所降低。

青年教师需要在学术和科研之间做艰难的选择：在自身能力有限的情况下，到底是以教学为中心，还是以科研为中心？如果以教学为中心，学生评价更高，自己在讲台上会获取更多的成就感，教师身份会更明确。但管理者可能并不会完全认同自己的努力，时间一久，会产生巨大的失落感。如果以科研为中心，会更适应官方评价体系，切身利益得到了保证，但学生可能会产生不满，自己的良心也会感到不安，毕竟自己是一名大学教师。

要科研还是要教学？这实在是个问题。被这个问题困扰的大学教师陷入了"我是谁"的自我责问中，在外在压力和内心焦虑的双重夹击下显得无所适从。具有高级职称的大学教师可以说适应了管理者评价体系，实现了最初的期望价值，最终可以成为一名学者。成为学者之后，他们则面临两种选择：一种是回归大学教师身份，凭借自己丰厚的学术积淀和丰富的人生经验升华为教学名师；另一种是进一步改变大学教师身份,"学而优则仕",获得一定行政职位,甚至可以借助行政职位来进一步巩固自己的学术地位,可是,这样自然离课堂越来越远。

在日趋学术化的高校中,大学教师的教师身份日益模糊,学者身份日益彰显;在日趋行政化的高校中,大学教师的学者身份日益模糊,官员身份日益彰显。问题是,大学里的学者和研究机构的学者毕竟不同,大学里的官员与政府机关的官员毕竟有别。那么,今天的大学教师,到底是教师、学者,还是官员?

(原载《理工高教研究》2008年第6期,有改动)

第一辑

最重要的是上课的感觉

——童庆炳先生课堂教学思想述论

不少著名人文学者,如李泽厚、刘再复、陈平原、钱理群、孔庆东、季羡林、周国平、孙绍振、郑也夫等,都曾在专业写作之余,或多或少通过专门的教育论著表达自己的教育思想。童庆炳先生(1936—2015)也是这样一位学者。不同的是,他的教育论著更侧重于讨论微观的、具体的课堂教学实践,具有很强的体验性和经验性,更容易被一线教师理解、借鉴和落到实处。

一、"我就是一名普通的教师"

童庆炳先生是著名大学的著名教授,拥有众多显赫的身份,如"著名文艺理论家""文坛教父""教育家"等。但是,童庆炳先生的自我定位是:"我今年 80 岁了,我从始至终认为,我就是一名普通的教师。尽管我有很多著作,但是,我看重的第一位的东西就是,我是一名教师。"①

在普遍重视科研的大环境下,不少大学老师习惯于用"著名学者"的身份代替自己"普通教师"的身份,从而远离一线课堂,并且还以此为荣。在北京师范大学这个层次的大学,像童庆炳先生这样事实上并不普通的教师,是完全有条件告别课堂教学,全心全意做科研的。但是,童庆炳先生始终将自己当作普通教师,将站在讲台上视为自己最大的职责、光荣和快乐,这是对"回归常识、回归本分、回归初心、回归梦想"的生动诠释。准确地说,童庆炳先生根本无须回归,因为他从不曾离开,因为他一直忠诚、幸福地坚守在那里。

一个人的确会有不同的身份,这些身份看似非常矛盾,却又能奇妙地统一于一身,比如一名女性,同时也可以是教授、舞蹈爱好者、素食主义者、普通话测试员……当然,这些多元的身份在特定的时间或空间中,会有一个相对优先:"比如,当一个人去赴宴的时候,他作为素食主义者的身份要比作为一个语言学家的身份更为重要,后者只是在他去做有关语言学方面的讲演时才特别相关。"②

童庆炳先生的智慧和可贵之处在于,他始终清楚自己什么时候是什么,什么时候不是什么。他清醒地认识到,自己作为大学教师,尽管是名校的名教授,但最基本、最优先的身份还是"教师"。作为教师,童庆炳先生又很清楚地明白,如果远离课堂教学、不乐于课堂教学、不善

---

① 童庆炳. 做"四有老师",为党和人民培育英才——北京师范大学文学院党校党课上的演讲[M]//吴子林. 教育,整个生命投入的事业——童庆炳教育思想文萃. 上海:华东师范大学出版社,2016:129.

② 阿马蒂亚·森. 身份与暴力——命运的幻象[M]. 李风华,陈昌升,袁德良,译. 北京:中国人民大学出版社,2009:22.

于课堂教学,那就违背了教师的本义和职责。因此,童庆炳先生从一开始的怕上课,到喜欢上课,再到将上课当作"节日":"天天上课,天天过节,哪里还有一种职业比这更幸福的呢? 我一直有一个愿望,我不是死在病榻上,而是有一天我讲着课,正谈笑风生,就在这时倒在讲台旁,或学生的怀抱里。我不知道自己有没有这个福分。"①正因为将上课视为节日,所以童庆炳先生总是像准备过节一样,为上课做着精心的、细致的、全方位的准备。

首先,他会写出详细的讲稿。童庆炳先生说:"20 世纪 80 年代我一直给本科生上课,应该说上得很好,很受学生欢迎。我下了很多力气备课,几乎每堂课我都写出了很详细的讲稿。不像现在有些老师,不怎么备课,就敢去上课;有的是做了一个简单的 PPT,对着 PPT 讲。"②

其次,他会将讲稿全部背下来。讲稿写完了,如果照着念,那就是照本宣科。为了能够全部脱稿上课,童庆炳老师采取了一种"笨办法",就是将讲稿全部背下来:"比如我讲小说,我把《红楼梦》所有的标题、一百二十回回目全部背下来,把《红楼梦》里面一些特别精彩的段落也全部背诵下来,所以我讲的时候是甩开书本的。我讲《红楼梦》,给同学们举例,我是背诵出来的。"③

再次,他每时每刻都在为讲课做准备。写讲稿、背讲稿算是讲课

---

① 童庆炳.旧梦与远山[M].北京:北京大学出版社,2015:187.
② 杜云英."为祖国教育事业健康服务五十年"——访北京师范大学文学院童庆炳教授[G]//周作宇.人文的路线——北京师范大学名师教学访谈录.北京:北京师范大学出版社,2008:366-367.
③ 童庆炳.做一个有仁爱之心的好老师[M]//吴子林.教育,整个生命投入的事业——童庆炳教育思想文萃.上海:华东师范大学出版社,2016:75.

的"短期准备"。童庆炳先生还看重讲课的"长期准备":"有时候刚刚要入睡,突然一个有意义的生活细节涌上心头,我就会立刻翻身起来,记录在笔记本上。有时候某个诗人的某一首诗,恰好能说明某个问题,我也立刻把小本拿出来,简要地记下来。甚至于讲课中某句话换一种说法,更能打动学生,也一一做了笔记。"①

最后,他会为讲课而专门整理仪表。在上课前,童庆炳先生会穿上平时很少穿的西装,系上从曾宪梓先生手里接过来的那条领带,还将皮鞋擦得锃亮。他说:"上课前的那一个晚上,或上课的那天清晨,你必须洗一个澡,身上的污垢去掉了,会平添几分精神。平时你可以穿得随便一些,就是让学生看见你穿短裤,也没有什么不妥。但在走上讲台时,你必须穿上你最好的服装。这是你的节日,此时不穿,何时再穿?"②

童庆炳先生为上课所做的准备,有些是学生看得到的,有些是学生看不到的。不论是看得到的,还是看不到的,都是学生在课堂内外可以感受到的。诚如雅斯贝尔斯所言,"任何虚伪都逃不过孩子们明亮的眼睛和透明的心扉"③。同样的道理,任何真诚也逃不过孩子们明亮的眼睛和透明的心扉。童庆炳先生用他的实际行动,生动诠释了"真正的教师应该是用全部的生命抒写自己的职业的人。他的感觉中要有学生,他的感情中要有学生,他的想象中要有学生,他的理解中要有学生,他的思想中要有学生。必要的时候,他的装束,他的仪表,他

---

①童庆炳.讲课:外部语言与内部语言的交叉[M]//吴子林.教育,整个生命投入的事业——童庆炳教育思想文萃.上海:华东师范大学出版社,2016:68.
②童庆炳.旧梦与远山[M].北京:北京大学出版社,2015:187.
③雅斯贝尔斯.什么是教育[M].邹进,译.北京:生活·读书·新知三联书店,1991:35.

的手势,他的微笑,他生命活动中的一切,都要以学生的需要为依归"①。

二、"讲课时需要外部语言与内部语言交叉使用"

本科生的课堂教学,童庆炳先生侧重于"讲授法"。之所以如此,是因为他认为本科课堂教学的主要目标是基础知识的传授,而高水平的、启发式的讲授显然是最简单、有效的方法之一,"比如说文学理论,可能有30到40个概念是最基本的概念,作为老师,一定要把这些概念给学生讲清楚,讲透彻,让学生真正把知识吸收进来。因为这些最基本的概念连接着最基本的知识"②。

童庆炳先生讲授经验丰富、讲授水平高超、讲授理念先进。在他看来,讲课需要外部语言与内部语言的交叉使用。他说:"我几十年给学生授课的另一心得是,讲课时需要外部语言与内部语言交叉使用。"③所谓外部语言,是指经过人的理性深思过的语言,它能科学地、准确地表达对一个问题的理解,但它往往也给人以干巴巴的印象;所谓内部语言,是指随意的、似乎是不经构思的,脱口而出却是生动的甚至感人的语言。讲课时,外部语言相当于学术语言、专业语言和精心

---

① 童庆炳.教师的生命投入[M]//童庆炳.又见远山 又见远山——童庆炳散文集.北京:高等教育出版社,2016:119.

② 杜云英."为祖国教育事业健康服务五十年"——访北京师范大学文学院童庆炳教授[G]//周作宇.人文的路线——北京师范大学名师教学访谈录.北京:北京师范大学出版社,2008:367.

③ 童庆炳.讲课:外部语言与内部语言的交叉[M]//吴子林.教育,整个生命投入的事业——童庆炳教育思想文萃.上海:华东师范大学出版社,2016:66.

准备好的语言;内部语言相当于生活用语、带有个体鲜明特征的语言和即兴发挥的语言。

教师讲专业课时,对外部语言的运用会比较自然和轻松,难的是融入内部语言。因此,童庆炳先生强调外部语言与内部语言的交叉使用,其实就是提醒教师要重视内部语言的作用,"因为当你运用内部语言的时候,那正是表现你作为一个教师的深厚素养的地方,如果你的学问积累太少,知之不多,是不可能做到的"①。

如何巧妙地融入内部语言呢？童庆炳先生最擅长的方式便是举例子。童庆炳先生主讲的课程主要是文学理论类课程,该课程涉及的几乎都是抽象概念,这相当于给理论的坚果包裹上了坚硬的外壳。同学们对教师能否砸开坚硬的果壳心存疑问。童庆炳先生正是通过列举典型、丰富、生动的案例,砸开了概念的坚硬外壳,带领同学们一起品尝到了理论坚果的美味。"想不到我的第一课讲完之后,竟然博得了同学们的热烈掌声。这都要归功于孟浩然、李白、杜甫、白居易、李商隐、苏轼等这些诗人和罗贯中、曹雪芹等这些小说家,我正是举他们的诗词、小说为例,去阐释理论概念,以他们作品的具体性、生动性砸开了一个个理论概念的'坚果'的'硬壳'"②。

举例子既是重要的讲课方法,也是基本的讲课原则。"作为教师,要去讲授,第一件事,就是要找到尽可能好的例子。有了教材,为什么还要教师来讲授？很重要的一个因素就是要教师来举例说明。作为强调,我们还可以说重一些:没有例子,就不是教师,就不是在讲授。

---

① 童庆炳. 讲课:外部语言与内部语言的交叉[M]//吴子林. 教育,整个生命投入的事业——童庆炳教育思想文萃. 上海:华东师范大学出版社,2016:67.
② 童庆炳. 美学与当代文化讲演录[M]. 桂林:广西师范大学出版社,2007:315.

教师应该充分认识到自己的这份天职。"[1]

童庆炳先生不仅善于以作家的作品为例,而且善于以自己的生活为例。当以自己的生活为例时,举例就延伸和拓展为另一种重要的讲课方法——"插话","讲课你得时不时地插几句话。本来是讲古代的,忽然插一个现代的;本来是讲'东',忽然插一个'西',好像是没有联系,其实是有联系,形散神不散"[2]。

童庆炳先生主讲的是文学课程。文学是人学,所以文学课也应是人学课。鉴于此,童庆炳先生在讲课时非常注重联系自己的生活体验进行"插话","知识义理总是与生活体验相通的。为了深入浅出,你不能老是念讲义,不能老是用经过修饰的'外部言语',你得把讲稿扔开,把你自己的生活体验,你尝过的酸甜苦辣,并操一种同朋友聊天时会用的未修饰过但充满激情的'内部语言',让学生觉得你是一个会观察会体验会检讨自己生活的人"[3]。

愿不愿意"插话"是一种讲授意识,能不能"插话"则是一种讲授能力。一个知识面狭窄、缺乏人生阅历和人生感悟、缺乏想象力的老师,是无法运用"插话"这种讲授方法的。因此,童庆炳先生建议,教师为了更好地打通专业与生活的内在联系,还要注重知识面的拓展,以及人生阅历和人生体验的积累。"书本知识往往是死的,怎样把死的知识变成活的呢?这就要从生活中去体验,把书本与生活接通,死的也就变成活的了。特别是搞文学的人,若不能从生活中去体验,文学的

---

[1] 杜和戎.讲授学[M].北京:华语教学出版社,2007:67.
[2] 宋德发.如何走上大学讲台——青年教师提高讲课能力的途径和方法研究[M].湘潭:湘潭大学出版社,2013:150.
[3] 童庆炳.旧梦与远山[M].北京:北京大学出版社,2015:188-189.

那种具体的、感性的、微妙的、难于言传的生命力也就很难把握住。我经常对学生说:'对于研究文学的人来说,经历是一种重要的财富,经历中的生活体验更是一种重要财富。'"①

三、"宽容就意味着要容纳各种意见"

在研究生课堂上,童庆炳先生更注重"讨论法"的运用。不能说"讨论法"就比"讲授法"先进、高级和优越,只能说"讨论法"更适合小班上课,更适合研究生课堂,更适合以培养学术思维和学术精神为主要目标的课堂。陶东风先生这样回忆童庆炳先生的"讨论法":"先生的上课方式给我的印象尤其深刻。他的课一般是自己先讲,然后让我们讨论。所谓讨论就是自由发言,其核心是挑先生课的毛病。先生特别鼓励我们拿他的讲义开刀。"②

以"讨论法"为主进行课堂教学,不仅需要学生具备相当扎实的知识积累,还需要教师具备足够的学术储备,也需要教师具备包容一切的胸怀。"研究生导师要有这种海纳百川的胸襟。这也就说我们现在常谈到的宽容。宽容就意味着要容纳各种意见,不要以为自己今天是老师,就一定是正确的,就对学生的不同意见不能容忍。一个老师不能摆出一种'唯我独尊'的面孔——遇到学生对自己的质疑,就非此即

---

① 童庆炳. 积累·体验·对话[M]//吴子林. 教育,整个生命投入的事业——童庆炳教育思想文萃. 上海:华东师范大学出版社,2016:83-84.
② 陶东风. 坚持自我 包容他者——童庆炳先生印象[G]//李春青. 手握青苹果——童庆炳教授七十华诞学术纪念集. 桂林:广西师范大学出版社,2005:34-35.

彼,容不得一点不同意见。"①

雅斯贝尔斯认为教育有三种基本类型:一是经院式教育,仅仅限于知识传授,教师只是照本宣科,而自己毫无创新精神;二是师徒式教育,完全以教师为中心,学生对教师的尊敬和爱戴带有绝对服从的特点;三是苏格拉底式的教育,教师和学生处于一个平等地位,"教学双方均可自由地思索,没有固定的教学方式,只有通过无止境的追问而感到自己对绝对真理竟一无所知。因此,教师激发学生对探索求知的责任感,并加强这种责任感"②。

童庆炳先生的"讨论法"与苏格拉底式的教育是相通的,其理论基础是,教育不是知者随便带动无知者,教育是使师生在共同寻求真理的过程中互相帮助、互相促进。用保罗·弗莱雷的话说就是:"真正的教育不是通过'甲方'为'乙方'('A' for 'B')也不是通过'甲方'关于乙方'('A' about 'B'),而是通过'甲方'与'乙方'一起('A' with 'B'),以世界作为中介而进行下去的——这个世界给甲、乙双方留下了印象并提出了挑战,产生各种关于这个世界的观点或想法。"③童庆炳先生像苏格拉底一样,在研究生课堂上,从不给学生现成的答案,而让学生自己通过探索去得出结论,进而让"自以为是"的人意识到自己的无知,并努力去发现真知。

讨论式教学法并不稀奇,在博士生课堂上更是常见。在运用讨论

---

①童庆炳.教学日志两则[M]//吴子林.教育,整个生命投入的事业——童庆炳教育思想文萃.上海:华东师范大学出版社,2016:69.
②雅斯贝尔斯.什么是教育[M].邹进,译.北京:生活·读书·新知三联书店,1991:8.
③保罗·弗莱雷.被压迫者教育学[M].顾建新,赵友华,何曙荣,译.上海:华东师范大学出版社,2014:59-60.

式教学的过程中,向学生发出"向我开炮"呼声的老师却是难得一见。在学生们"集中炮火轰炸自己"的时候,还能保持从容甚至持欣赏态度的老师,更是屈指可数。"然而,无论面对怎样的批评,童庆炳总是平静对待,耐心地倾听学生们的意见,有时据理力争,有时直言接受,有时不置可否……最后,童庆炳做精要的点评,并将学生所提意见全部带走,从未有因学生的批评而愠怒的情形。"[1]

童庆炳先生彻底的、独特的讨论式教学给学生们留下了深刻的、美好的记忆,也启发他们在面对学术争论时该如何保持大度、包容、平等、倾听和对话的心态。诚如陶东风所总结的那样,童庆炳先生传授给他的许多具体知识他并没有全部记住,但是先生的民主作风和开阔胸襟是他永远不会忘怀的,并深刻地塑造了他为人处世的方式和做学问的方式。陶东风说:"在一次纪念北师大100周年校庆的活动中,我与先生一起被邀请到中央电视台。主持人问我:'你觉得作为教师,童庆炳先生最可贵的品质是什么?'我的回答是:'善于培养学生的反思和质疑精神。'"[2]

从更高的层面看,童庆炳先生对讨论式教学法的极致运用,本质上就是以身作则,破除学术界和教育界"辈分与学术不分"以及"辈分大小与学术高低成正比"的陈规陋习,培养学生"爱老师,也更爱真理"的学术品格和精神品格。

---

[1] 吴子林.童庆炳评传[M].合肥:黄山书社,2016:48.
[2] 陶东风.坚持自我 包容他者——童庆炳先生印象[G]//李春青.手握青苹果——童庆炳教授七十华诞学术纪念集.桂林:广西师范大学出版社,2005:35.

四、"我认为教学与科研是一致的"

课堂教学不外乎包括三个部分:一是教学态度,二是教学方法(如何教),三是教学内容(教什么)。为了保障教学内容的深度和广度,童庆炳先生提出大学教师一定要做科研,"我认为教学与科研是一致的。如果哪个老师会教但不会写,这个我是不能理解的。这样我要反过来质疑,究竟他讲得如何?讲得好首先是因为你对问题有理解,你对问题怎么理解就要通过研究,所以研究和教学应该是一致的。教学好的人一定是因为他研究好,研究好的必然教学水平也比较高。两者是一致的,不能脱离的"[①]。

大学老师兼具"学者"和"老师"两个身份,"老师"的身份无疑优先于"学者"的身份。大学老师做研究最终也是为了更好地当老师,而不是当老师最终是为了更好地做学者。正如童庆炳先生所言,"教学好的人一定是因为他研究好,研究好的必然教学水平也比较高"。我们强调好的教学态度和教学方法,还需要一个基本前提,那就是研究对象和教学内容是基本统一的,即教什么就研究什么,研究什么就教什么,"一个老师应该把研究和教学融为一体,不是孤立的。如果教学搞一套,研究搞另一套,是不行的。一个老师要为他的教学、为他的学生着想,他研究的东西、结果正是学生需要知道的。所以我的一系列的书、一系列的文章写的都是跟教学密切相关的问题,而不是离开教学

[①] 杜云英."为祖国教育事业健康服务五十年"——访北京师范大学文学院童庆炳教授[G]//周作宇.人文的路线——北京师范大学名师教学访谈录.北京:北京师范大学出版社,2008:362.

单做的研究"①。

童庆炳先生是言行一致的,也就是说,他教过的内容全都是他做过深入或比较深入的研究的。"教师最经常的工作就是给学生上课。如果上课有心得体会,单篇整理出来就是论文,整门课的讲义整理出来,就是专著了。我的几部著作都是这样产生的"②。比如他给研究生讲《文心雕龙》,在备课的过程中,他读一篇就写一篇论文,然后拿出去发表,先后发表了30篇。最后,他把这些论文归拢到一起,出了一本书,叫《〈文心雕龙〉三十说》。此外,他的著作《维纳斯的腰带——创作美学》《现代诗学十讲》《美学与当代文化讲演录》等,都是根据讲义整理完善而来的。

更难能可贵的是,为了真正理解和讲清楚创作美学,童庆炳先生亲身实践和体验文学创作的酸甜苦辣,出版了与曾恬合著的中篇小说《生活之帆》(人民文学出版社,1981年)、长篇小说《淡紫色的霞光》(上海文艺出版社,1988年)、散文集《苦日子 甜日子——童庆炳美学随笔》(上海人民出版社,2000年)、《风雨相随——在文学山川间跋涉》(北京师范大学出版社,2013年)、《旧梦与远山》(北京大学出版社,2015年)和《又见远山 又见远山——童庆炳散文集》(高等教育出版社,2016年)。相形之下,那些只想写和只会写学术论著的教师所讲的文学课,空洞、枯燥和抽象便在所难免。

综上所论,童庆炳先生这位别人眼中的"著名文艺理论家""文坛教父""教育家",在他自己的心目中一直都只是一位普通老师。这位

---

①童庆炳.做一个有仁爱之心的好老师[M]//吴子林.教育,整个生命投入的事业——童庆炳教育思想文萃.上海:华东师范大学出版社,2016:76.

②童庆炳.维纳斯的腰带——创作美学[M].上海:上海文艺出版社,2001:18.

普通老师为了站稳讲台和站好讲台,将上课视为节日,由内而外地做着各种精心的准备。他针对不同的教学对象和教学目标,或潇洒自如地运用"讲授法",或虚怀若谷地运用"讨论法"。他为了教学有深度和广度,自觉、系统地围绕教学内容展开了研究。在一个普遍重科研轻教学的大环境下,他始终坚守着自己的选择、信仰和追求。"最重要的是上课的感觉,这是一种快感,一种美感,一种价值感,一种幸福感,一种节日感,一种自我实现感……"[①]

(原载《内蒙古师范大学学报·教育科学版》
2021年第1期,有改动)

[①] 童庆炳.旧梦与远山[M].北京:北京大学出版社,2015:191.

高校文科教学十大关键词

——以西方文学史课的教学为例

我国高校文科教师主要通过课堂讲授法来授课,因此,课堂教学质量显得尤为重要。如何做好课堂教学呢?应该说,从教学的角度说,文科的教学艺术具有很多共通性,为了不让本文的论述流于形式和空洞,笔者想结合自己主讲西方文学史课的直接经验和体悟,谈谈高校文科教学的十大关键词。

一、脱稿

对于一名老师来说,脱离讲稿并不是一个最高要求,而是一个最基本的素质。课堂教学最忌讳照本宣科。在"前多媒体时代",照本宣科是指念教材或者念讲稿;在多媒体时代,照本宣科又增加了一种新方式:念多媒体课件。之所以会出现照本宣科的情况,是因为老师没有用更多的心思和时间来撰写、记诵自己授课的武林秘籍:一本个性化的抽屉式讲稿。

脱稿为课堂教学的成功奠定了很好的基础,很多成功的老师都有一个共同的特点:完全脱稿。一篇很好的讲稿,如果是念出来的,效果会大打折扣,学生对教师的专业水准和职业态度也会产生一些怀疑。如果讲稿质量不尽如人意,但是教师能脱口而出的话,也会赢得学生的尊重和好感。他们会觉得自己遇到了一位非常敬业的老师。鉴于这种认识,笔者不管遇到什么样的讲稿,都力争熟练地背诵下来,比如普希金的诗歌、莎士比亚戏剧中的台词、列夫·托尔斯泰笔下人物的独白,以及以中国文学为参照系时涉及的《诗经》《楚辞》等。当一位老师做到手中无教案、眼中无教案,甚至心中无教案后,自然就可以追寻更高的授课境界了。

二、幽默

记忆讲稿固然重要,但是还需要将讲稿生活化、口语化。写论文和上课的区别就在于:写论文是用来看的,上课是用来听的。人的视觉更有耐心,可是人的听觉却非常挑剔。因此,写论文是将实践提升为理论,而上课是将理论还原为生活。在将讲稿生活化、口语化的过程中,幽默的作用就显现出来了。

幽默当然不是指讲一些与课程内容无关的笑话,而是指用通俗、大众化的语言,如适当借用一些流行歌歌词、影视对白、广告语、歇后语、方言俗语等,表达某些学术性的思想。换句话说,同一种思想,你可以用标准的书面语表达,也可以用灵动、活泼、让人回味无穷的口语来传递。比如你可以说海伦是希腊半岛最美丽的女孩,也可以说海伦是"希腊半岛的岛花";你可以说阿喀琉斯在海边伤心落泪,也可以说阿喀琉斯"一个人流泪到天亮",他的遭遇让我们深深地懂得了"男人哭吧哭吧不是罪";你可以说奥德修斯之所以能够返回故乡是因为他一心想着返回故乡,也可以说"如果你知道去哪里,全世界都会为你让路";你可以将达吉雅娜写给奥涅金的情书打在课件上读一遍,也可以用歌词给概括出来:"有没有人曾告诉你,我很爱你。"

有人认为幽默是天生的。其实不完全是。幽默与其说是一种先天的能力,不如说是一种后天的态度。比如深受人们欢迎的易中天老师就以"易式幽默"而著称。但据他自己爆料,他上课时所用到的很多幽默话语都是平时绞尽脑汁设计好的。尽管有部分学者或听众对易中天的幽默不以为然,给他扣上"哗众取宠"的帽子。但是,如果每一位大学老师都能够像他这样热爱教学,用心备课,并且达到他那样的表达水准,我们就无法苛求他做得更多、更好了。

三、激情

激情或许是一种最可意会而难以言传的东西。激情是自信的表现,而自信源于老师经过努力,对授课内容达到烂熟于心、信手拈来的程度。一个埋头念教案的老师不会有激情,一个满口书面语的老师难以有激情。激情需要讲究授课的节奏,如分析希腊神话的内涵时,可以用轻快的节奏;朗诵普希金的《致凯恩》时,可以带着沉醉的神情;讲解列夫·托尔斯泰时,可以用深沉的语调。

激情是一种投入。简单地说,老师先要打动自己,然后才能打动学生。不过,激情不是煽情,如果说是,那也是一种自然的煽情,是情到深处水到渠成式的升华。而煽情呢,就是做作的激情,毫无准备、突兀的激情了。这好比唱摇滚乐,优秀的摇滚歌手会用音乐和歌唱将一首歌自然地推向高潮,全场观众也在不知不觉中抵达一种沉醉、亢奋的状态。

四、表演

中国的教师大多内敛、羞涩,虽然也有些老师的授课语言颇有气势,但在肢体语言上依然稍显单调和机械,甚至有些匮乏。讲台其实也是一个舞台。老师虽然不是演员,但自学一点表演技巧是会有用武之地的。

教师不一定要说到动情处就坐到学生的桌子上,或者卷起自己的裤腿,但应该自信、大胆一些,不要让讲台和话筒束缚住自己的四肢。朗诵普希金的《自由颂》时,可以把自己当成专业主持人;表演哈姆雷特的独白时,可以化身为话剧演员;讲解答尔丢夫的虚伪时,不妨扮演一下伪君子……教师用肢体充分释放自己的激情后,课堂气氛也随之被调动起来。所以说,师生互动、教学相长不是只有老师提问题、学生站起来回答这一种形式。教师的眼神、动作等都可以把学生带入一种心灵共鸣的语境,让他们能够发自内心地参与课堂教学过程。当然,老师除了表演外,也可以适当地为学生提供一个表演的空间,如上学期可以让学生改编、导演和表演《哈姆雷特》片段,下学期可以让学生改编、导演和表演《等待戈多》。如果同时教两个以上的班,还可以让他们举行表演比赛,让其他学生作为大众评委来打分评判。

五、技术

新时代的老师基本告别了黑板和幻灯片,迎来了多媒体时代。对于西方文学史课而言,多媒体不是万能的,但没有多媒体是万万不能的。笔者旁听过一门广告学,该课程将图片、影像、表格、色彩、声音等元素运用得炉火纯青,笔者的钦佩之情油然而生,决定仿效他的做法,探索如何让西方文学史课教学告别平面时代,步入立体化的阶段。于是,在接下来的新学期的教学中,笔者一会儿插入电影片段,一会儿播放电视专题片。期末时,却失望地得知,学生们对于这门课的评分只有 87 分,这比课堂改革之前低了 8.5 分。

笔者其实犯了迷恋技术、冷落艺术的错误。西方文学史毕竟不同于广告学,因为广告学的个案主要以影像为载体,离开多媒体,这门课会变得死气沉沉。可是西方文学史的个案是以文字为载体的文学作品,它毕竟不是西方电影史、西方美术史,因此,在有限的课时中掺杂了太多的非文学因素,必然会大大挤压原本属于文学的空间。同时,插入太多花里胡哨的东西,不仅打断了课堂节奏,还错失了语言分析的魅力,对这门课的教学有害无益。

有了这样的教训后,笔者开始思考多媒体技术与语言分析的兼容问题,认为应该将多媒体技术用在最需要的地方。比如讲古罗马文化的起源,可以播放电影《特洛伊》片段:特洛伊城被攻破后,特洛伊王子帕里斯拉住一位准备撤退的年轻人——埃涅阿斯,将一把剑交到他手中,告诉他带着这把特洛伊之剑去创建一个新的特洛伊。这个新的特洛伊就是罗马的前身。然后开始讲罗马的起源和发展,讲罗马文化与特洛伊文化的渊源关系。

六、借鉴

对于学术研究而言,独创是必需的,但也是很难的。正因如此,很多学者为了创新，选择一块学术"自留地"，数十年如一日地辛勤耕作下去，希望在自己的研究领域成为专家。可是，当学者同时也是大学老师的时候，问题也随之出现。大学老师需要做普及工作，这就需要教师对所授课程有比较广泛的了解，换句话说，教学工作需要他（她）是一位杂家。但是学术界已经形成一条潜规则：专家比杂家吃香。开学术会议的时候，同行总是习惯性地问一句："你是搞什么的？"如果答不上来，便自觉矮人一截。为了能在学术圈立足，专家们只能用钻牛角尖的精神把自己的"自留地"深挖三千尺，但这也是为什么一些学者很难上好一门本科课程的原因所在。

笔者主要从事美国当代作家约翰·厄普代克研究，但是讲授的却是西方文学史课，根本不会讲到这位作家，也就是说，笔者的相关研究和教学几乎没有关系。笔者还从事俄罗斯作家普希金研究。在西方文学史上，普希金是一位需要重点推介的作家。笔者便将自己的研究成果浓缩成两节课，既达到普及知识的目标，也体现出一定的学术创新。从这个意义上说，学术研究会提升课堂教学的质量，和课堂教学是相辅相成的。不过，一位老师要像专家那样，对授课内容都做过精深的研究，都提出自己的学术观点是不可能的。而且作为老师，由于精力和时间有限，如果对某些问题没有经过较长时间的思考，那么就算提出一些自己的见解，这些见解也未必是最好的、值得推广的。

因此，大学老师除了要勤于耕耘自己的学术"自留地"外，还应该留出足够的时间广泛涉猎他人的研究成果，在比较中鉴别，在鉴别中寻找有价值的观点，以便在课堂上用自己的方式介绍给学生。举个例子，笔者在讲授但丁的《神曲》前，阅读了大量相关的论著，发现徐葆耕先生的讲解最为独特和精彩。徐葆耕先生认为但丁梦中游览地狱、炼狱和天堂的表层故事下隐藏着人类幸福的秘密:天堂之路＝人智(维吉尔的象征)＋爱(贝亚德的象征),即幸福之路＝人智＋爱。① 在此基础上,笔者还做了一些阐释:幸福的秘密很简单,就是做一个有知识的人,做一个心中有爱的人,更通俗地说,就是做好一份工作,爱一些人。

七、比较

比较研究法是深入和全面看问题的一种基本方法,它有助于我们思考哲学、历史、法学、教育学等各个领域的问题。以西方文学史教学为例,讲授古希腊神话就可以借鉴比较文学的思维。古希腊神话的一大特点就是神的人性,很多教材都是这么说的,但都说得非常笼统和抽象。所谓特点,是通过比较而显现出来的。为了让这个概括更具有说服力,笔者将中国神话作为参照物:在中国神话中,神一心为公,在希腊神话中,神一心为私;在中国神话中,神是人类的保护者,在希腊神话中,神是人类的主宰者;在中国神话中,神是严肃的,注重内在的道德修养,在希腊神话中,神是浪漫的,注重外在的世俗享乐;在中国神话中,神在有缺陷的外表下掩藏着没有缺陷的单一的神性;在希腊神话中,神在没有缺陷的外表下掩藏着有缺陷的单一的人性。同样的道理,讲授中国文学也可以有意识地以西方文学为参照系。比较思维的运用既可以帮助学生回顾、整合已经学过的各种知识,也可以为学生学习将要开设的比较文学课、比较文化课等做好意识和案例上的储备。

---

①徐葆耕.西方文学:心灵的历史[M].北京:清华大学出版社,1990:65.

八、故事

"西方的故事"丛书的出版和广受好评其实启示我们,理论虽好,可理论不能当饭吃,好比牛奶虽然有营养,可不是每个人都能消化吸收。郜元宝先生在《没有"文学故事"的文学史——怎样讲述中国现代文学史》(《南方文坛》2008年第4期)中提到,中国人写的中国文学史追求"大而全",太注重文学规律的发现和概括,太在意对文学背景知识的烦琐介绍,而缺乏文学性和故事性。

笔者也注意到中国人写的西方文学史也存在相同的问题,并将这种撰写模式称之为"第二十二条军规"①。其实,专家们撰写的西方文学史有没有故事性并不重要,重要的是,老师在课堂上讲的西方文学史应该具有故事性。文学史教材的主要作用在于提供了一个经典作家和作品的线索,有水准和追求的老师自然不会照着教材内容来讲课,因为教材学生也人手一本,他们自己可以看。教师需要做的工作之一就是将概念化的文学史还原为丰富生动的故事。文学的本质是故事,故事的内容就是文学的内容,即文学是人学;讲故事的方式是文学的形式,即文学是美学。

西方文学史上的经典作家个个都是讲故事的高手,莎士比亚之所以是莎士比亚,是因为他讲述过《哈姆莱特》;托尔斯泰之所以是托尔斯泰,是因为他讲述过《战争与和平》。因此,对外国文学的理性分析应该建立在对故事的生动讲述基础上,这也是文学课的独特魅力所

---

① 宋德发."第二十二条军规"与外国文学史撰写——从毛信德《美国小说发展史》的一个章节谈起[J].中国图书评论,2007(3).

在。对此,我们还应该走出一个误区:故事是肤浅的,只有理论是深刻的。那么,莎士比亚有什么理论?普希金有什么理论?陀思妥耶夫斯基有什么理论?

生动有趣的东西也可以蕴含着深刻的道理,枯燥无味的东西不一定就有高深的哲理。哲学、经济学等课程虽不如文学课那样富有故事性,但它们的很多理论如果借助故事来传达和解释,则能赢得更多的听众,也更容易被听众吸收和消化。而法学、商学这样的课程如要讲得精彩,对经典案例的运用也是必不可少的。

九、逻辑

体系化的课堂教学不能过多运用发散式的思维和天马行空式的漫谈,毕竟常规的教学不同于偶然性的学术讲座。其实,就算是学术讲座,思路和语言有逻辑性和层次感,也比随意的漫谈要好一些。以西方文学史教学为例,它需要遵循一个总体的逻辑:从故事到理论,从理论再到理念。这就需要作家、作品先行,文学思潮、文学规律殿后。

比如讲文艺复兴文学,可以将"文艺复兴文学概论"作为最后一节来讲,先讲但丁、塞万提斯、彼特拉克、薄伽丘、拉伯雷、莎士比亚。如果先讲"文艺复兴文学概论",很容易带着理论的笼子去找鸟(作品),违背了从感性到理性、从个案到理论的认知习惯。讲作家作品,可以分为两部分:"作家的故事"和"作家讲述的故事"。讲"作家的故事",最好不要按照时间顺序罗列作家的生平事件,而是抓住他生命中与创作密切相关的关键词来加以分析,比如但丁的生命关键词是"政治"和"爱情";塞万提斯的生命关键词是"倔强"——"断臂""越狱",租住在

"楼上是青楼,楼下是酒楼"的房间里创作;普希金的生命关键词是"爱情"和"死亡";歌德的生命关键词是"伟大"和"庸俗";陀思妥耶夫斯基的生命关键词是"死而复活"等。讲述"作家讲述的故事"最好先用富有现代生活气息的语言复述故事,然后做字面意义、时代意义、象征意义的分析。

十、灵魂

每一门课程都有它内在的精神,而一门课程的精神是通过每一节课的精神逐步体现出来的。我们将这种精神称为一门课或者一堂课的灵魂。

以西方文学史课为例,一个伟大的作家,他自身的故事有灵魂,他所讲述的故事也必定有灵魂,"作家的故事"和"作家讲述的故事"所构建起的西方文学也必定有灵魂。因此,对作家的介绍要呈现出作家的灵魂;对作品的解读要发掘出故事中的灵魂;对外国文学的整体性辨析,要探索出异域文化的灵魂。比如普希金的生命关键词是"爱情"和"死亡"。他的"爱情"说明他忠诚于爱情,但不忠诚于爱情的具体对象,这是西方诗人的一种共性:他们表面上是迷恋爱情,其实是在追寻美和激情。同时也表明西方文学尊奉"人以文传"而非"文以人传"的传统。普希金的"死亡"说明普希金虽然外表柔弱,骨子里却哗哗流淌着俄罗斯的精神:勇敢、好强、永不服输,这也是他与沙皇专制制度对抗时所持的态度。普希金作品的灵魂是"爱""美""自由"。当然,对具体作品也要具体分析。以《叶甫盖尼·奥涅金》为例,从故事的表层意义来看,它讲述了一个爱情悲剧:爱一个人不难,被一个人爱也不难,难的是让两件事情同时发生;从故事的时代意义来看,它讲述了俄罗斯文化转型时期一个"多余人"的故事;从故事的象征意义来看,"多余人"不仅是特定时代的人物形象和文化现象,也代表着一种普遍的生命状态。

《荷马史诗》的灵魂是"智慧""力量""荣誉";骑士文学的灵魂是"骑士永不离开老妇人";《巨人传》的灵魂是"让生命冲破一切的禁忌,抵达一种无拘无束、自由自在的境界";《堂吉诃德》的灵魂是"目的和热情固然需要避免,但信仰的旗帜不可轻易放倒";《神曲》的灵魂是"怎样获得幸福";《红与黑》的灵魂是"什么是幸福";《浮士德》的灵魂是"没有终极意义上的理想,只有永恒意义上的追求","欲望是生命之源,欲望也是死亡之根"……作家的灵魂和作品的灵魂便构成了西方文学的灵魂:人文主义传统。

(原载《现代大学教育》2009年第2期,有改动)

写作可以这样教

哈佛大学前校长德雷克·博克认为:"所有的本科生都需要提高各种形式的表达能力,其中最广为人知的,是精确而优美的书面表达能力,其次是清晰而有说服力的口头表达能力,这些是学生在大学期间和毕业之后都会广泛运用的能力,也是作为公民和一切从业人员所应具备的能力。当被问及聘用大学毕业生最看重什么时,许多用人单位反复强调了书面表达和口头表达的重要性。"[1]不过,他又不无失望地发现,"许多学生在写作方面存在严重缺陷,他们不仅很难准确地表达自己的思想,而且对写作课本身有抵触情绪"[2]。

湘潭大学同样意识到写作的重要性以及在校生写作能力的欠缺,为了弥补这一缺憾,决定在全校范围内开设写作课,并从文学与新闻学院抽调骨干担任任课老师。就这样,从 2014 年开始,我在法学院和兴湘学院的 8 个班开设了写作课。

---

[1]德雷克·博克.回归大学之道——对美国大学本科教育的反思与展望[M].侯定凯,梁爽,陈琼琼,译.上海:华东师范大学出版社,2012:45-46.

[2]德雷克·博克.回归大学之道——对美国大学本科教育的反思与展望[M].侯定凯,梁爽,陈琼琼,译.上海:华东师范大学出版社,2012.58.

大学期间，我也听过一门写作课，48课时，老师讲得快"吐血"了，我却不知道他讲了什么。没料到，十几年后，我也要上写作课了。在诚惶诚恐、不知所措中，有一个信念还是很明确的：不能让历史重演，让自己变成当年那个痛苦的老师，让学生变成当年那个痛苦的我。因此，在接到任务后，我便开始冥思苦想：该如何让我的写作教学既不"吃力"，还能"讨好"。

在查阅资料的过程中，我读到了汪曾祺的散文《沈从文先生在西南联大》。文章说，沈从文在西南联大开过一门写作课，叫"各体文习作"。作为写作老师，沈从文最大的优势是写作经验丰富，写作水平高，对写作的理解很透彻，有东西讲；沈从文最大的劣势是口才不佳，湘西口音很重，声音又低，虽有东西讲，在课堂上却讲不出来。毋庸讳言，如果是讲其他本科课程，沈从文的劣势会压倒他的优势，无法保障教学效果；但写作课的特殊性却让沈从文的优势压倒了他的劣势，以至教学效果出奇的好。

在读这篇文章之前，我一直绝望地以为，写作是无法教的，这就像汪曾祺在文章开头所担忧的那样："创作能不能教？这是一个世界性的争论问题。很多人认为创作不能教。我们当时的系主任罗常培先生就说过：大学是不培养作家的，作家是社会培养的。这话有道理。沈先生自己就没有上过什么大学。他教的学生后来成为作家的，也极少。但是也不是绝对不能教。沈先生的学生中现在能算是作家的，也还有那么几个。问题是由什么样的人来教，用什么方法教。现在的大学里很少开创作课，原因是找不到合适的人来教。偶尔有大学开这门课的,收效甚微,原因是教得不甚得法。"①

上完沈从文的写作课后,汪曾祺的担忧没有了,他开始承认,写作是可以教的,就看由谁来教,用什么样的方式来教。读完沈从文教写作的经验,我的绝望也消失了,我开始相信,写作虽然很难讲,却是可以教的。

一、太容易的和太难的少教

写作的内容包罗万象,面面俱到地教,没有可能,也没有必要,根据现实需要和教师自身条件,有选择地教,或许是明智之举。在选择"教什么"时,我遵循两个基本原则:

一是太容易的少教。有些文体,比如"请示""决定""通知""办法""消息"等,属于"傻瓜相机"式文体,有模版可套,简单易学,几乎无发挥空间,也很难分辨水平高低,加上教材上写得明白,故学生自己看看就会,甚至有迫切需要时,临时网络搜索一下就能解决问题。这些文体缺乏挑战性,若教得太多,既占用了课时,也降低了教学的趣味性和生动性。

二是太难的少教。我教的写作,主要属于应用写作,这是不同于沈从文教的文学创作的。尽管我们的指定教材给"诗歌""戏剧""小说""散文"四种文学文体专设了章节,但实际教学时,我只保留了"散文",放弃了"诗歌""戏剧""小说",这主要出于三点考虑:首先,这三种文学文体太难,没有一定的天赋、兴趣和日积月累,短时间内无法学

---

①汪曾祺.沈从文先生在西南联大[M]//徐柏容,郑法清.汪曾祺散文选集.天津:百花文艺出版社,1996:45.

会,也无法提高;其次,就这三种文体而言,我自己均无相关创作经验,如果强行去教,那和不会跳舞之人去教人跳舞一样,只会贻笑大方;最后是这三种文体应用价值不明显,学生,尤其是非中文系学生,学习的意愿不强烈。当然,如果刚好有擅长文学创作的老师,对于这三种文体,倒是可以多教一些,这不仅可以提高学生的文学素养——如果文学素养足够高,那写什么文体都变得简单了,还可以展示教师的个人魅力。比如我的同事郑长天博士,是一位诗人,自然可以重点教一教诗歌写作。但据我了解,大部分写作老师都没有什么文学创作经历,因此,教文学创作恐怕是在"赶鸭子上架"。

总之,在"教什么"方面,我是认为不需要教的少教,教不了的少教,多教需要教且可以教的。在此思想指导下,我保留了指定教材上的求职信、申论、通讯(报道)、总结等少数内容,增加了生活中常见、常用的情书、评论(包括影评、书评、时事评论等)、悼词、访谈、演讲稿等内容。

总之,我不会将写作课教学的目标理想化,过于追求一种"深度"写作,但也绝不会将写作课教学的目标矮化,满足于一种"浅度"写作。我尝试的是一种"中度"写作。

二、少讲多写

写作应该如何教?我非常同意汪曾祺的一个说法:"教创作靠'讲'不成。如果在课堂上讲鲁迅先生所讥笑的'小说作法'之类,讲如何作人物肖像,如何描写环境,如何结构,结构有几种——攒珠式的、橘瓣式的……那是要误人子弟的,教创作主要是让学生自己'写'。沈先生把他的课叫作'习作''实习',很能说明问题。如果要讲,那'讲'要在'写'之后。就学生的作业,讲他的得失。教授先讲一套,让学生照猫画虎,那是行不通的。"①

以我听课的体会,老师很会讲,对上理论课或许会很有效,但对写作课意义不是很大。因为写作更注重实践和经验,在课堂上纸上谈兵,老师"痛不欲生"——因为没有那么多东西可讲,学生"生不如死"——因为想学的老师都没有讲。这好比上游泳课,教练用80%的时间讲游泳的概念、分类、历史、步骤、意义等等,剩下20%的时间才让学生下水体会游泳的乐趣或者艰辛,结业时,也很少考游泳技能,而专考各种理论知识,会有多少学员最后学会了游泳呢?我大学时期的写作老师,可能是没有理解写作课的特殊性,将"写作课"上成了"写作理论课","言传"得太多,"身教"得太少,结果却是"吃力不讨好"。

沈从文教写作的经验告诉我,写作课需要少讲多写。这大概相当于教游泳,先一言不发,将一根绳子的一头拴在学员身上,一脚踹他到泳池里,看着快要淹死了,拉上来,说几点注意事项,再一脚踹下去,反复几次,至少可以让学员学会狗刨式了。所以说,写作老师,相当于游泳教练,尽量克制"讲"的冲动,至少在学生还缺乏基本的写作感受之前,不要讲太多概念和原理,让他们多"写"一些。这里所言的"多写"至少有三层含义。

第一层含义:教师要想方设法创造各种情景,让学生多写,让学生在课堂之外花的时间要比课堂上更多,因为只有他们自己动笔了,才能体会到写作的酸甜苦辣,才能获得实质意义上的提高。其实从最终

---

①汪曾祺.沈从文先生在西南联大[M]//徐柏容,郑法清.汪曾祺散文选集.天津:百花文艺出版社,1996:46.

的学习效果来说,其他课程也应该千方百计督促学生将课堂听讲与课外自学结合起来,只不过,写作课要保证教学效果,要更依靠学生的课外自主学习罢了。

第二层含义:教师评阅学生习作时要多写,这也是沈从文的经验。"沈先生教写作,写的比说的多,他常常在学生的作业后面写很长的读后感,有时会比原作还长。这些读后感有时评析本文得失,也有时从这篇习作说开去,谈及有关创作的问题,见解精到,文笔讲究。"可见,写作老师在课堂上少讲,但工作量却没有减少,反而是增加了,因为他不能像以前那样,上完课就完了,而是要在课堂之外花更多的精力去评阅学生习作,并且还不能是"已阅"式的评阅,而是沈从文式的评阅。

第三层含义:教师的"下水作文"要多写。沈从文教文学写作,他自己就是大作家,创造过很多很好的文学作品。据我观察,大学里教写作的,大作家几乎没有,小作家也没有几个,严格意义上说,我们教写作是缺乏"合法性"的。幸运的是,我教的是"应用写作",教学目标也不是培养作家,而是提高学生的写作能力,所以,尽管我不是什么作家,但还算个写手,要教的文体,比如各种演讲稿、各种评论、各种通讯报道,平时有事没事的时候,都写过几篇,水平也过得去,因此我当写作教员的"合法性"不成问题。

实际上,2014年,教完第一个学期的写作课,我自己便出版了第一部随笔集《大学的痛与梦:宋德发教育随笔》(湖南人民出版社,2014年)。2015年,教完第二个学期的写作课,我又出版了第二部随笔集《用整个的心做大学老师》(湘潭大学出版社,2016年)。就算不能在水平上征服学生,至少也要在态度上感染学生。

三、将"写作课"拓展为"写作与演讲课"

有一个疑问是:如果讲太少,那么一学期48节课,每节课45分钟该如何利用?我的办法是:一是用作学生写一些短时间可以写出来的小文章,比如通讯、书信等;二是用作教师评品学生的作业;三是用作学生的作业展示,而这也是重中之重。

我是在法学院教写作。我觉得法学院学生和文学院学生需要的核心能力是一样的:表达。表达包括文字表达(写作)和语言表达(演讲)。相对而言,文学院学生更需要文字表达,法学院学生更需要口头表达。不管怎么说,在当今时代,不管是文学院毕业的学生,还是法学院毕业的学生,还是其他院系毕业的学生,如果既有很好的文字表达能力,也有很好的口头表达能力,那么对将来的生活和工作都会大有裨益。

遗憾的是,当今社会,由于语文教育的失误,文字表达能力好的人越来越少——这也是越来越多高校要开设公共写作课的一个主要背景。与此同时,语言表达能力好的人也并没有想象的那么多。虽然说,全民普通话水平提高了很多,年轻一代更是不存在只会说方言的情况,但是普通话水平的提高并没有带来语言表达能力的提升。大学生演讲时,依然像背书一样,缺乏起码的抑扬顿挫;律师事务所的律师们,在法庭辩论和陈词时,毫无感情和节奏可言。

因此,我希望将写作训练和演讲训练结合起来,在一定范围内和一定程度上,既能提高学生的写作能力,也能提高学生的演讲能力。具体做法是:对于有些习作,比如演讲稿、评论等,让学生在课堂上进行演讲,然后我再作点评,也可以让其他学生作点评。这样做,不仅可以培养学生的口才,也反过来促使学生的写作越来越精炼、越来越流畅、越来越有哲理、越来越幽默、越来越接地气。同样,在有必要的时候,我也会朗读自己的"下水作文",既为了示范,也为了展示自己作为一名中文系教授的风采。

具体的做法是,我分三个层次,分阶段地展开"一句话演讲""一段话演讲""五分钟演讲",保证班上每个学生都至少获得三次上台演讲的机会。

在"五分钟演讲"环节之后,我从每个班选出一些有演讲天赋或者虽然没有演讲天赋但热爱演讲的学生,让他们参加期末的演讲总决赛——"羊牯塘超级演说家"。比如,在某个学期,共有15位同学参加"羊牯塘超级演说家",其中14位同学的演讲稿是原创的,这等于说催生了14篇独立思考而成的文章。而这14篇文章中,有思想、有文采的好文章至少有7篇。

总之,我将单纯的写作课拓展成了写作与演讲课。实践证明,学生的激情被点燃了,课堂气氛更活跃了,学生的能力也得到了更多的锻炼。

四、在游戏中学习

对游戏有兴趣与年龄无关,何况一些大学生对游戏充满渴望。所以,"寓教于乐"对写作课而言,同样是教学的最高境界之一。如何让写作课也充满快乐呢?我的做法是:创设各种游戏情境,诱发学生的参与感和成就感。简要地举几个例子。

案例一：体育报道。在上写作课之前，我经常在校园媒体上看到学生写的校园体育报道，但发现在标题、结构和文字等方面都存在不少问题，所以我决定要教一教体育报道的写作。该如何教呢？我选择在一个阳光明媚的周末，带领文学与新闻学院的教师篮球队和任教班级的学生篮球队打一场比较正规的篮球比赛，并让其他学生扮演各大媒体的体育记者，现场观战。比赛结束后，让每个学生都写一则体育报道。上课时，选择部分作品，让"新闻主播"播报出来，我再和学生一起作点评，然后亮出自己的稿子（一般情况下，会比学生的水平高；如果比学生的水平低，刚好也可以做反面教材）。这样做，不仅教学生学会了一种文体，大概还能提高学生对体育的兴趣，增进师生情感。

案例二：学术报道。和大学有关的新闻中，学术新闻占据了很大的比重，因此，我从校园媒体上读到的学术报道也非常多，总体感觉是想知道的信息很少被提及。为了教学生写学术报道，我让学生扮演《湘潭大学报》《湘潭日报》《湖南日报》等媒体的记者，现场听一场学术讲座，然后写一则新闻。而这场学术讲座，也是由我扮演的"专家"现场做的，题为《故事中的人生——西方古典文学选讲》（选自我主讲的"中国大学视频公开课"的内容）。我之所以这样做，主要出于两点理由：一是写作的表层是文字表达，深层是文学素养，借此机会普及一下外国文学，多少也有助于提升学生的文学素养，而一个有文学素养的人，写作能力想不高都难；二是平时上课这方面的内容讲得少，时间一久，学生可能会质疑老师"讲"的水平，借此机会告诉学生：老师少讲，不是老师不会讲，而是写作课的特殊性要求老师少讲。

案例三：竞选演讲稿。随着社会运行越来越规范，个人晋升越来越公开化，竞选演讲在日常生活中的地位也随之凸显。我相信，学生们毕业后,会在人生的各个阶段需要竞选演讲,因此,我特设了竞选演讲稿的写作和表演环节。为了教好这种文体,我虚拟了一个"副处长"的职位(估计学生毕业后第一个需要竞选的就是副处或者相同级别的职位),让学生扮演竞选者,撰写并且演讲。然后我再和学生一起做总结(我自己没有参加过竞选演讲,但帮助别人写过不少获得成功的竞选演讲稿)。

案例四:获奖感言。我听过不少优秀学生在各种大会上的发言,总体感觉是学生腔太浓,语言模式化,缺乏思想和真情实感,无法打动听众。为此,我想教一教获奖感言的写作(可作为各种代表发言稿)。我模拟了一个表彰大会的现场,让学生扮演"国家奖学金获得者""一等奖学金获得者""优秀共产党员"等角色(有的学生本人就是,不需要扮演),发表获奖感言,然后我和学生一起作点评。如有需要,我会再现我作为青年教师代表、优秀教师代表在教师代表大会上的发言,再和学生一起探讨如何让获奖感言变得更有内容一些,更有思想一些,更有情感一些,更有幽默感一些,更让人意想不到一些。

总之,我每布置一道习题,都会设想一个情境,让学生在角色扮演和现场展示中获得练习的动力。

五、在发表中进步

沈从文教写作还有一大诀窍,就是给好习作寻找发表的平台,诚如汪曾祺所总结的那样:"学生习作写得较好的,沈先生就做主寄到相熟的报刊上发表。这对学生是很大的鼓励。多年以来,沈先生就干着给别人的作品找地方发表这种事。经他的手介绍出去的稿子,可以说是不计其数了。我在一九四六年前写的作品,几乎全都是沈先生寄出去的。他这辈子为别人寄稿子用去的邮费也是一个相当可观的数目了。"①

像沈从文那样帮学生寻找发表的平台,我做不到,因为有三个原因:一是我没有沈从文那样的人脉和地位;二是我教的主要是应用文体,不太适合发表;三是学生的水平和当年的汪曾祺们还是有不小的差距。但是,汪曾祺的感悟给我们的启示却不得不重视:让学生不断获得发表的成就感是保证教学效果的一大法宝。

如何让学生不断地获得发表的成就感?从现实的角度看,那就是将"发表"广义化。我之所以在写作之外加上演讲,其实正是让学生的习作在第一时间得以"口头发表"。当着老师和全班同学的面,演讲自己的习作,也算是一种公开发表,也会受到各种评价。而人都是有荣誉感和自尊心的,被评价者自然会获得继续努力的动力。

此外,我会创建专门的"写作课博客",在第一时间上传优秀习作,并在期末时编辑《优秀习作选》,人手一册。还会在第一时间向合适的校内外媒体,比如《湘潭大学报》《文心报》"三翼校园网"等以及级别稍微高一点的《世界文化》等推荐一些优秀作品。

汪曾祺说:"沈先生对学生的影响,课外比课堂上要大得多。"②可见,沈从文教写作,不仅教出了方法,而且教出了精神。写作课比其他课程更需要课外教学,如果没有课外教学,或者课外教学做得不好,那

---

①汪曾祺.沈从文先生在西南联大[M]//徐柏容,郑法清.汪曾祺散文选集.天津:百花文艺出版社,1996:49.

②汪曾祺.沈从文先生在西南联大[M]//徐柏容,郑法清.汪曾祺散文选集.天津:百花文艺出版社,1996:49.

么写作课很难教好;如果课外教学做得充分、做得好,那么,不仅可以教好写作,而且还可以像沈从文那样,教出情感、教出回忆。

(原载《写作》2014年第5期,有改动)

我为什么这样讲课?

——申报"中国大学视频公开课"背后的故事

"中国大学视频公开课"是在优化"国家精品课程"的基础上诞生的又一项"国字号"教改工程。由于它更重视讲授,因此,一些无官职、无资历、无学术地位的"三无"老师也获得了申报机会。我便是这少数幸运儿之一。

2013年2月底,新一轮的申报通知在学校主页上张贴出来后,我还在猜测:"今年我校会由谁来申报呢?反正不会是我。"没有料到,3月初,教务处给我打来电话:"经过慎重考虑,决定将这项光荣而艰巨的任务交给你。"在受宠若惊的同时,我也诚惶诚恐:"我能行吗?"当然,所有的担心还是敌不过一项"国字号"荣誉的诱惑,我怀着兴奋和不安,"半推半就"地揭下了"皇榜"。

一、我为课程录制做了怎样的准备?

"中国大学视频公开课"暗含着与国外大学视频公开课一较高下的动机,因此,从理论上说,它代表了中国大学教师讲课的最高水平,达人荟萃、高手云集是自然的事情,且并不是每一个资历浅、职称不高的青年教师都有申报的机会。因此,珍惜,加倍地珍惜,动用生平所学,集中所有精力、所有心思、所有时间去完成此项工作,是我的第一个念头。紧接着,我便进入了紧张而有序的备课状态。

备课,从时间长短上看,有"即时备课""短期备课""长期备课"三种。所谓"长期备课",是指围绕一门课,日积月累地阅读、写作和探寻讲课方法。具体而言,围绕西方文学欣赏这门课,我的"长期备课",主要体现为以下三点:(1)出版了专著《厄普代克中产阶级小说的宗教之维》(湘潭大学出版社,2009年)。(2)在《外国文学研究》《国外文学》《俄罗斯文艺》《中国比较文学》等期刊发表了评论80余篇。(3)在湘潭大学中文系乃至全校范围主讲了11年的西方文学史、西方文学欣赏、俄国著名作家作品研究、比较文学、中西文学关系等课程。

当然,这些准备都是基础性和必要性的,其他老师也有,并且可能比我的数量更多、质量更高。相比较而言,我比较有特色的"长期备课"还在于"如何讲"方面的储备:(1)2003年、2006年和2009年先后三次参加湘潭大学青年教师讲课比赛,其中2009年获一等奖第一名,并借此获得"湖南省普通高校青年教师教学能手"称号。(2)受邀在全国多所大学上教学示范课,并且给有志于提高讲课水平的青年教师做培训。(3)发表了专门探讨讲课技巧的论文20余篇,包括《高校文科教学十大关键词——以〈西方文学史〉的教学为例》(《现代大学教育》,2009年第2期)和《元典教学的价值与困境》(《现代大学教育》,2010年第2期)。(4)主编了总结名师讲课经验与方法的文集《文学名师谈教学》(湘潭大学出版社,2012年)。(5)出版了专门探讨讲课技巧及提升途径的专著《如何走上大学讲台——青年教师提高讲课能力的途径与方法研究》(湘潭大学出版社,2013年)。(6)出版了课堂讲课实录:

《做一个受欢迎的外国文学老师——西方文学的口语传承》(中国戏剧出版社,2010年)。

应该说,没有这些前期成果,就算教务处有胆量将重任交给我,我也没胆量去接。总之,"长期备课"在事实上已经完成了,它为我赢得了申报的机会,也给了我申报的底气。我现在要做的工作主要是"即时备课"和"短期备课"。所谓"即时备课",是指下午3点钟录像,那么就要2点钟开始整理仪表,复习讲稿,在大脑中过滤讲课流程,等等,其中的细节无须过多交代,下面我主要想谈一谈"短期备课"。

"短期备课"的第一步是确定题目。西方文学欣赏只是一个大的范围,到底欣赏什么,如何欣赏,这是一件让人头疼的事情。我认为文学课的主要特点在于两点:一是有故事,这是区别于社会科学课程的地方;二是有人生,这是区别于自然科学课程的地方。文学课不讲故事,没有趣味;文学课只讲故事,缺乏深度。为了让趣味和深度统一起来,我决定既讲故事,也讲人生,因此我将申报课程的题目定为"故事中的人生"。所谓故事,是指自己最有感悟和最有把握的古希腊神话、《埃涅阿斯纪》、骑士文学、《浮士德》和《叶甫盖尼·奥涅金》;所谓人生,是指这五类故事中分别蕴含的"本我的人生""超我的人生""优雅的人生""追寻的人生""虚空的人生"。

"短期备课"的第二步是写讲稿。易中天说他在《百家讲坛》录一集《汉代风云人物》,大概需要5天的准备时间,案头工作包括看书、思考、形成结构、写成文字。这5天所有无关的事他都不做,就是为了围绕一个主题写一个六七千字的讲稿。"中国大学视频公开课"一讲的时间和《百家讲坛》一集的时间差不多。不过,由于与易中天在经验、水平尤其是底蕴上有较大差距,因此,用5天时间准备一讲,对我而言肯定不够，10天时间勉强够用。应该说，这5讲的内容，我在平时讲课以及课堂讲课实录《做一个受欢迎的外国文学老师——西方文学的口语传承》中都有所涉及，但距离"全球公映"的标准还有不小的差距。于是，在原有讲课和讲稿的基础上，我从新设计的角度，夜以继日地奋笔疾书。每一讲讲稿写完后，我都会邀请10多位专家、同事、研究生和本科生就结构和表达等问题各抒己见，回收意见后，再次修改，如此反复至少5遍，用专业术语说，这叫"磨讲稿"。

"短期备课"的第三步是反复试讲。"剧本"初步定下来后，我申请了一个多媒体教室，在一到三天的时间，反复试讲15遍以上，还邀请专人录像，讲完后反复观看，以便调整神态、手势和语气等细节，用专业术语说，这叫"磨讲课"。做完这些工作后，我又在中文系二年级学生面前预演了一遍，并请他们只讲坏话，不讲好话，事后参考他们的意见，再次修改。付出终于得到了回报：正式录像时，在没有讲稿和提示器的情况下，我的讲课一气呵成，一遍成功。在后期编辑过程中，几乎不需要任何剪辑，这让技术团队非常惊讶和高兴。

实际上，自2001年登上大学讲台至今，我一直都信奉一个观念：对大学教师而言，讲课脱稿是一个最基本的要求，而非一个最高要求。我们日常上课不能低头读讲稿和偏头读多媒体课件，讲授有着更多观众的"中国大学视频公开课"，自然更需要烂熟于胸，信手拈来。对这门课而言，我可以问心无愧地说："我的态度是虔诚的，我已经尽了自己最大的努力。"但是，我的千辛万苦却差一点付诸东流。

二、我的课程为何差一点被"枪毙"？

经过近4个月的鏖战，我终于如期提交申报材料。很快省里回复评审意见:"讲课内容非常饱满,讲课技巧比较高超,是一门高质量的文化素质课,但视频底色比较灰暗。"经技术团队调整后,申报材料如期被提交至教育部。7月份,捷报传来:顺利通过评审,已转至高等教育出版社复审。但左等右等了大半年,一直杳无音讯,尤其是发现同期课程几乎都已经上网后,我更是有一种不祥的预感:"难道我的课程被'枪毙'了吗?"

直到2014年1月份,我才接到高等教育出版社的电话,电话里说经过有关专家的评审,我的课程需要做一些修改,但还是可以上线了。此时,我才长舒了一口气。不久后,我收到了高等教育出版社寄来的专家评审意见,读完后不免惊出一身冷汗:我的课程真是差一点被"枪毙"了。

一审专家 A 对我的讲课方式完全难以理解和接受:"课程存在最大的问题是,由于主讲者教学经验不够丰富,讲述中的发挥、穿越掌握不好分寸,有的地方流于浅俗,有的地方显得牵强附会,有的地方更是荒腔走板。因为这是贯穿于各讲中的个人风格的整体问题,如要更正,提升质量,可能需要重新设计、重新讲授、重新录制。因此建议从严要求,发回重录,因为毕竟是国家级视频公开课。需要重点改正的是主讲人的讲述风格,需严格设计,减少随意发挥和穿越。"

一审专家 B 对我的讲课方式有欣赏也有怀疑,最终意见是"难以定夺":"本课程从西方古典文学中领悟人生经验和智慧,选题有重要价值,所选作品也有相当的代表性。主讲人讲课能处处联系现实人生,风格生动活泼,有较强的感染力。其中对《浮士德》的讲解,尤为出彩。但课程也有缺乏历史感之嫌,对作品本身内容涉及较少,游离发挥成分较多,'戏说'成分太多。如把第一讲希腊神话的特征概括为

'好色'和'自我欣赏',对宙斯的'好色事迹'津津乐道;第4讲中提到'领导您亲自出来散步啊',还一口气列举了多个现代官衔等。这种戏说风格,贯穿在各讲中,仁者见仁,智者见智,本人难以定夺。"

一审专家A建议"发回重录"。按照申报文件的要求,"发回重录"的课程等于是被淘汰了。一审专家B的"难以定夺"也让高等教育出版社的编辑们难以定夺了。但他们考虑到这毕竟是一门通过了层层选拔的课程,如果这样淘汰,不免有些遗憾,故不得不找新的专家再做评审(我的课程直到最后才确定可以上线,大概正是由于这个原因)。

二审专家的评语是:"本课程主讲人用风趣幽默、活泼生动的语言,向学生讲述了5类具有代表性的西方古典文学故事,辩证地分析了其中蕴含的哲学思想,并有创造性地总结了这些思想和精神对当下社会、人生的启示,尤其是第5讲中对于虚空人生的分析,很值得当代大学生思考。主讲人结合生活小品、时事新闻、网络流行语、流行歌歌词、热播影视剧作品等多种通俗文化形式,赋予高雅的古典文学名著更多的'地气',不仅在短短5课时内迅速普及了数部西方古典文学作品的大致内容,还激发了学生继续阅读古典文学作品的兴趣。更重要的是,主讲人将如何阅读、分析古典文学作品和使之古为今用的方法通过自己的示例传授给了学生,使得非中文专业的学生有了学习古典文学的动力和理由。'授人以鱼不如授人以渔',主讲人的这种教学方法探索很有意义,值得鼓励。主讲人口语清楚、思路清晰、讲解细腻、教态生动、内容踏实,唱词文字规范,课程申报材料齐全,达到了上线的要求。"

让我感到振奋的是,二审专家对我的讲课方式给予了全盘肯定,并且用"接地气""这种教学方法探索很有意义"等语言加以褒奖。这样的评语显然引起了高等教育出版社的重视,于是他们决定将课程送入终审环节,而终审意见尤其是那句"应该会深受学生喜欢"最终让本课程"起死回生":"该视频课设计巧妙,选取西方有代表性的5种古典文学作品,用讲故事的方法引导听众感悟人生哲理,语言风趣,联系现实,应该会深受学生喜欢。针对评审专家提出的问题,个人认为知识错误和个别出格的鄙俗语言应该修改,但总体的'戏说'风格可以不变。建议修改后上线。"

应该说,讲课就应该像这个大千世界一样,百花齐放,百家争鸣。对于我的讲课方式,有的专家反感,有的专家喜欢,有的专家不置可否,这是一件非常正常的事情,至少说明我的讲课还有些自己的特点,还值得讨论一下到底是好是坏,这总比听众听完了都懒得发表意见要好很多。而最终我的课程获得了上线的机会,也说明我们这个社会越来越包容,越来越多元化,让有些与众不同的东西也有存在的机会。

实际上,在录制视频之前,我自己邀请的专家也提醒我,要充分考虑到大众口味,讲课尽量保守点,毕竟评这门课的是专家,而不是天天听你课的学生,学生接受的专家未必接受,学生喜欢的专家未必喜欢。为此,我以牺牲生动性和趣味性为代价,尽量压抑平时讲课的特点,努力向主流的、稳重的讲课方式靠拢。但平时养成的讲课习惯已经成为一种无意识,在实际录像时还是不经意地暴露了出来,被专家们一眼看穿,并引起了不同的反应。那么,我到底用了什么样的方式讲课呢?

三、我到底用了什么样的方式讲课?

在这里不妨以评审专家在评审意见中举的三个例子为例。

第一个例子。一审专家 A 特别强调"'东方文明是欧洲文明他妈'稍显低俗和哗众取宠"。这个例子出自我对古希腊神话故事《欧罗巴》的分析。欧罗巴原本是一位亚细亚少女,被宙斯霸占后,来到了一个遥远而陌生的地方,这个地方后来就以她的名字命名(即欧洲大陆)。讲完这个故事,我稍做发挥:"一个亚洲少女却成了后来的欧洲,这隐喻了东方文明其实是西方文明他妈,用黑格尔的话说,西方的光明来自东方,其中有一个最有力的证据就是:西方人信仰的基督教就来源于东方的犹太教,是'犹太教的私生子'。"

"东方文明其实是西方文明他妈"的确有调侃的味道和活跃课堂气氛的目的,算不得高雅,但是否就是"低俗"和"哗众取宠"呢?其实,我自己邀请的专家听完这段话的第一反应是:"'基督教是犹太教的私生子'应该删掉,因为有点低俗,估计有关专家会有意见。"我没有办法,只好做了一个非常详细的注释,标明这句话是恩格斯说的。的确,恩格斯的这句话有点不登大雅之堂,也不太学术,却非常形象地揭示出基督教和犹太教的关系,这叫"话糙理不糙"。而"基督教是犹太教的私生子",反过来说,不正是"犹太教是基督教他妈"吗?

第二个例子。一审专家 B 认为:"试图用现代中国流行歌曲的歌词、旋律诠释古罗马史诗中一见钟情的场面,显得轻浮。"这个例子出自我对古罗马史诗《埃涅阿斯纪》情节的复述:"可是,狄多依然年轻,对死人的誓言敌不过爱神丘比特的神箭。当埃涅阿斯出现在她面前的时候,她义无反顾地爱上了这个不速之客。她发现自己原本只是一个渴望爱情的小女人。假如这是一部电影,此时非常适合响起这样的背景音乐:'想要问问你敢不敢,像我这样为爱痴狂',或者'我不要你的承诺,不要你的永远,只要你真真切切爱我一遍,就算虚荣也好,贪心也好,最怕你把沉默,当作对我的回答'。"

我一直认为,教师如果只用教材的语言复述作品的故事情节,会索然寡味,并且也毫无必要(因为教材上都写了)。因此,我在复述作品的故事情节时,一直坚持用自己的语言进行再创作,包括对一些重要情节做简短的发挥。狄多的丈夫死后,她原本承诺此生不再爱上别的男人,但是青春和孤独,以及埃涅阿斯的魅力让她违背了承诺,所以,她爱上埃涅阿斯时是极度矛盾的,也是需要太多勇气的。而她爱上的埃涅阿斯,因为肩负创建新的特洛伊(即后来的罗马)的民族使命,所以只能像《西游记》中的唐僧一样,不得不拒绝一切美色的诱惑,一言不发、毅然决然地离她而去。出于对这出悲剧本质的理解,我才会借用歌词来描绘此情此景。我觉得这两句歌词非常贴切地揭示出狄多的痴情和埃涅阿斯的使命之间的对立和碰撞。流行歌曲不等于低俗歌曲。

第三个例子。二审专家认为"领导您亲自出来散步啊"和"一口气列举了多个现代官衔"属于"游离发挥成分较多"。"领导您亲自出来散步啊"其实出自我对歌德性格的分析:"对世俗社会他的态度是矛盾的。一方面,同其他大文学家、大思想家一样,他是一个鄙视世俗社会的天才;另一方面,他又在世俗的社会中游刃有余,因为他比一般的文学家和思想家更懂得'做人'。比如说,他和贝多芬一起散步的时候,面对迎面走来的权贵,贝多芬嗤之以鼻,昂首阔步走过去,他却停下脚步,脱下礼帽,弯腰致礼,估计还说了一句'领导您亲自出来散步啊'。"

歌德和贝多芬一起散步的故事,我在课件上用一幅油画(作者不详)作为佐证,而歌德在弯腰鞠躬时到底说了什么却不得而知。但可以肯定的是,应该会说几句恭维的话。为了突出此时的歌德世俗的一面,我发挥合理想象,用了一句常用的谄媚之词:"领导您亲自出来散步啊。"我在模仿歌德的弯腰鞠躬并且说出这句话的时候,立刻响起了笑声和掌声。

"一口气列举了多个现代官衔"出自我对歌德多重身份的介绍:"1775年11月7日,26岁的歌德应邀来到魏玛公国的首府魏玛,担任了这个小公国的枢密顾问。他精力旺盛,责任感强,因此,实际成了魏玛的大管家,是魏玛的'教育部部长''农业部部长''旅游局局长''发改委主任'。"

魏玛时期歌德担任的官职,除了"枢密顾问"保留了《歌德传》中的说法外,其他的我都用现代语言替代了。说歌德是魏玛的"教育部长",是因为《歌德传》中提到了当时由他负责创办学校;说他是"农业部部长",是因为《歌德传》中提到了当时由他负责给农民减负;说他是"旅游局局长",是因为《歌德传》中提到了当时由他负责城市的建设和宣传;说他是"发改委主任",是因为《歌德传》中提到了当时由他负责矿山开采、森林开发、公路修建等。总之,当时歌德在小小的魏玛公国几乎包揽了所有的国家事务,但并没有获得相对应的位置。为了更形象地说明他在魏玛公国的地位和作用,我便用现代官职来做比方。其实,歌德唯一正式的官职"枢密顾问"也应该做个类比,因为《歌德传》中写道:"其实他主持了魏玛的政务。"

我在这里列举了评审专家重点质疑的三个例子,大致可以反映出我的讲课方式。毋庸讳言,这种讲课方式,是我做学生时就一直喜欢的,自然也是我上讲台后一直苦苦追求的。有学生喜欢,我自然信心倍增;有专家质疑,我会考虑改进,但在整体上依然会坚持。

四、我为什么坚持用这种方式讲课?

自登上大学讲台至今,我一直在探索一种适合自己,也可能受学生欢迎的讲课方式。坦率地说,在探索的过程中,我从未考虑过业内人士的感受。或许,有人认为这是在刻意迎合学生、讨好学生。可是从我做学生的体会和做老师的经验来看,大学生不是想迎合就可以迎合的,想讨好就可以讨好的。如果一名教师的讲课真能够迎合学生、讨好学生,除了形式新颖之外,还得需要点实在的内容。

为了"迎合"和"讨好"学生,我尝试过各种方式去讲课:抒情的、有哲理的、幽默的、学术化的——专业术语满天飞,开口闭口"黑格尔""康德",等等,最后发现,课堂效果最好的,也是我自己能够掌控的,还是目前这种受到争议的讲课方式。而这些年学生的反馈告诉我,像这种带点生活气息、现代气息、青春气息甚至江湖气息的讲课方式,从传播和接受的角度看,有利于专业知识的普及。或许,这也是我现在和将来坚持这种讲课方式的理由之一。而另一个理由是,我多年来形成的讲课观念很自然地需要和选择这种讲课方式。

首先,我认为讲课与写论文是有区别的。写论文是把生活抽象为理论,上课是将理论还原为生活;写论文归根结底是书面语的艺术,上课归根结底是口语的艺术;用上课时的用语写论文,刊物无法接收,用写论文的语言上课,学生无法接受。正是有此观念,我上课才极少引用学术著作中的语言,尤其是那些高深、艰涩的学术语言,而试图将各种学术信息转化成更精炼、通俗,有些生活化、有点小幽默的口语来表达。

其次,我认为文学课要拥抱真实的生活。文学课需要高雅,但不能两脚不沾地;文学课需要理想,但不能走向空洞的理想主义;文学课需要深度,但不能滑向抽象和神秘。所以,我尝试将俗语、歌词、足球、时事、戏剧等因素融入外国文学课堂,借此将外国的与中国的,古代的与当代的,虚构的与真实的,高雅的与通俗的,理性的与感性的,严肃的与娱乐的结合起来,以达到"寓教于乐"和"雅俗共赏"的目的。比如说,我分析文学作品,通常是"三步走":第一步用自己的语言讲故事,传达故事的字面意义,注重"娱乐性";第二步结合作品的写作背景或故事的时代背景,分析其时代意义,注重"知识性";第三步动用自己的知识储备,结合现实生活,尤其是校园生活,分析故事的象征意义及其对当下人生的启迪,注重"教育性"。

当然,相比较而言,我的讲课对娱乐性的强调要更多一些,因为我相信娱乐性是文学的本质之一,所以,文学课也应该有足够的娱乐性。文学课如果缺乏有趣的表述,就难以吸引学生长久的注意力。学生都不愿意听了,那么老师自认为的广度和深度又有何用?当然,有趣的表达往往会掺杂一些比较俗的语言,这可能会让一些观众不舒服。

总之,我们对文学的知识性和教育性已经强调得很多了,却往往忘记了文学和艺术一样,也是有娱乐功能的。

(原载《郑州师范教育》2014年第6期,有改动)

元典教学的价值与困境

雅斯贝尔斯提出,公元前 800 年至公元前 200 年间,尤其是公元前 500 年左右,是人类文明的"轴心时代",亦即各大文明的原始积累期和重大突破期。在此期间,人类的伟大精神导师们,如古希腊的苏格拉底、柏拉图、亚里士多德,古印度的释迦牟尼,中国的老子和孔子等相继诞生。承载他们智慧和思想的典籍便构成各个文明的文化元典。

元典不仅仅是经典,更是经典中的经典,是最基础、最重要、最核心、最具本体性和原创性的经典。他们塑造各个文明的文化传统,并对后世的生活产生深远影响。所以说,无论对于古人还是今人,元典都具有不言自明的价值。而越来越多的有识之士也认识到,对元典的背弃正是当今学术大师消失、大学生整体素质滑落的罪魁祸首之一。因此,让元典在课程设置和人们的日常阅读中获得应有的位置,是当前教育改革的方向所在。

一

湘潭大学资深教授张铁夫先生常常自谦地说:"我们这一代学者

有一个很大的遗憾,就是阅读古代文献的能力与前辈学者有较大差距。"张铁夫先生出生于1938年,他所说的前辈学者实际上是指有五四背景的这一代人,遥远一点的有钱锺书、季羡林等,近在身边的有湘潭大学中文系"三老"——姜书阁、羊春秋和萧艾。他们之所以成为公认的学术大家,是因为拥有深厚的国学功底和西学底蕴。

　　前辈的自我批评让我辈更加汗颜。张铁夫教授是俄语系科班出身,受益于当时的教育体制和自我努力,同时也修炼出深厚的中国文学修养,这也是他跻身一流翻译家和俄罗斯文学研究权威的原因所在。反观现在一些"青椒",出身中文系的外语不敢恭维,出身外语系的中文更是糟糕,因此在学术研究上举步维艰也是自然的。

　　通过反思和总结经验,可以推测,阅读元典的数量和质量在很大程度上决定了个体学识的厚度、视野的广度和思想的深度,或者说,决定了一个人在学术道路上究竟能够走多远。阅读元典其实是一个长期的过程,甚至是"活到老,学到老"的一项事业。所谓"心急吃不了热豆腐",从理想的角度来说,元典阅读应该开始于蒙童时期对"关关雎鸠,在河之洲"的诵读,然后贯穿到一生的学习过程中。我们在本科生、硕士生,甚至博士生教育中倡导元典教学,已经有些亡羊补牢的意味。然而,补总比不补要好,这种短时间的恶补固然很难造就下一个钱锺书,但对于个体来说,其积极的效果却是显而易见的。

　　近几年,一些有远见的教育工作者在学科或学校范围内尝试元典教学,积累了一定的经验。如中南大学高等教育研究所极为重视《大学》《中庸》《论语》《孟子》等元典阅读,2009年,仅《论语》讲读就多达96个课时。四川大学文学与新闻学院也大力提倡元典教学,曹顺庆教授不仅在《高校中文学科课程设置之我见》(《中国高等教育》,2000年第 21 期)、《"没有学术大师时代"的反思》(《湖南师范大学学报》,2000年第 3 期)、《中外打通培养高素质学生》(《中国大学教学》,2006 年第 11 期)等文章中呼吁重视元典,更是在研究生教学中开设西方文论、中国古代文论、"十三经"等三门元典解读课。

  曹顺庆教授力主修西方文论的学生要细读原文,修中国古代文论的学生要背诵原文,修"十三经"的学生至少要熟读原文。虽然笔者本科读的是中文专业,后来又获得比较文学与世界文学博士学位,但很惭愧地说,对这三门课程的了解还处于入门的水准,而国内像笔者这样的恐怕还不止一个。由于时间仓促和不够用心,笔者在听完这三门课后,元典素养并没有得到根本性的提升,但是,能够感觉到眼界在瞬间被打开,对元典的志趣也被激发出来。更重要的是,这促使笔者清醒地意识到,不要说做比较文学研究,就是从事一般学科的研究,要想抵达更高的层次,只能老老实实地返回元典。

二

  阅读元典并不是人们想象的那样"投资长,见效慢",有种得不偿失的感觉,相反,不仅长期效应可以预料,短期效果也是看得见、摸得着的。远一点的案例,可以追溯到西南联大。他们的西方哲学史课,并不像如今的历史课那样泛泛而谈上下五千年,而是要求学生细啃《理想国》等元典,后来"啃"出很多享誉中外的哲学家,如汪子嵩、张世英等。张世英这样回忆:"我转入哲学系后念的第二本原著是柏拉图的《理想国》,这是南开大学文学院院长、美学家冯文潜先生(字柳漪)在讲授西洋哲学史课程时要求我们必读的书。柳漪师特别嘱咐我:

'要熟读柏拉图的《理想国》,这是西方哲学史上最最重要的必读之书,要像读《论语》一样地读。'做学问,首先要打好基础,熟悉原著,西南联大的老师们似乎都强调这一条。"①

当然,近在身边的事实更富有说服力。川大的博士生在三门元典课的指引下,像小学生一样,老老实实地细读或背诵重要的篇章,在此基础上,再发挥研究生的研究特长,追求理论上的提炼和升华。一个学年下来,每个人都痛并快乐着。有许多原本学外语的博士生很得意地说,回工作单位后,可以到中文系去开设中国古代文论课了;而一些原本学中文的博士生则豪言,毕业之后,要去英文系开讲西方文论课。这样的自信显然是有依据的:想一想,在如今的大学讲坛,讲授中国古代文论的又有多少能够背诵原文的?主讲西方文论的又有多少细嚼慢咽过原文的?

在阅读元典的过程中,很多博士生在已经被前人"掘地三尺"、几乎无法下脚的传统研究领域发现很多新的学术话题,进而撰写出学位论文。如杨红旗以《以意逆志命题诠释史论》、张金梅以《"〈春秋〉笔法"与中国文论》、严金东以《自得:中国古代文论话语个案研究》为题顺利获得博士学位。

川大 2008 届博士生陈蜀玉的传奇经历更是见证元典教学立竿见影的功效。陈蜀玉是一位法语系的青年老师。现在的法语系可不是西南联大时期的法语系,也就是说,陈蜀玉的中国古典文学基础相较之下是非常薄弱的,《文心雕龙》她在入学前并没有读过。在曹顺庆教授中国古代文论课的逼迫下,她不仅熟读《文心雕龙》,还背诵和理解

---

①张世英.我的哲学人生[J].中国大学教学,2009(2).

了《文心雕龙》,3年之后,居然以洋洋30余万言的论文《〈文心雕龙〉法语全译及其研究》而技惊四座。陈蜀玉这一华丽的转身在川大的博士生中并不少见,但在外人眼中,则不免让人啧啧称奇,以至于有的答辩老师认为,就凭陈蜀玉将《文心雕龙》翻译成法语,就应该授予她博士学位。

如上所言,无论从理论上讲,还是从实践上看,元典教学都极具价值的。不过,同"古今打通""文理打通""中外打通"这些教育理念一样,元典教学也是一个远大的目标,一个美好的理想,要在当今高校普遍施行恐怕是非常艰难的。这首先是因为大环境的原因。这是一个人人自命有思想,却又害怕深刻的时代,因此,要全面重申元典的价值,必须要正视理想与现实的距离。如果说元典教学是一堵绝对垂直的墙,那么在现行条件下,我们能够砌出一堵60°的墙也值得庆贺一番了。

三

元典教学是好的,但也是难的。其中原因非常复杂,可谓一言难尽。但有些原因却是可以说清楚的,比如教师元典素养的欠缺。对于学生们来说,设置一门什么样的课固然重要,但这门课由哪位老师来讲同样重要,甚至更重要。可以说,教师自身素养的高低直接决定一门课程课堂教学的成败。

四川大学开设"十三经"这样的元典课,是符合人才培养规律的,但是,是否所有的老师都能够像曹顺庆老师那样,既有较深厚的学术底蕴又有高超的教学艺术呢?假如一位教师只具备学术能力和教学能力之其一，或者一个也不具备，那么，开讲"十三经"这类课程固然勇气可嘉，但效果可能会适得其反，即一番好心，结果却是伤害学生对文化元典美好的想象。中华元典的教学是这样，外国元典的教学也是如此。

在一些教育理论家的提倡下，现在很多高校流行双语教学，可是实践效果却令人失望。原因在于缺乏足够水平的任课教师，要么不具备双语自由转化的能力，要么对双语教学的理解过于狭隘和机械，将双语教学演变成对着多媒体课件念翻译成英文的中文教案。这样的双语教学除形式上吸引人眼球外，本质上既无思想性，也无艺术性。与此相反，刘小枫在中山大学细读《理想国》、邓晓芒在武汉大学释义古希腊哲学，都较好地体现出外国元典教学的魅力，这值得双语教学老师们借鉴。

四

让元典教学困难重重的，除教师的问题外，还有学生的问题：元典素养薄弱。传统就像爱人，失去了再想找回来，就没有那么容易。在很长一段时间，我们与两大文化传统——中国文化传统和西方文化传统失去了联络。后来，我们力图恢复与西方文化传统的对话，大力译介西学，也取得显著成效，却忽略对中国文化传统的挖掘与发扬，比如小学和中学语文课本里的古文越来越少，难度也一降再降，天长日久，导致如今的大学新生一见到古文就喊头疼。如果说先天不足已无法挽回，那么后天努力也是可以局部性弥补的。遗憾的是，如今的学生们总是能够找到诸多理由来对元典说"不"。

笔者在讲授外国文学史的过程中便遭遇这样的尴尬：由于外国文学涉及的语种太多，因此，严格地说，外国文学作品属于元典的并不多，比如《圣经》《荷马史诗》《诗学》等，然而中国读者读的是译作，只能算是"亚元典"。如果说元典主要诞生于人类文明的"轴心时代"，那么，中国古代文化典籍中真正属于元典的也是有限的。因此，提倡阅读元典，其本意还在于鼓励人们自己直接接触作品，而不是依赖他人的研究与作品交流——作品对创作者来说，便是他们传达自我思想的元典。

和很多大学生一样，笔者也是从大学时期才开始成规模地接触外国文学作品的。随着时间的推移，所读过的作品越来越多，但并不意味着没有读过的作品越来越少。如今的学生对外国文学作品的了解程度和笔者当初差不多——听过不少作家和作品的名字，但极少完整地看过哪怕像《哈姆莱特》这样的名作。由于一些学生没有从事外国文学研究和教学的志向，因此，在他们看来，能够翻完一本外国文学史教材，然后听老师讲一讲就心满意足了，至于用半个月时间去读《战争与和平》这些大部头，实在是浪费宝贵的时间，因为还有"更有用"的计算机课、英语课、演讲与口才课、社交与礼仪课等着去学呢。

笔者是一个心软的老师，不忍心强求学生去阅读外国文学作品，这样一个学年下来，学生所知晓的外国文学就是经过教材编撰者以及笔者咀嚼过的外国文学，至于原汁原味的作家和作品到底是什么味道，只能是猜猜了。可以肯定的是，大学里遭遇这一窘境的课程远不止外国文学史这一门，而几乎是一切人文社会科学课程。

五

普希金的诗"急匆匆地生活，来不及感受"描绘的正是我们的时代。如今对一些人来说,根本没有心情和时间去仔细品味文化元典,能够抽空吃两口文化快餐的已经算是有底蕴的文化人。在同样充满喧哗与浮躁的高校中,推行元典教学自然也是难的,但是必需的。元典教学理念的提出,一针见血地指出了我们的教育问题到底哪里出现了问题,让我们知道了怎样做才是对的,才是好的,才能看到希望。生活经验更是告诉我们,凡事从难到易容易,从易到难则难,比如中国司机到外国开车易如反掌,外国司机到中国开车则寸步难行。与此同理,被元典熏陶出来的人,既可以走高雅路线,也可以做通俗之事,而被二手、三手材料滋养出来的学人,则难以入流。

这就是说,我们的教育目标不能降低到和现实一致的层次,否则,我们最终抵达的层次只能比现实更低。因此,无论对于普通学生来说,还是对于专业学者而言,元典都应该成为主要的学养之源,哪怕我们最终没有成为学者或大师。而作为教师,有些方面或许我们暂时无法改变,但有些我们是可以立刻去改变的,比如轻视教学的态度和漠视元典的眼神。

(原载《现代大学教育》2010年第2期,
人大复印报刊资料《教育学》2010年第7期全文复印,有改动)

讲授的弦外之音

——显性讲授中的隐性教育

"教书"与"育人"并不是两个不相干的概念。育人固然可以通过教书之外的途径来实现,但在校园里,脱离教书来育人,育出来的应该也是不完整的人,至少是欠缺知识的人,因为,知识传授主要是通过教书来实现的,更何况,教书本身包含了丰富的育人因素。

教书的基本形式是讲授。在各种新潮教育理念、教育方法大行其道的时候,讲授的价值有被我们误解和低估的迹象。殊不知,讲授在传授知识的同时,也包含了诸多其他要素,这些要素在育人的过程中同样扮演着很重要的角色,我们可以称之为讲授的弦外之音,或显性讲授中的隐性教育:"当教师在讲述着的时候,他在解析着、阐发着课程。其实,教师的神态以及神态之中饱含着的情感,和这种神情中折射出来的责任心、事业心,都将成为学生可以感受得到的弦外之音。"[1]

一、脱稿讲授中的隐性教育

脱稿,这是讲授的底线,或者说,脱稿不是讲授的最高要求,而是

---

[1]张楚廷.大学的教育理念[M].重庆:西南师范大学出版社,2015:136.

最低要求。在照本宣科、照屏宣科还比较盛行的情况下,脱稿讲授具有很强的象征意义,象征着教师的职业态度和职业精神。特别是对于难以脱稿的内容,或者学生以为教师无法脱稿的内容,教师如果都做到脱稿了,那脱稿这个行为本身就具有了弦外之音,或者说,脱稿脱到一定程度,就成了教学艺术的一部分。

雅斯贝尔斯说:"任何虚伪都逃不过孩子们明亮的眼睛和透明的心扉。"①同样的道理,任何真诚也逃不过孩子们明亮的眼睛和透明的心扉。笔者大学时代的古代汉语老师夏先培教授,能够将庄子的《逍遥游》、屈原的《离骚》倒背如流。至于其他经典古文,他也是信手拈来,既轻松又潇洒。依然记得他背诵古文时全班同学露出的惊诧和崇奉的神情。那场景也深深印入笔者的脑海,成为笔者今天致力于讲授实践和讲授研究的重要动力。无独有偶,西南联大的燕卜荪老师,通过完成常人眼里不可能完成的任务——背诵莎士比亚的《奥赛罗》、乔叟和斯宾塞的诗篇,让学生赵瑞蕻终生感动、佩服和怀念:

> 那时候,图书等设备十分贫乏,开头那几个星期,连《莎士比亚全集》也找不到;而燕卜荪先生自己的许多书都搁在长沙还未带来。于是,就在这样的一个环境里,燕卜荪先生就大显身手,表现了他惊人的记忆力。在"莎士比亚"班上,第一本读的是《奥赛罗》(Othello),大家都没有书,全凭他的记忆,整段整段地背出来,写在黑板上,给大家念,再一一加以讲解。在"英国诗"班上,最初几天,乔叟(Chaucer)和斯宾

---

① 雅斯贝尔斯.什么是教育[M].邹进,译.北京:生活·读书·新知三联书店,1991:35.

塞(Spenser)的一些诗篇也都是他一字不错、一句不漏地默写出来的。他还躲在楼上那间屋子里,那么认真地、辛苦地把莎翁名剧和其他要讲的东西统统凭记忆在打字机上打出来。这事真使人想起当年秦始皇焚书坑儒以后,天下无书,大部分全靠那些白发皓首的大儒将经书整部整篇背诵出来那种传奇一般的神异故事。燕卜荪先生记忆力之强和他对于祖国文学遗产的熟悉,真叫我们钦佩;他的认真的教学态度使大家十分感动。①

讲授时完全脱稿只是表象,背后是教师学术水平、教学水平以及职业操守的支撑。总体上看,天赋异禀、过目不忘的老师并不是很多,因此,那些给学生留下"记忆力惊人"印象的老师,在上过讲台、懂得讲授的人看来,基本都是"台上一分钟,台下十年功",即靠扎扎实实、老老实实、辛辛苦苦的准备才做到的。因此,笔者给初登讲台的年轻老师们建议都是,讲稿要做到脱稿,一是尽量用口语写讲稿,二是讲稿写完后,不妨找一间无人的教室,独自试讲15遍以上,这样就可以在讲台上潇洒自如了。

著名学者童庆炳先生说过,他备课的第一步就是用笨办法背下讲课内容,"比如我讲小说,我把《红楼梦》所有的标题、一百二十回回目全部背下来,把《红楼梦》里面一些特别精彩的段落也全部背诵下来,所以我讲的时候是甩开书本的。我讲《红楼梦》,给同学们举例,我是背诵出来的。这样学生就觉得讲得非常生动、非常活泼、非常有吸引

---

① 赵瑞蕻.怀念英国现代派诗人燕卜荪先生[M]//赵瑞蕻.离乱弦歌忆旧游——从西南联大到金色的晚秋.上海:文汇出版社,2000:27.

力,所以他们听得进去"①。

北京大学钱理群先生曾感叹"做教师真难,做教师真好"。这位著作等身的学者为了讲课完全脱稿,居然是一个字、一个字地写讲稿,"很多人觉得我上课随便讲就可以讲很好,其实大家都误会了,我是精心准备的,有详细的讲稿。讲稿大概分为两类,一种是几乎一个字一个字写出来的,还有一种就是列一个详细的提纲。我曾长期担任过中学教师,所以养成了上课前要做充分准备的习惯。不仅讲课内容,包括板书写什么、怎么写、写哪里,哪些需要长期留下来,哪些写完要立刻擦掉,我都预先要设计、规划"②。

著名学者谢冕先生为了讲稿完全脱稿,也是采用类似办法:将教案详详细细地写出来。"当代文学是行进中的文学,不断有新的作品,我教学最大的感受就是一个字:累。我的笨办法就是把教案详详细细地写出来,所以感觉很累。给本科生上课,一节课45分钟,我如果没有写成一万多字的讲稿心里就不踏实。而我第二年再讲的时候,又得重新写,因为事情又变化了。"③

不难发现,写讲稿不仅仅是写讲稿,背诵不仅仅是背诵,脱稿不仅仅是脱稿,学生从中看到的是教师对这门课的态度、对教学的态度、对学生的态度,换言之,上课时老师所讲、所写的内容是显性的,但他在

---

① 童庆炳. 做一个有仁爱之心的好老师[M]//吴子林. 教育,整个生命投入的事业——童庆炳教育思想文萃. 上海:华东师范大学出版社,2016:75.
② 郭九苓,缴蕊,张迥. 一位理想主义者的教育观——钱理群老师访谈[G]//郭九苓,漆永祥,赵国栋. 北大中文名师教育谈. 桂林:广西师范大学出版社,2015:96-97.
③ 郭九苓,胡士颖. 与当代诗歌同行——谢冕老师访谈[G]//郭九苓,漆永祥,赵国栋. 北大中文名师教育谈. 桂林:广西师范大学出版社,2015:138.

讲课中体现的态度以及对学生的尊重和关爱是隐性的；课堂上那"唰唰"作响的粉笔书写声是显性的，教师的责任心、事业心是隐性的。

与讲授完全脱稿相反的情况是，有些教师在讲授的时候，或照着教案读，或照着屏幕念，吐字还不够清晰，念得也不够顺畅，以至于有学生反映，不如在班上找一个普通话好的同学上去读或者念，效果还好一些。由此可见，上课读稿子、念课件的讲授，给学生带来的负面效果就不仅仅是无法完成知识的传授，恐怕还直接影响到学生对这门课程、对这位教师、对这所学校乃至对整个大学教育的怀疑。

讲授时照本宣科只是表象，背后是职业水平、职业态度和职业精神的缺乏。"念讲稿，就是见稿不见人。演讲的道理，是人的道理，最动人的论断、用语，都和人格密切相关。演讲的人格，就是现场的不断变动着的语词、表情、姿态、躯体动作等。拿着稿子念，就把眼睛挡住了。而眼睛，是灵魂的窗子，恰恰就是最主要的交流渠道。"[①]那种自顾自念讲稿的讲授，在学生心目中，不只是讲授能力和讲授方法的缺失，还是讲授者心中无人的体现，更是讲授者对自己从事的职业缺乏尊重、缺乏珍惜和缺乏敬畏的体现。

二、知识渊博中的隐性教育

近些年，学界在倡导大学要注重能力、素质培养的同时，多少忽视甚至轻视了知识传授的作用，这其实是人为地割裂知识和思想有机的、内在的联系，是从对知识的极端崇拜走向对思想的极端崇拜。理

[①] 孙绍振. 演说经典之美[M]. 福州：福建教育出版社，2017：4.

性的教育者应该明白,大学在推崇思想的同时,依然要尊重知识的地位和价值。

或许,有思想的老师更容易受学生的爱戴和崇拜。但是,思想不是凭空产生的,缺乏足够知识,尤其缺乏足够专业知识的支撑,思想很难产生,也很容易失去真正的力量。总之,不管多么追求深刻的课程,知识丰富、精准和有价值等都还是评判优秀的重要尺度。北京大学教授杨安峰回忆说,当年的任课老师郑作新正是靠渊博的专业知识征服了他:"有一位鸟类学家郑作新先生来给我们上课,他能一下把20多只鸟的拉丁学名从属、种到亚种,全写出来,一写一黑板,一个字母都不会错的。"[①]这种震撼和燕卜荪老师背诵《奥赛罗》、夏先培老师背诵《逍遥游》《离骚》有异曲同工之妙。

教育的目标是培养更富有、更高尚、更高大的自己,这里的"更富有"就包含着知识上的富有,或者说,帮助学生在知识上更富有,是讲授的本职工作之一。教师是传递知识的,这是教师的基本使命。"教师的实质性工作就是教书,就是教学。把教师说成教书匠也没有什么问题,这跟瓦匠、木匠是一样的。只是教师跟人的关系更密切一些,因而,意义也有所不同。"[②]

知识传授或许不是讲授的最高目标,却不能由此忽视和轻视这个目标。离开知识的富有去谈智慧、高尚和高大,很可能让讲授变得虚无缥缈。何况,并不是每一种讲授、每一次讲授都需要承载太多思想和智慧。比如自然科学类课程,思想和智慧可以有,但不需要像人文

[①] 郭九苓,昌增益,柴真.杨安峰——日积月累,化平淡为神奇[G]//郭九苓,昌增益,柴真.教学的魅力——北大生命科学名师访谈录.北京:北京大学出版社,2012:13.
[②] 张楚廷."五I"教学细说[M].重庆:西南师范大学出版社,2015:3.

社科类课程那样时时刻刻闪现思想和智慧的光芒。但人文社科类课程也不能脱离学科自身的具体内容去仰望星空,否则有可能走向空洞和抽象。再说,人不是量产知识的机器,也不是量产思想和智慧的机器,不可能每天、每时、每刻源源不断地产生思想和智慧。

一言以蔽之,知识渊博绝对是一个优点和亮点,教师在展示其知识渊博的过程中,传递的不仅仅是知识,而是教师整体的精神、气质和人格魅力:

> 课堂的魅力就是教师的魅力,而教师的魅力主要就是学识的魅力。教师在讲台上一站,就要让学生感到你有一种源于知识的人格魅力。这种魅力,更多地来自阅读。我有一个不一定严谨的说法:只要教师肚子里真的有学问,那他无论怎么教,甚至哪怕他"满堂灌",都叫"素质教育",都叫"新课改"!旁征博引,信手拈来,俯视古今,联通中外……这样的课不但能吸引学生,而且能震撼学生的心灵,打开学生的视野,激发他们的思考与创造。[①]

可以想象一下,钱锺书先生在给学生讲授古代文学、比较文学等课程时,他的博古通今、学贯中西和旁征博引的能力肯定让学生感到无比震撼,学生接下来的认真听讲和虔诚学习都会顺理成章、水到渠成。在现实中,有些教师或由于学科本身的特点,或由于治学志趣、治学方法的不同,并不以思想和智慧见长,但他们"读万卷书,行万里

[①] 李镇西.我追求成为这样的语文老师[M]//李镇西.自己培养自己.上海:华东师范大学出版社,2017:47.

路",似乎"什么都知道""什么都懂",本身就是一种隐喻、一种符号:

> 大约,透过知识之广博,思维之深刻,探讨之特异,研究之奇巧,大学生们还能看到教授对待真理之虔诚,对待世界之亲近,对待他人之真挚,透过这一切读到了一部终生难忘的"教科书"。日后,教授所讲授的具体知识可能留在记忆之中者寥寥无几了,教授这部"教科书"却历历在目。青年时代有名师在旁,之后回首时,回味时,定会有人生之一大幸事之感慨。①

知识渊博不是一天实现的,而是日积月累才有可能达到的。苏霍姆林斯基说:"如果教师的智力生活是停滞的、贫乏的,在他身上产生了一种可以称之为'不尊重思想'的征兆,那么这一切就会明显地在教学教育工作中反映出来。"②同样的道理,教师知识渊博代表着教师智力生活的丰富,代表着对思想和工作的尊重,代表着读书、思考乃至写作已融入他们的生活,因此,当教师在展示自己渊博知识的时候,其实就是在暗示另一层含义:我不仅是一个不断学习的人,而且是一个善于学习的人。

教师知识渊博所蕴含的隐性教育就在于向学生生动地展示了:教师不仅是更有知识的人,而且是更善于获取知识的人;教师不仅是善于思考的人,而且是更善于引导他人思考的人;教师不仅通过不断学习以补充知识,而且善于掌握更好的学习方法以更有效地补充知识。

---

①张楚廷.张楚廷教育文集(第1卷)[M].长沙:湖南教育出版社,2007:283.
②苏霍姆林斯基.给教师的建议(上)[M].杜殿坤,译.北京:教育科学出版社,1980:67.

总之,学生在聆听教师传递知识的同时,也就在学习教师对待学习的态度,领会教师学习的方法。

三、教师气场中的隐性教育

何谓气场?或许只可意会不可言传,看得见却摸不着。一般而言,名师都是有气场的,所以他们只要一出场,立刻能用一种独特的气质将学生"罩住",比如钱理群先生就是如此。"确实有不少同学说过听我的课好像处在一个'气场'中一样,我一坐在那儿就能把学生'罩住',他们始终能感到一种吸引力甚至'控制力'。孔庆东以前听我课的时候,一开始是坐在第一排,但后来他就坐到教室的角落里去了。他说他要反抗我对阅读和思想的控制力,但又舍不得不听,所以只好离我距离远一点。"①

《民国那些人》这样讲述历任中央大学、北京大学、四川大学等校教授的蒙文通讲授时的气场:"他讲课有两个特点,第一是不带讲稿,有时仅携一纸数十字的提要放在讲台上,但从来不看,遇风吹走了也不管;第二是不理会下课钟,听而不闻,照讲不误,每每等到下堂课的教师到了教室门口,才哈哈大笑而去。"②蒙文通先生的气场由三大因素构成,一是讲课脱稿,二是讲课不受规矩约束,三是洒然不羁。讲课特别有气场的钱理群老师这样解读评价蒙文通教授的讲课气场:

---

① 郭九苓,缴蕊,张迥.一位理想主义者的教育观——钱理群老师访谈[G]//郭九苓,漆永祥,赵国栋.北大中文名师教育谈.桂林:广西师范大学出版社,2015:97.
② 徐百柯.民国那些人[M].北京:中央编译出版社,2007:206.

这样的课,绝就绝在它的不拘一格,它的随心所欲,显示的是教师的真性情,一种自由不拘的生命存在方式、生命形态。因此,它给予学生的,就不只是知识,更是生命的浸染、熏陶。在这样的课堂上,充满了活的生命气息,老师与学生之间,学生与学生之间,生命相互交流,沟通,撞击,最后达到了彼此生命的融合与升华。这样的生命化的教育的背后,是一种生命承担意识。①

传奇教授刘文典在西南联大讲授《庄子》选读、《文选》选读、温庭筠诗歌、中国文学批评研究、元遗山研究、吴梅村研究等课程,他讲课时的气场不仅十分强大,而且还非常奇特,处处透出神秘的色彩:

刘文典上吴梅村研究课……到课的人并不多,稀稀拉拉坐着十几个人,偌大的教室显得空荡荡的。但刘文典毫不在意,在教室桌旁的一把"火腿椅"(木椅,右侧有状若整只火腿的扶手,供笔记书写之用)上坐下来,照例先是点燃一支卷烟,深深吸上一口,操着安徽腔:"今天我们只讲梅诗中的两句:'攒青叠翠几何般,玉镜修眉十二环。'"王彦铭回忆说:"刘先生娓娓而谈,香烟袅袅,把我们引进诗情画意中去了。"②

---

①钱理群.承担,独立,自由,创造——从《民国那些人》谈起[J].汕头大学学报,2007(6).
②刘宜庆.绝代风流——西南联大生活录[M].北京:北京航空航天大学出版社,2009:34-35.

由此可见,气场往往同独特紧密相连。笔者在现实中遇见过的最有气场的两位教师,一位是湖南大学教授,人称"法学鬼才"的邱兴隆先生;另一位是湘潭大学教授,人送"哲学鬼才"的刘启良先生。他们有个共同特征:头发很长、很飘逸,很有艺术家气质。学生们接触他们的气场,仿佛穿越时空,间接地感受民国大师们的绝代风流。

两位先生气场虽怪异,但得到了学生的尊重,也获得了学校的认可,并且在校园里传为美谈,这是由他们的学术魅力、教学魅力和人格魅力所决定的,一般的老师不宜机械地模仿。教师讲课时强大气场的获得,离不开深厚的学术底蕴、高超的教学技巧、虔诚的教学态度、独特的生命体验和超凡的人格魅力。其中很多因素是自然形成的,往往是可遇而不可求。但如果教师自身积极主动地向往和追求,无疑可以促进、推动、加快气场的形成。就像童庆炳先生那样,在讲课前沐浴更衣、焚香静心,那自然会给学生带来不一般的美好感觉:

> 我自己平时穿着是很随便的,但在上课的时候,我一定要穿上最漂亮的西装,系上最心爱的领带,把皮鞋擦得锃亮,不为别的,就是让学生看着舒服,让学生感到这位老师就是在穿衣这样的细小的事情上也是尊重他们的。我的几位当作家的学生描写对我的印象,毫无例外地都写到我的穿着。莫言、毕淑敏、迟子建、刘恪等学生都用诗意般的句子来描写我的穿着,甚至认为一位老师的穿着如何是能否获得学生信任的第一印象。其实,学生们不知道,我每次洗澡都是因为第二天有课,我觉得洗完澡之后,讲课时会平添几份精神。

连洗澡也是为他们。①

通过上面的阐述，可以发现，讲授在有声的语言中暗含着诸多无声语言，在显性的演讲中暗含着诸多隐性的教育："教师除了运用口头语言、书面语言外，还有一些无声的'语言'，教师的仪容、表情、手势以及潜在于教师言行之中的态度、情感、志趣，形成了教师'语言'的另一个序列。这一序列的关键还在于教师的理念、态度、情感，这是决定教师仪容、表情的因素。"②

因此，教师的讲授包含了诸多"工夫在诗外"的内涵，教师不仅要加强有声语言的修养，还有做一个热爱教学、热爱读书、热爱学生、热爱生活的人。这样的一位教师的讲授，多年以后，学生也许忘记了他（她）的讲课内容，但一定记得他（她）讲课的样子。从这个意义上说，教师才是最好的教材，学生在心里深处，时时刻刻在阅读、感受和学习这部教材。这部教材用什么样的态度写，用什么样的目的写，用什么样的方式写，写得如何，对学生的成长要远比其所就读的大学位于何地、排多少名和教学楼有多高更为重要。

（原载《现代大学教育》2020年第3期，有改动）

---

① 童庆炳.旧梦与远山[M].北京:北京大学出版社,2015:211.
② 张楚廷.张楚廷教育文集(第6卷)[M].长沙:湖南教育出版社,2007:390.

第二辑

老北大名师的教书育人

——以《负暄琐话》《负暄续话》为考察中心

老北大常被我们当作一面镜子,照出当今大学的缺憾。在老北大的诸多"好"中,最被津津乐道的是她的一众名师。在怀旧者看来,这些名师无疑是教书育人的典范,值得今人敬佩和学习。那么,他们究竟是如何教书育人的呢?由于当年缺乏录音和录像设备,如今我们只能根据一些零散和抽象的文字素描,对他们的为师之道做一些粗略的梳理和勾勒。

忆及老北大名师的作品,当属张中行先生的散文集《负暄琐话》和《负暄续话》最为集中和细致,故被我们作为考察中心。张中行(1909—2006),国学大师,与季羡林、金克木两人并称"燕园三老",又与季羡林、金克木、邓广铭三人并称"未名四老",1931—1935年就读于北京大学中文系期间,聆听过诸多老北大名师的教诲。多年以后,虽然这些"记忆都是零零星星的,既不齐备,又不清晰,只是一些模模糊糊的影子"[①],但依然能够大致反映出老北大名师们教书育人的水平和特点。

---

① 张中行.负暄琐话[M].哈尔滨:黑龙江人民出版社,1986:3.

一、不会教书的章太炎们

在张中行的笔下,老北大的名师们可以分为"会教书的"和"不会教书的"。第一个不会教书的正是国学大师章太炎(1869—1936)。大概是1932年,章太炎在北京大学研究所国学门讲《广论语骈枝》,张中行因故错过,但后来从同学那里获得一些间接的评价:"过于专门的,有如阳春白雪,和者自然不能多。"①不久后,章太炎又做了一次"下里巴人"的公开讲演,张中行这次得以一睹风采:

> 我去听,因为是讲世事,谈己见。可以容几百人的会场,坐满了,不能捷足先登的只好站在窗外。老人满头白发,穿绸长衫,由弟子马幼渔、钱玄同、吴检斋等五六个人围绕着登上讲台。太炎先生个子不高,双目有神,向下望一望就讲起来。满口浙江余杭的家乡话,估计大多数人听不懂,由刘半农任翻译;常引经据典,由钱玄同用粉笔写在背后的黑板上。说话不改老脾气,诙谐而兼怒骂。现在只记得最后一句是:"也应该注意防范,不要赶走了秦桧,迎来石敬瑭啊!"其时是"九一八"以后不久,大局步步退让的时候。话虽然以诙谐出之,意思却是沉痛的,所以听者都带着愤慨的心情目送老人走出去。②

---

① 张中行.负暄琐话[M].哈尔滨:黑龙江人民出版社,1986:6.
② 张中行.负暄琐话[M].哈尔滨:黑龙江人民出版社,1986:6.

通过这段描述,大概可以知道章太炎先生的教书水平。首先,他的学问是比较广博的,既精通"阳春白雪"的专门学术,又通晓世事,可以做"下里巴人"的讲演。其次,他善于通过联系现实引发听众的共鸣。比如在这次讲演中,他将在日本侵略者面前步步退让的当局比作秦桧和石敬瑭,让听者感到"沉痛"和"愤慨"。再次,他的讲授是充满激情的,在打动听众之前,已经打动了自己。最后,他的讲授气场十足,"满头白发,穿绸长衫,由弟子马幼渔、钱玄同、吴检斋等五六个人围绕着登上讲台",颇有风范。

但是,章太炎的讲授也是有严重缺点的,那就是有浓重地方口音:"满口浙江余杭的家乡话,估计大多数人听不懂,由刘半农任翻译;常引经据典,由钱玄同用粉笔写在背后的黑板上。"假如没有刘半农作"口译"和钱玄同作"笔译",这次讲演是否还可以产生那么好的效果?假如他不只是做一次讲演,而是给本科生上一门32学时的专业基础课,每堂课都要带两个翻译(而且还是大师级别的翻译)是否现实?由此可以大胆推测,他在上《广论语骈枝》这门专业课时,"和者自然不能多",不仅仅是因为这门课冷僻的原因,恐怕同他有浓重地方口音以至于"很多人听不懂"有着密切关系。

毋庸讳言,按照当今大学对一名普通教师的要求,章太炎因为"满口浙江余杭的家乡话",是无法胜任本科生的日常教学的,但可以凭借高深的学问和在学界的声望,手把手地指导硕士生和博士生,并且偶尔做学术讲座。

第二位不会教书的是马幼渔(1878—1945)。马幼渔1913—1937年任北京大学教授。张中行听过他一年的课,讲的是文字学中的音韵部分。对他的讲课水平,张中行的评价是:"口才也不见佳,因而讲课的效果是平庸沉闷,甚至使人思睡。"①

第三位不会教书的是熊十力(1885—1968)。张中行写道:"我最初见到熊先生是三十年代初期,他在北京大学讲佛学,课程的名字是新唯识论吧,选这门课的人很少。我去旁听几次,觉得莫测高深,后来就不去了。"②"选这门课的人很少",可能有两个原因,一是这门课的内容比较偏和怪,学生不感兴趣;二是讲这门课的熊十力不太会讲,不受学生欢迎,口耳相传,愿意选课的自然就越来越少。喜欢学习的张中行不知情,慕名选了这门课,发现根本听不懂,"后来就不去了"。他不仅自己不去了,回去后还会在同学中间宣传一番(他的这段追忆也是一种公开的宣传),无意间会让这门课的"票房"更加惨淡。

第四位不会教书的是刘半农(1891—1934)。1933 年 9 月到 1934 年 6 月,刘半农在中文系开了一年的古声律学课。张中行当时正对乐府诗有兴趣,就选了,于是便有了这样一段评述:

> 上第一堂,才面对面地看清他的外貌。个子不高,身体结实,方头,两眼亮而有神,一见即知是个精明刚毅的人物。听课的有十几个人。没想到,半农先生上课,第一句问的是大家的学习程度如何,说讲声律要用比较深的数学。大家面面相觑,都说不过是中学学的一点点。他皱皱眉,表示为难的样子。以后讲课,似乎在想尽量深入浅出,但我们仍然莫名其妙。比如有一个怪五位数,说是什么常数,讲声律常要

---

① 张中行. 负暄琐话[M]. 哈尔滨:黑龙江人民出版社,1986:10.
② 张中行. 负暄琐话[M]. 哈尔滨:黑龙江人民出版社,1986:23.

用到,我们终于不知道是怎么求出来的。①

学生听不懂刘半农的课,可能至少有三个原因:一是这门课太难,二是学生的基础不太好,三是刘半农先生想深入浅出却不知如何操作。刘半农精通语音学,但还是个杂家,有多方面的兴趣,比如写小品文、打油诗、歌词(代表作是《教我如何不想她》),甚至酷爱照相(据说在非职业摄影家里,造诣名列第一)和研究照相(写出了理论专著《半农谈影》)。应该说,从学识的深度和广度上看,专家亦是杂家的刘半农是极适合在大学里讲课的。遗憾的是,同样由于表达能力欠缺,他在讲台上未能充分展示出自己的魅力。

第五位不会教书的是顾颉刚(1893—1980)。顾颉刚那时候是燕京大学教授,在北京大学兼课,算是北大的兼职教授。张中行这样评价他在北大上的《禹贡》课:"可是天道吝啬,与其角者缺其齿,口才偏偏很差。讲课,他总是意多而言语跟不上,吃吃一会,就急得拿起粉笔在黑板上疾书。写得速度快而字清楚,可是无论如何,较之口若悬河总是很差了。我有时想,要是在中学,也许有被驱逐的危险吧?而在红楼,大家就处之泰然。"②在张中行看来,顾颉刚的口才奇差,如果去教中学,估计会被直接开除。

第六位不会教书的是孟心史(孟森)(1868—1938)。孟心史是著名《红楼梦》研究专家,张中行久仰其大名,便"怀着看看这位精干厉害人物的心情才去听他的课的",但孟先生"出奇的沉闷"的讲课却让他

---

① 张中行. 负暄琐话[M]. 哈尔滨:黑龙江人民出版社,1986:41-42.
② 张中行. 负暄琐话[M]. 哈尔滨:黑龙江人民出版社,1986:88-89.

非常失望:

> 及至上课,才知道,从外貌看他是既不精干,又不厉害。身材不高,永远穿一件旧棉布长衫,面部沉闷,毫无表情。专说他的讲课,也是出奇的沉闷。有讲义,学生人手一编。上课钟响后,他走上讲台,手里拿着一本讲义,拇指插在讲义中间。从来不向讲台下看,也许因为看也看不见。应该从哪里念起,是早已准备好,有拇指做记号的,于是翻开就照本慢读。我曾检验过,耳听目视,果然一字不差。下课钟响了,把讲义合上,拇指仍然插在中间,转身走出,还是不向讲台下看。下一课仍旧如此,真够得上是坚定不移了①

最后两位不会教书的是伦明(字哲如)(1875—1944)和林损(字攻渎,后改字公铎)(1891—1940)。如果说前面几位名师不会教书,或是因为观念问题——不知道如何教书,或是因为表达问题——口音重或口才不佳,那么这两位不会教书,就是因为态度问题了。伦明讲目录学,"有些事却糊里糊涂。譬如上下课有钟声,他向来不清楚,或者听而不闻,要有人提醒才能照办。关于课程内容的数量,讲授时间的长短,他也不清楚,学生有时问道,他照例答:'不知道。'"②按照当今大学的考核标准,伦哲如的讲课会经常出教学事故,并因为态度不端正而被学生告到教务处去。林损上课时"常常借酒力说怪话","自视很高,喜欢立异,有时异到等于胡说"。譬如有一次,有学生问他:"林先生这

---

① 张中行.负暄琐话[M].哈尔滨:黑龙江人民出版社,1986:89.
② 张中行.负暄琐话[M].哈尔滨:黑龙江人民出版社,1986:89.

学期开什么课?"他回答:"唐诗。"学生又问:"准备讲哪些人?"他回答:"陶渊明。"(陶渊明实为东晋诗人)不仅如此,他还是一个典型的"愤青",常常在课堂上说题外话,以至于讲诗时,一学期未见得能讲几首,就是那么几首,有时也随意发挥。由此可见,林损讲课内容空泛,课堂上胡言乱语,缺乏正能量,自然不能让学生喜欢,以至于胡适当系主任的时候,终于忍无可忍,将他解聘了。

张中行还写到了一些其他不会上课的老北大老师,由于这些老师不属于"名师",就不再赘言。

二、会教书的黄晦闻们

在张中行的笔下,还有一些老北大的名师属于"会教书的"。第一个会教书的是黄晦闻(1873—1935)。黄晦闻先讲顾亭林的诗,后讲《诗经》。张中行听过他两年的课,对他的讲课风格比较熟悉:

> 他虽然比较年高,却总是站得笔直地讲。讲顾亭林的诗是刚刚"九一八"之后,他常常是讲完字面意思之后,用一些话阐明顾亭林的感愤和用心,也就是亡国之痛和忧民之心。清楚记得的是讲《海上》四首七律的第二首,其中第二联"名王白马江东去,故国降幡海上来",他一面念一面慨叹,仿佛要陪着顾亭林也痛哭流涕。我们自然都领会,他口中是说明朝,心中是想现在,所以都为他的悲愤而深深感动。[①]

[①] 张中行.负暄琐话[M].哈尔滨:黑龙江人民出版社,1986:7-8.

通过这段话可以发现,黄晦闻讲课有三个特点:一是有风度和气场,虽然年事已高,但"总是站得笔直地讲";二是感情充沛,以情动人,让学生"为他的悲愤而深深感动",实现了深层次的师生互动;三是密切联系当下,即讲完诗歌的字面意思,再辨析其中的象征意义,进而将象征意义与当时的国情自然地贯通起来,做到了"理论联系实际"。

第二个会教书的是刘叔雅(1889—1958)。刘叔雅上课坐着,讲书,眼很少睁大,总像是沉思,自言自语。有一次讲木玄虚《海赋》,多从性质和作用的方面发挥,张中行觉得他确实看得深,说得透,对于他的见解,同学们都是尊重的。又一次,刘叔雅泛论不同的韵的不同情调,说五微韵的情调是惆怅,随即举例,闭着眼睛吟诵:"风压轻云贴水飞,乍晴池馆燕争泥。沈郎多病不胜衣。"念完,停一会儿,像是仍在心里回味。如此投入和沉醉的讲课感染了张中行,他情不自禁地联想刘叔雅老师是不是觉得自己就是"沈郎多病不胜衣"呢?通过张中行的描绘,可以发现刘叔雅讲课有四个特点:"看得深"(深入),"说得透"(浅出),有感情(像是仍在心里回味),效果好(对于他的见解同学们都是尊重的)。

第三个会教书的是俞平伯(1900—1990)。在张中行求学期间,俞平伯的本职是在清华大学任教,但在北大兼课,讲诗词。张中行这样描绘第一次听他讲课的情景:

> 第一次上课,也是我第一次见到,觉得与闻名之名不相称。由名推想,应该是翩翩浊世之佳公子,可是外貌不是。身材不高,头方而大,眼圆睁而很近视,举止表情不能圆通,衣着松散,没有笔挺气。但课确是讲得好,不是字典式的释

义,是说他的体会,所以能够深入,幽思联翩,见人之所未见。我惭愧,健忘,诗,词,听了一年或两年,现在只记得解李清照名句"帘卷西风,人比黄花瘦"的一点点,是:"真好,真好!至于究竟应该怎么讲,说不清楚。"(《杂拌儿之二·诗的神秘》一文也曾这样讲)他的话使我体会到,诗境,至少是有些,只能心心相印,不可像现在有些人那样,用冗长而不关痛痒的话赏析。俞先生的诸如此类的讲法还使我领悟,讲诗词,或扩大到一切文体,甚至一切人为事物,要自己也曾往里钻,尝过甘苦,教别人才不至隔靴搔痒。①

毫无疑问,俞平伯的讲课具备了深入浅出的特质。所谓"深入",是指他对所讲内容有精深的研究,体现了一位大学者应有的素质;所谓"浅出",是指他善于表达自己的体会和感受,能真正触动学生的文学之心。当然,俞平伯的讲课还有需要改进的地方,那就是要注意自己的仪表和着装。按今天的标准来看,大学老师仪表可以素朴,但不可以邋遢;着装可以随意,但不可以随便。

在张中行的笔下,最会讲课的老师有三位,其中钱穆排名第三,钱玄同排名第二,胡适排名第一。记得上学时期曾以口才为标准排名次,是胡适第一,钱先生第二,钱穆第三。② 钱穆(1895—1990)排第三,是因为他能讲,有时还谈笑风生,可惜乡音太重,如说"黄河",北方学生总以为是说"王五"。看来,普通话不好虽然也能讲好课,但在水平相近的情况下,还是比普通话好的老师稍逊风骚,像钱玄同(1887—

---

① 张中行.负暄续话[M].哈尔滨:黑龙江人民出版社,1990:34.
② 张中行.钱玄同文集[M].北京:中国人民大学出版社,1999:2.

1939),也正因为普通话标准而排在钱穆之前:"这也难怪,钱玄同先生是研究并动手制定'国音'的,身体力行,所以表现于讲课,连语音也是无懈可击的。"①当然,钱玄同的讲课不只是普通话标准,在内容上也是"深入浅出,条理清晰,如果化声音为文字,一堂课就成为一篇精练的讲稿"②。钱玄同的讲课还有一个优点,那就是态度认真,不耍大牌:"中国音韵沿革一周两课时,连续讲,钱先生很少请假,所以每周可以见到一次……口才好,立着讲,总是准时开始,准时结束。"③

胡适(1891—1962)被誉为老北大第一名嘴实至名归,据张中行描述:"当时同学们都有个共同的感觉,胡博士聪明过人,所以精力过人。三十年代初,他讲大一普修的中国哲学史,在第二院大讲堂(原公主府正殿)上课,每周两小时,我总是去听。现在回想,同学们所以爱听,主要还不是内容新颖深刻,而是话讲得漂亮,不只不催眠,而且使发困的人不想睡。"④不难发现,胡适深谙学术传播之道,他自身学问精深广博,经史子集无所不问,无所不写,但在给大一上中国哲学史时,却因材施教,以普及为己任,选择符合新生接受能力的讲授内容,而不是卖弄学问,故意炫耀新颖和深刻。与此同时,他语言表达能力极强("话讲得漂亮"),讲课深入浅出、通俗易懂、生动有趣。再加上在课堂之外成就斐然,声名远播,风流潇洒——年轻、清秀、白净,永远是"学士头",永远穿长袍,因此他是一位不折不扣的实力派兼偶像派名师,"粉丝"如云,拥趸众多,也在情理之中。

---

①张中行.钱玄同文集[M].北京:中国人民大学出版社,1999:3.
②张中行.钱玄同文集[M].北京:中国人民大学出版社,1999:2.
③张中行.钱玄同文集[M].北京:中国人民大学出版社,1999:2.
④张中行.负暄琐话[M].哈尔滨:黑龙江人民出版社,1986:32-33.

需要特别强调的是,胡适的讲课之所以能"力压"钱玄同名列第一,还因为拥有一个大招——幽默。相比之下,钱玄同就偏于严肃了:"胡先生名列钱先生之前,是因为有时加点风趣,能使学生破颜为笑。钱先生则总是郑重其事,与友朋间或书札中的表现不同。这证明钱先生性格的重要一面是认真负责,上课堂,所传是师道,专由外表看就不得不偏于严肃。"[1]由此可见,幽默对增加大学教师的个人魅力有着不可估量的作用。

三、老北大的名师是好老师吗?

老北大的名师中,有会教书的,也有不会教书的,不会教书的还要稍多于会教书的。对此,张中行看得很清楚,"在大学(尤其北京大学)授课,重学而轻法(教学法),就我听过课的一些文史界名流说,多数是笔高口低"[2]。张中行对老北大名师讲课水平的整体评价,大致可以破除我们的三大迷信:一是对名牌大学的迷信——老北京大学和其他大学一样,不会教书的老师也很多;二是对名师的迷信——"名师"之"名"未必都是通过教书而获得的,像章太炎、熊十力、刘半农等大师级学者,凭借研究而享有盛名,讲课水平却一般,未能获得当时学生的认可;三是对过去大学的迷信——常被今人视作"偶像"的老北大,其中一些老师和我们如今大学的一些老师其实一样,也是不太重视本科讲课的。

那么,强调老北大名师们讲课水平的有高有低,是否在为今日大

---

[1] 张中行.钱玄同文集[M].北京:中国人民大学出版社,1999:2-3.
[2] 张中行.钱玄同文集[M].北京:中国人民大学出版社,1999:2.

学老师漠视教学、不会教学寻找借口？当然不是！的确，老北大的名师中有会讲课的，也有不会讲课的，但从整体上看，他们都是好老师。黄晦闻、胡适、俞平伯、钱玄同等人既会研究，又会教书，还会育人，自然是好老师；章太炎、熊十力、马幼渔、刘半农等人会研究却不会讲课，同样是好老师，因为他们在教育的另一个核心环节——"育人"方面做得非常好。

第一，看章太炎。张中行这样评价他："学问方面，深，奇；为人方面，正，强（读"绛"）。学问精深，为人有正气，这是大醇。治学好奇，少数地方有意钻牛角尖，如著文好用奇僻字，回避甲骨文之类；脾气强，有时近于迂，搞政治有时候就难免轻信，这是小疵。"[1]所以，在张中行心目中，尽管章太炎很少讲课，就算讲课，大部分学生也听不懂，但由于他学问精深独到，为人正直大气，依然是好老师："一眚难掩大德，舍末逐本，对于太炎先生，我当然是很钦佩的。"[2]

第二，看马幼渔。马幼渔由于口才不佳，加上在学术和行政方面看不出有什么突出之处，故张中行起初像其他同学一样，对他"毫无惧意，甚至缺乏敬意"，但日久天长，他才明白，自己在校期间和同学们对马先生的认识是不对的，马先生是一位有境界、有品格的人：

> 他通达，识大体，以忠恕之道待人，并非庸庸碌碌。旧日有些印象像是沾点边，也是似是而非，比如好好先生，这是我们把他的宽厚看作无原则地迁就。其实，他律己很严，对人的迁就也仅限于礼让。在这方面，可记的事情颇不少，随便

---

[1] 张中行. 负暄琐话[M]. 哈尔滨：黑龙江人民出版社，1986：5.
[2] 张中行. 负暄琐话[M]. 哈尔滨：黑龙江人民出版社，1986：5.

举一些。还是任系主任时候,他家的某一个年轻人报考北京大学,有一次,不知是有意还是无意,在马先生面前自言自语地说:"不知道今年国文会出哪类题。"马先生大怒,骂道:"你是混蛋!想叫我告诉你考题吗?"又,有一次,同学李君请马先生写些字,留作纪念。马先生沉吟了一会,不好意思地说:"真对不起,现在国土沦陷,我忍辱偷生,绝不能写什么。将来国土光复,我一定报答你,叫我写什么我写什么,叫我写多少我写多少。"马先生可谓言行一致。北京大学迁走了,他借贤内助善于理财之助,据说生活没有困难,于是闭门读书,几年中不仅不入朝市,而且是永远不出大门。

他爱国,有时爱到近于有宗教的感情。他相信中国最终一定胜利,而且时间不会很久。我们每次去,他见面第一句话总是问:"听到什么好消息吗?"为了安慰老人,我们总是把消息挑选一下,用现在流行的话说是报喜不报忧。[1]

第三,看熊十力。张中行是这样评价他的:"在一般人的眼里,熊先生是怪人。除去自己的哲学之外,几乎什么都不在意;信与行完全一致,没有一点曲折,没有一点修饰;以诚待人,爱人以德:这些都做得突出,甚至过分,所以确是有点怪。但仔细想想,这怪,与其说是不随和,毋宁说是不可及。"[2]即是说,张中行在了解熊十力之后,认为他是一个纯粹的学者,完全沉浸在自己的哲学世界中,与世无争,言行一致,以诚待人,爱人以德,单纯得没有一丝杂质,这些宝贵的品质值得

---

[1]张中行.负暄琐话[M].哈尔滨:黑龙江人民出版社,1986:11-12.
[2]张中行.负暄琐话[M].北京:中华书局,2006:26.

他学习和模仿。

第四,看刘半农。刘半农身上那种侠士风范让张中行敬佩仰慕:"他对世事很关心,甚至有路见不平,拔刀相助的肝胆。写文章,说话,都爱憎分明,对于他所厌恶的腐朽势力,常常语中带刺。'五四'时期,他以笔为武器,刺旧拥新,是大家都知道的。"①

第五,看顾颉刚。张中行虽然对顾颉刚的讲课评价不高,但对他的学识却赞叹有加:"顾先生专攻历史,学问渊博,是疑古队伍中的健将,善于写文章,下笔万言,凡是翻过《古史辨》的人都知道。"②

第六,看孟心史。在张中行看来,不会讲课的孟心史也是有学问的人。孟心史研究《红楼梦》有一套,他写《董小宛考》,证明董小宛生于明朝天启四年,比顺治大十四岁,死时年二十八,顺治还是十四岁的孩子,因此,他推论红学索隐派说《红楼梦》中的贾宝玉是顺治的替身,林黛玉是董小宛的替身,完全不可能。孟心史对这段公案的裁决,让张中行钦佩不已。

最后看伦明和林损。在张中行看来,这两位对教书最不认真,却也是各有所长。伦明"知识丰富,不但历代经籍艺文情况熟,而且,据说见闻广,许多善本书都见过",林损"年岁很轻就到北京大学中国语言文学系任教授……据说他长于记诵,许多古籍能背;诗写得很好"。③

由此可见,那些不会教书的老北大名师虽然在教书方面有所欠缺,但在育人方面却颇有成效。而他们的育人更多是通过更难做到的"身教"来完成的。他们的"身教"主要体现为两大方面:一是有真学

---

① 张中行.负暄琐话[M].哈尔滨:黑龙江人民出版社,1986:41.
② 张中行.负暄琐话[M].哈尔滨:黑龙江人民出版社,1986:88.
③ 张中行.负暄琐话[M].哈尔滨:黑龙江人民出版社,1986:89.

问。他们不仅善于做学问,而且真诚地热爱学问,是为求知和真理而学术,是为学术而学术,是真正意义上的"科研达人"。学生就算不喜欢听他们的课,但至少愿意读他们写的书。与此相反,今日大学里的一些"科研达人"更多是"课题达人""论文达人",他们在科研之外花费的时间和精力远多于科研本身,所以他们做出的科研只能应付评价机制,却征服不了学生的心。二是有真性情。他们个性鲜明和独特,不像今日一些大学老师磨掉了自我;他们活得简单和纯粹,不像今日一些大学老师活得复杂和功利;他们言行一致,充满正义感和社会责任感,不像今日一些大学老师言行脱节,满足于个人安逸和庸碌的生活,该说话的时候不敢说话,该承担责任的时候不敢承担责任。

总而言之,老北大的名师或许有这样那样的缺点,但整体而言,都是有人格魅力的,是能够在课堂之上以及课堂之外,对学生产生潜移默化影响的。很多年后,让张中行这位国学大师念念不忘、无比欣赏和敬重的,恰恰是这种人格魅力,这也从一个侧面印证了教育的最高境界不是知识的传授和能力的培养,而是"一种人格对另一种人格的影响,一个灵魂对另一个灵魂的滋养,一颗心灵对另一颗心灵的启迪"[1]。

总之,老北大的名师可能会教书,也可能不会教书,两者所占的比例和当今大学差不多,因此,总体而言,今日大学老师,和他们相比,欠缺的或许不是在课堂之上会教书,而是在课堂之外所拥有的真学问、真性情和独特的人格魅力。而一所大学,如果没有一批真正热爱学问、热爱人生、热爱学生的老师,也就没有值得学生追忆的精神和灵

---

[1] 张康桥.为什么做教师:教师生涯中必需反思的几个关键性问题[M].重庆:重庆大学出版社,2007:10.

魂,这恰如陈平原先生所言:"能被无数学子追忆不已的,方才是此大学'生命之真'。此等生命之真,不因时间流逝而磨灭,也不因政见不同而扭曲。"①

(原载《现代大学教育》2014年第2期,有改动)

---

①陈平原.老北大的故事(代序)[M]//陈平原,夏晓虹.北大旧事.北京:生活·读书·新知三联书店,1998:3.

大学"名嘴""七宗最"

大学名师未必是"名嘴",如沈从文、章太炎、熊十力、顾颉刚等,有学问,有思想,有知名度,有影响力,有人格魅力,但口才欠佳,算不得"名嘴"。大学"名嘴"肯定是名师:北京大学教授胡适,知名度跨越时代;厦门大学教授易中天,知名度跨越地域;哈佛大学教授迈克尔·桑德尔(Michael J. Sandel),知名度跨越国界。更多的大学"名嘴",由于平台或机遇的欠缺,只在各自的"江湖"(校内)有着属于自己的传说。在大学教师中,"名嘴"其实是一个相对独立和独特的群体。每一位"名嘴"都有自己的个性,但"名嘴"作为一个群体,又会有一些共通的特征,可概括为"七宗最"。

一、最有口才

大学"名嘴",顾名思义,首要特征就是口才好。北京大学教授王一川先生举了一个例子,很能说明口才对成为"名嘴"的必要性和重要性:

龚翰熊老师,他讲课非常精彩,具有强大的感染力,善于把我们带入外国文学作品的世界中去。这也让我认识到,作为一名文学老师,一定要让你的学生感受到文学的魅力。……另外还有一位同样教外国文学课的戴震老师,虽然他上课非常用心,但授课效果不是很好,每当他上课就有一些同学选择逃课,以至于后来只要这位老师一上课,不少同学就感到没劲。但后来毕业时我们才知道,戴老师为了把第二天的课讲好,头一天晚上总是整晚备课,准备很充分,因为他知道77级的学生基础好又善于思考,需要全力以赴。而每次他给我们讲完课回到家,就会瘫坐在沙发上很久说不出话来①

戴震老师和龚翰熊老师一样努力,甚至比龚翰熊老师更努力,却只是"授课效果不是很好"的普通老师,龚翰熊老师则是"讲课非常精彩,具有强大的感染力"的"名嘴",根源就在于戴震老师口才不佳,而龚翰熊老师有语言天赋。

哲学家和散文家周国平,学识渊博,思想深刻,文章也写得漂亮,但他在一场讲座的开场白中亲口承认道:"其实我是不太喜欢做讲座的,对于这方面的邀请一般都拒绝,因为我有自知之明,我这个人口才不好,刚才主持人说余秋雨先生来这里讲过,我可没有他那个出口成章的能力。我自己觉得我最喜欢的事情就是坐在家里看书、写东西,

---

① 刘雪平,胡荣堃."从游和研究是我的本分"——访北京师范大学文学院王一川教授[G]//周作宇.人文的路线——北京师范大学名师教学访谈录.北京:北京师范大学出版社,2008:445.

我觉得这是我最舒服的状态,所以一般我也不太愿意出来做讲座。"①

周国平和余秋雨,都是著作等身的大学者,可一个是不太喜欢做讲座的"宅男",一个是在电视、讲坛频频闪亮登场的名人,根源在于一个"口才不好",一个"出口成章"。可是,口才好未必能成为"名嘴",但"名嘴"肯定是口才好的,即是说,好口才不是成为"名嘴"的充分条件,却是成为"名嘴"的必要条件。有两个比较典型的例子可说明"名嘴"有好口才。

一个是复旦大学副教授蒋昌建。蒋昌建并非著名学者,但无疑是复旦大学最受欢迎的"名嘴"之一,主要原因就是他有语言天赋。在1993年首届国际大专辩论会上,蒋昌建是冠军队复旦大学队的四辩,也是全队的灵魂人物。据他的老师回忆,"第一次到新加坡广播局试音的时候……蒋昌建一开口,他那特有的男中音和有魅力的嗓音,就吸引了大家"②。

另一个是在学术上有建树,但讲课更有名的易中天。易中天初登武汉大学讲台,便很快成为中文系最受欢迎的教师之一。原因何在?刘道玉先生总结到:"他思维敏捷,口才好。这就像俗话所说的:'一年胳膊,两年腿,十年练就一张嘴。'因此,没有良好的口才,要获得满意的教学效果是困难的,现在许多教师教学的弱项也就在于此。"③

应该说,在各行各业,那些出类拔萃的人物,除了后天的努力和机

---

① 周国平.居住文化的哲学解读[M]//周国平人文讲演录.上海:上海文艺出版社,2006:89.
② 王沪宁.顾问手记——93新加坡辩论感想[M]//王沪宁,俞吾金.狮城舌战——首届国际大专辩论会纪实与评析.上海:复旦大学出版社,1993:190.
③ 刘道玉.大学的名片——我的人才理念与实践[M].长沙:湖南教育出版社,2010:36.

缘外,天赋也是一个不可忽略的因素。天赋欠佳,就算再勤奋,也难以取得创造性的成就。

一个人资质平平,借助于后天的勤奋,在专业上达到一定的高度,无疑值得敬佩。但一个人因为天赋异禀而最终在专业上登堂入室,也同样值得表扬,因为他们善于选择并且坚持了自己的选择。同样的道理,大学"名嘴"固然有语言天赋,但有语言天赋的人并不是人人都愿意成为大学"名嘴"。大学"名嘴"显然比一般人更了解自己擅长什么、需要什么,也比一般人更能抗拒外界的干扰或诱惑,因此,在有机会、有条件选择更风光、更时尚、待遇更好的行业的时候,他们自觉而坚定地选择了一项相对清贫和寂寞的职业,并为此而奋斗终生,这种选择的勇气和智慧无疑值得赞赏、敬佩和借鉴。

二、最为勤奋

有好口才,成为"名嘴"的可能性大增,但没有后天的努力,就算有好口才,也没有成为"名嘴"的必然性。大学名嘴的努力,主要体现在备课环节。

为一次课所做的准备,可称之为"即时备课"。中国科学技术大学教授陈国良"每当有课,便谢绝一切事务,闭门备课。灯影之下,面对教案若有所感,时而喃喃自语,时而点点画画,时而下笔纵横……"[①]暨南大学教授王声涌为了上好第一堂课,在讲课的前一个星期天,"他面

---

① 胡胜友.心中有学生 教室就比天还大——记首届名师奖获得者、中国科学技术大学教授陈国良[G]//教育部高等教育司,《中国高等教育》编辑部.名师颂(第一卷).北京:教育科学出版社,2007:305.

对空教室把要讲的课从头到尾预讲了一遍"①。此后,每个星期天,他都要对着空教室把下周要讲的课预讲一遍。这都属于"即时备课"的典范。

为一门课所做的准备,可称之为"短期备课"。南开大学教授程鹏接到一门新课后,会立刻停下正在做的科研课题和正在写作中的论文,全副身心都投入到备课当中:白天,看书学习,准备资料,并且不时登门向退休的老教师求经;"晚上,当年幼的孩子睡着之后,他就在两家合用的客厅一角写教案"②。这属于"短期备课"的榜样。

为整个教书生涯所做的准备,可称之为"长期备课"。武汉大学"四大名嘴"之一的哲学教授赵林,一次下课回家,塞着耳麦走在校园里,迎面而来的同事打趣道:"赵老师还真时尚,走路都听着歌!"赵林说:"这是我刚上课的录音,我正好在路上再听一遍,看哪些地方讲得不好。"同事把耳机拿过来一听,果然是讲课录音,不禁被赵林老师的敬业精神所打动。③ 这属于长期备课的样板。

上述三种备课方式的区分是相对而言的。事实上,大学"名嘴"每一年、每个月、每一天、每一时、每一刻,都在为讲课做准备。有些准备是围绕着"如何讲"展开的,有些准备是围绕"讲什么"展开的,而后者,就是真正意义上的科研。其实前者也是真正意义上的科研,属于"教

---

①卢丽君.人民予我者多 吾之奉献却微——记首届名师奖获得者、暨南大学教授王声涌[G]//教育部高等教育司,《中国高等教育》编辑部.名师颂(第一卷).北京:教育科学出版社,2007:423.

②冀宁.遇上他是学生的幸运——记第二届名师奖获得者、南开大学教授程鹏[G]//教育部高等教育司,《中国高等教育》编辑部.名师颂(第二卷).北京:教育科学出版社,2007:93.

③陈博雷.名师的三大法宝——记第三届高等学校教学名师获得者、武汉大学教授赵林[G]//教育部高等教育司.名师颂(第三卷).北京:教育科学出版社,2008:305.

学学术"的范畴。

应该说,大学"名嘴"都是有相当科研水平的,只不过,有的喜欢发表科研成果,如易中天、王立群、钱理群、迈克尔·桑德尔等;有的不习惯发表科研成果,如退休前才被特聘为副教授的河南大学教师常萍,以及离世前仍是讲师的上海交通大学老师宴才宏等,他们从未发表甚至从未写过一篇论文。有著述的"名嘴"和无著述的"名嘴",虽然都是"名嘴",但从整体上看,前者无疑知名度会更高,也更容易赢得认同。

三、最具理念

大学"名嘴"的理念是什么?那就是特别渴望成为大学"名嘴",并且清醒地知道什么是大学"名嘴"。简言之,大学"名嘴"都是懂讲课之人,对什么是不好的讲课,什么是好的讲课,都心中有数。比如说,通过阅读《张楚廷教育文集》,可以发现,张楚廷先生将大学"名嘴"的特征提炼为相互交融又层层推进的五点:相声演员般的口才,多讲述故事,会问,既会教书又会研究,通过无声语言传达某种独特的气质和精神。北京师范大学教授王向远则认为,大学"名嘴",其讲课是"学术性"和"艺术性"的融合:

> 大学讲台上的一堂成功的、精彩的课,还应该是"学术性"和"艺术性"两方面的统一。其中,"学术性"是根本,"艺术性"是服务于"学术性"的,没有"学术性",也就谈不上"艺术性"。
>
> 所谓"艺术性",是为学术的传授和表达而使用的、行之

有效的方法、技巧、手段并由此而对学生形成的感染力。对大学教师来说,没有学问绝对不行,但光有学问也是不够的。因此学术上的基本功不是教学基本功的全部。必须认识到,学问做不好,教学肯定做不好;但学问做好了,教学也不一定就能做好。因此,教学基本功的另一层含义,是对课堂教学基本手段、技巧、方法甚至表情、动作等形体语言的科学的、恰当合理的利用。这大体属于课堂教学艺术层面的基本功。[1]

对于什么是好的讲课,易中天无疑很有发言权。他认为,讲课和写作是完全相通的,写作要把读者真正当成衣食父母,当成服务对象,而这也是他多年教学的经验:"实际上,写书和上课,道理是一样的:谁不把学生和读者放在心上,学生和读者就不会把他放在眼里。"[2]由此,易中天坚信:"接受是很重要的。对方不接受,你这课就白上了。这就一要让人产生兴趣,二要让人听得明白。拽,端着,卖关子,故弄玄虚,那是唱'空城计'时使用的招。真有'百万雄兵'的,不这么着。"[3]

为了让听众更好地接受,易中天主张,教师应该写出好的教案:"在我看来,好的教案,就像好的剧本,也要有悬念和动作。问题,就是

---

[1] 王向远. 学术+艺术=教学基本功——在"北京高校第三届青年教师教学基本功比赛"总结点评大会上的讲话[G]//王向远,等. 初航集——王向远学术自述与反响. 重庆:重庆出版社,2005:8-9.

[2] 易中天. 态度决定成败[M]//易中天. 易中天文集(第八卷). 上海:上海文艺出版社,2011:3.

[3] 易中天. 一脚踹开,还是念个咒语[M]//易中天. 易中天文集(第四卷). 上海:上海文艺出版社,2011:3.

悬念;历史就是动作。有悬念,有动作,就好看。好看,就吸引人,也就能达到传播效果。1983年我第一次在大学上课,就是这个路子。2005年上《百家讲坛》,仍然是这个路子。至于这种入门方式,是一脚踹开,还是念了'芝麻开门'之类的咒语,倒其实是无所谓的。"①

与易中天相比,湘潭大学文学与新闻学院副教授刘晓丽只能算小范围内的"名嘴"了。但她对什么是好教师有着让人耳目一新、拍案叫绝的理解和表述。在一次教学研讨会上,她以某剧的走红做比喻,认为好教师就是好编剧、好导演和好演员的三位一体——"好编剧"是指能够写出有情节、有悬念、有思想的教案;"好导演"是指能深刻理解和把握课堂的时间要素和空间要素,将自己、学生、教案等教学要件安排得合情合理;"好演员"是指教师能像剧里的主演一样,将"神"与"神经"统一于一身。

概而言之,大学"名嘴"对自己在讲课方面要追求的目标非常坚定和清楚。而他们对好的讲课的理解,可能在表述上会有所不同,但本质上又是惊人相通的:好的内容加好的形式。

四、最有知识

人们或许有一种误解,就是大学"名嘴"个个才思敏捷,才华横溢,才情飞扬,所以可能不太重视和不太善于基础知识的传授。其实,大学"名嘴"不仅基础知识丰富,知识结构合理,而且也重视和善于传授:

---

①易中天.一脚踹开,还是念个咒语[M]//易中天.易中天文集(第四卷).上海:上海文艺出版社,2011:3.

毫无例外地,杰出的教师非常了解他们所教的科目。他们都是活跃的成就卓著的学者、艺术家或者科学家。其中有些人出版了多部享有盛名的著作,这些著作长期以来受到学术界的重视;有些出版物相对较少,还有少数几位老师事实上没有出版物。但不管有无专著出版,杰出的老师都在各自的领域内追求重要的智力和科学或艺术的发展,从事调查研究,对他们所教的学科有重要而独到的见解,广泛涉猎其他领域(这些领域有时跟他们自己的领域相距甚远),强烈关注他们学科中更为概括性的问题,比如史实的记载、辩论和认识论方面的讨论。①

大学"名嘴"为何既不缺有高度的思想,也不缺基础知识?根由之一,就是上文所言的,他们很勤奋。大学"名嘴"的勤奋既体现在为"如何讲"所做的准备,也体现在为"讲什么"所做的准备。在此过程中,他们对一门课程的来龙去脉有着精细而又系统的了解和把握,自然很清楚基本知识对一门课程的重要性。诚如北京师范大学教授童庆炳先生所言,他上文学理论课,首先要做的就是把这门课最基本的概念和知识讲清楚:

> 对本科生的教学或教育问题,先从教学讲,我觉得一个老师要抓住一些最基本的东西讲好。比如说文学理论课,可能有三十到四十个概念是最基本的概念,作为老师,一定要

---

① 肯·贝恩.如何成为卓越的大学教师(第二版)[M].明廷雄,彭汉良,译.北京:北京大学出版社,2014:16.

把这些概念给学生讲清楚,讲透彻,让学生真正把知识吸收进来。因为这些最基本的概念连接着最基本的知识。现在有一些老师在课堂上东拉西扯,不是围绕最基本的问题来讲,而是迁就学生,让学生觉得有意思,能够笑一笑、乐一乐就行了,或者给学生放个电影,然后讨论电影,老师随便再说几句,课就结束了。学生也觉得挺好,看了电影,挺高兴的,老师也讲得蛮生动的,这就够了。在我看来,这种课偶尔上上可以,但我觉得每门课都有它最核心的问题,一门课的几个核心问题和核心概念,一定要给学生讲清楚,这是教学质量高低的标志之一。①

常言道,"老师给学生一碗水,自己要有一桶水"。"自己要有一桶水",这正是对老师知识储备量的一种要求。其实对大学老师来说,"一桶水"是远远不够的,因为"一桶水"毕竟不多,而且是"死水"。大学"名嘴",一般拥有的都是一口井的水,量多,还取之不尽。更杰出的大学"名嘴",拥有的可能是一条溪流,一条江河,不仅水的量多,用之不竭,而且水是鲜活的、灵动的、有生命力的。

五、最懂方法

如果说"自己要有一桶水"是对老师知识储备量的一种要求,那

---

① 杜云英."为祖国教育事业健康服务五十年"——访北京师范大学文学院童庆炳教授[G]//周作宇.人文的路线——北京师范大学名师教学访谈录.北京:北京师范大学出版社,2008:367-368.

么,"老师给学生一碗水",就是对老师讲课方法的一种期待,因为给学生的"一碗水"不是说从这个桶里一舀就完了,还要考虑究竟舀哪"一碗水"?什么时候舀那"一碗水"?舀完以后该如何放置那"一碗水"?这些疑问,大学"名嘴"自然都能用自己的方式给出答案。

《人民日报》曾刊载一篇文章,宣传和表扬中国人民大学 80 后老师李萌昀的教学方法和教学艺术:

> 古代诗文写作是中国人民大学国学院本科生的必修课。写诗词,得通音律,这堂课讲的便是音乐与诗词的关系,授课者是一位身穿中式外套的年轻人。只见他从包里拿出件开孔的鹅蛋形乐器,一上嘴,空灵婉转的乐音氤氲开来。
>
> 年轻老师叫李萌昀,是个 80 后,中国人民大学国学院讲师。李萌昀吹的乐器叫埙。"别看样子不起眼,它可是中国最古老的吹奏乐器,已经有 7000 年的历史了。"他跟学生们讲。
>
> 一曲《卜算子》演罢,课堂便似回到宋朝,学生们已身处缥缈凄清的宋词里。其实上李老师的课,经常会玩这样的"穿越"。有时候是洞箫,有时候是吉他,有时是吟唱。执教 4 年,每堂课都精雕细琢,李萌昀说,与传授知识相比,他更希望传统文化能与学生们的生活形成某种关联。[1]

李萌昀老师讲授相对学术和枯燥的课时,或演奏"开孔的鹅蛋形

---

[1] 郑海鸥. 人大讲师李萌昀:上一堂"活色生香"的国学课[N]. 人民日报,2014-8-12(19).

乐器"，或吹洞箫，或弹吉他，或吟唱。这类寓教于乐的方法不仅有效，而且极为独特，要知道，懂乐器的大学老师实在不多，懂这么多或热门或偏门乐器的大学老师更是少之又少，因而，这类方法"杀伤力"就自然惊人了。

与李萌昀的课堂一样，湖南大学蒋海松老师的法律与音乐课也是创意十足。他用音乐会的形式，将整堂课分为6个乐章，用古琴、古筝演奏乐曲作起承转合，比如在第一乐章《法律的摇篮曲：法律起源、成长、归向的音乐解读》中，由湖南大学幼儿园的小朋友集体合唱一首感谢母亲的儿歌《好妈妈》，以此婉转表达音乐是法律之母，法律最终会归向音乐的道理……可以说，整堂课，音乐贯穿始终，且均为现场演奏，让学生感到非常惊奇和新鲜。

可以说，讲课方法不是万能的，但没有讲课方法是万万不能的。应该说，与普通老师相比，大学"名嘴"除了在气质、气场、气度等方面更为突出，在讲课方法等方面，也更胜一筹，即他们至少都拥有一个属于自己的"招牌动作"，并借此抵达寓教于乐、深入浅出、通俗易懂、赏心悦目的讲课境界。如易中天，以幽默风趣、嬉笑怒骂而著称；于丹以语言柔美、教态优雅为标志（尽管有争议）；迈克尔·桑德尔（Michael J. Sandel）以善于讲有张力的故事而广受称颂；谢利·卡根（Shelly Kagan）以深沉理性和潇洒不羁的教态享誉全球；泰勒·本-沙哈尔（Tal Ben-Shahar）凭借清新营养的"心灵鸡汤"而让"幸福的方法"成为哈佛大学最受欢迎的课程之一。

六、最懂生活

可以说，枯燥无趣是很多大学课堂的标志性特征。原因之一，就是有些大学老师自身对生活缺乏基本的热爱、亲近和感受,所以,他们的课也就离生活很远很远。讲课的终极目标是培养完整的人,要实现此目标,大学教师首先要是一个完整的人。

> 所有进入这间教室的人都应当被视作一个完整的个体……但是,如果要做到这一点,首先要求我们,提升自己成为一个完整的人。作为一个教师,我也投身到这样的努力中,我不能允许自己被学术体系和晋升体系所禁锢,整日就只关注科研项目和发表论文。当我在教室的时候,我同时也是一个骑自行车的人、一个经常参加音乐会的人、一位母亲、一个遛狗的人,换言之,我是一个完整的人,一个介于很多社会团体之间的人。同样,教室也应当成为一个欢迎完整的学生加入的地方。①

大学"名嘴",多是敬重生活、了解生活、懂得生活之人。因此,他们善于将讲课与生活紧密联系起来,既能用生动的生活来解释抽象的专业知识,又能用抽象的专业知识来描绘生动的生活;既能将理论还原为生活,又能将生活提升为理论;既能让学术从生活中来,又能让学术回到生活中去。

理工科的"名嘴"通常有一个很好的习惯:喜欢读一些人文社科的书,并且密切关注社会现实。一位理工科老师,如果粗通人文社科知识,并在讲课过程中予以自然的穿插,便有成为"名嘴"的潜质;如果精

---

① 埃恩·海.教学的智慧——来自世界最好的大学教师的经验[M].邢磊,译.上海:华东师范大学出版社,2014:93.

通人文社科知识,并且将其自然地融入讲课之中,那成为"名嘴"的可能性将会大大增加,如现太原理工大学党委书记郑强,其深厚的人文素养,让人常常忘记他的专业身份其实是一位理工科教授,且是"长江学者"。

人文社科的"名嘴"在懂生活方面理应更有优势,即他们就算做不到"上知天文下知地理",至少也是什么都懂一点的杂家。像张楚廷就是大学校长、数学家、哲学家、教育家、体育爱好者、音乐发烧友……因为对什么都懂一些,所以他讲课时自然可以旁征博引。易中天则对文学、历史、心理学、人类学、美学等都比较精通,所以能够讲出有思想、幽默、有想象力的课。

从这个角度看,语言,尤其是教师的语言,并不是思维的外壳,而就是思维本身。"实际上,语言即生活,语言即人生。语言的充实就是生活的充实;语言的丰富就是人生的丰富;语言的力量就是人的力量;语言的发展正是人的发展;语言的神奇正是人的神奇;语言的美妙正是人生的灿烂而美妙。"[1]

总之,大学"名嘴"对待生活的态度给我们的启发是:课程是为了生活而存在,生活不是为了课程而存在。我们精心地讲一门课,最终目的是为了帮助学生从一个特别的角度更好地了解和理解生活的秘密、价值和美好。因此,大学教师深入自己的专业,是好事,但过于偏执和呆板,乃至脱离了真实、立体、饱满和鲜活的生活,那么,从教学的角度看,则未必值得鼓励。

---

[1]张楚廷.有效的家庭教育[M].重庆:西南师范大学出版社,2015:158.

七、最有精神

卡尔·雅斯贝尔斯(Karl Jaspers)将教学分为三个层次：第一层是学生上课，学习教材、知识以及可以参阅的资料；第二层是学生参加老师的思考活动，参加研究和论证的工作；第三层是对学生无法说出来的，但在内心却始终感受到的、引导个人精神前行的东西的阐述。[①]大学"名嘴"的讲课同时具备这三个层次，但最后一个层次则是普通教师很难达到的。

最后一个层次，即精神的层次："教育的目的就是要给学生以精、气、神。让学生有声有色，让学生变得有生气，这都是教育所向往的。反之，如果学生站在教师面前渐渐神情黯淡，渐渐失去生气，那绝对是教育的悲哀。教育不可能让每个学生成为神童，但总是会努力让'神灵'降落到他们的心灵。"[②]

大学"名嘴"的讲课，是最有精神的。这些精神可能通过"言传"，即"名嘴"在讲课中传递真善美，这就偏向显性教育；也可能通过"身教"，即"名嘴"在讲课之外对学生进行无言的熏陶和启迪，这就偏向隐性教育。一般而言，大学"名嘴"对"身教"更为向往，有关大学"名嘴"的故事和传奇，"身教"的因素也更多。像北京师范大学教授童庆炳先生，就特别注重通过整体的仪表和气质传达一种精神：

---

①雅斯贝尔斯.什么是教育[M].邹进,译.北京：生活·读书·新知三联书店,1991：159.

②张楚廷.关于人的问题[M].重庆：西南师范大学出版社,2015：61.

真正的教师应该是用全部的生命书写自己的职业的人。他的感觉中要有学生,他的感情中要有学生,他的想象中要有学生,他的理解中要有学生,他的手势,他的微笑,他生命活动中的一切,都要以学生的需要为依归。我自己平时穿着是很随便的,但在上课的时候,我一定要穿上最漂亮的西装,系上最心爱的领带,把皮鞋擦得锃亮,不为别的,就是让学生看着舒服,让学生感到这位老师就是在穿衣这样的细小的事情上也是尊重他们的。①

《民国那些人》中这样写历任河南大学、北京大学等校教授的蒙文通的讲课:"他讲课有两个特点,第一是不带讲稿,有时仅携一纸数十字的提要放在讲台上,但从来不看,遇风吹走了也不管;第二是不理会下课钟,听而不闻,照讲不误,每每等到下堂课的教师到了教室门口,才哈哈大笑而去。"②

钱理群这样评价蒙文通的课堂轶事:"这样的课,绝就绝在它的不拘一格,它的随心所欲,显示的是教师的真性情,一种自由不拘的生命存在方式、生命形态。因此,它给予学生的,就不只是知识,更是生命的浸染、熏陶。在这样的课堂里,充满了生命气息,老师与学生之间,学生与学生之间,生命相互交流、沟通、撞击,最后达到了彼此生命的融合与升华。这样的生命化的教育的背后,是一种生命承担意识。"③

应该说,每一个行当在发展到极致时,都可以成为一种艺术。教

---

① 童庆炳.旧梦与远山[M].北京:北京大学出版社,2015:211.
② 徐百柯.民国那些人[M].北京:中央编译出版社,2007:206.
③ 钱理群.承担,独立,自由,创造——从《民国那些人》谈起[J].汕头大学学报,2007(6).

师的教学当然可以,而且应该成为一种艺术。可一般的教学显然不能算教学艺术。所谓教学艺术,是指那些内容与形式完美统一的教学。其中,大学"名嘴"由于最有口才、最为勤奋、最具理念、最有知识、最懂方法、最懂生活、最有精神,因此,他们的讲课无疑是一种艺术,值得我们欣赏、推广、借鉴和研究。

(原载《现代大学教育》2016年第3期,有改动)

如何化解科研与教学的矛盾?

——从易中天的科研转型谈起

易中天在《百家讲坛》上的成功,主要有三个缘由:天赋、经历和努力。天赋是无法模仿的,经历是无法复制的;后天的努力却是可以借鉴的。易中天是如何努力的?在特别节日《拷问易中天》中,他是这样回答的:

  主持人:讲《汉代风云人物》您觉得游刃有余吗?

  易(易中天):没有哪个节目是游刃有余的,只能是呕心沥血。

  主持人:那请您做一下"呕心沥血"的名词解释,您为了一集《汉代风云人物》,您为一集《三国》,大概要做什么样的准备?

  易(易中天):一集大概需要五天的准备时间,讲一集案头工作要做五天。

  主持人:那案头工作都包括?

  易(易中天):案头工作包括看书、思考、结构、写成文字,我每一集是把全文写出来。

主持人：那大概一集，比如像《汉代风云人物》文字量大概是多少？

易（易中天）：七八千，七千到八千。什么都不能干。①

《百家讲坛》比大学讲课更规矩一些，讲台从学校挪到了荧屏，听众不再局限于大学生，但和大学讲课并无本质差别，连一集节目的时间也相当于大学的一堂课。易中天说用五天时间准备一堂课，既谦虚又不谦虚。说谦虚，是因为他没有说只准备一天或者未做任何准备；说不谦虚，是因为他实际准备的时间远超过五天。他2005年开讲的《汉代风云人物》，讲稿的底子便是2006年由上海文艺出版社出版的《品人录》。《品人录》里写到的项羽、刘邦、韩信、吕后等，后来都成为《汉代风云人物》的主角。他2006年开讲的《品三国》，也有三本书——《艰难的一跃》（山东画报出版社，2004年）、《帝国的惆怅：中国传统社会的政治与人性》（文汇出版社，2005年）和《帝国的终结：中国古代政治制度批判》〔三联书店（香港）有限公司，2005年〕"打底"。

一般写一本书，至少要三年吧。写书需要三年，书出版后，又沉淀了一到六年，无疑属于长期备课了。可以说，没有这些早已经写好的书，五天时间里，易中天无论如何夜以继日和废寝忘食，也只能算是临阵磨枪和"临时抱佛脚"。由于易中天只字未提写了书的事，所以一般人也看不到，想不到他长期备课的艰辛，还误以为他真的只准备了五天，就可以达到那样的讲授状态和水平。而实际情况是，易中天在讲坛上看得见的潇洒离不开他看不见的学术研究。

---

①易中天.易中天品三国（下）[M]//易中天,于丹,等.百家讲坛精品集.上海：上海文艺出版社,2008：373.

易中天是一位著作等身的学者,2011年隆重推出的十六卷《易中天文集》便是有力的佐证。但是不是所有著作等身的学者都是好的讲授者呢？显然并非这样。在如今的大学,做出了很多科研成果但不会讲课的人数不胜数,其中的缘由是复杂的,似乎一言难尽,但科研成果缺乏向教学内容转化的自觉性或可行性,则是不得不提的。虽有诸多有识之士努力探寻化解科研与教学的矛盾的良方,却一直不得要领。而回顾和梳理易中天的科研之路,可以惊喜地发现,原来科研对教学的直接促进是这样实现的。

一、从专家到杂家

易中天在2005年的走红,到2006年的红得发紫,其实早在1994年就已经奠定了坚实基础。1978年,易中天考取武汉大学的研究生,专业是老专业（中国古代文学）,先生是老先生（胡国瑞）,所受之训练,自然传统。他最初的理想也是像老先生们一样,做一个传统的学人。所以,自1981年研究生毕业留校,甚至1992年调入厦门大学之初,他一直都在中规中矩地做主流的学问——选择一个点,一直深挖下去。

应该说,从1978年到1994年间,易中天的首要目标是成为一位体制内专家,而他差不多也实现了这样的目标。在这段时间,他在自己的学术"自留地"上,先后种出了《〈文心雕龙〉美学思想论稿》(上海文艺出版社,1988年)和《艺术人类学》(上海文艺出版社,1992年)。这两部书"又红又专",赢得了同行的认可,其中,《艺术人类学》两次获奖。按照这个趋势,今日的易中天应该会成为一位以《文心雕龙》研究为中心的美学专家。

正当在体制内崭露头角的时候,易中天却突然转型了。根据他自己的说法,《艺术人类学》对于他的主流科研既是一个巅峰,也是一个终结,此后,他虽然没有正式告别美学,但再也没有申报过任何奖项,更不再撰写符合要求的学术著作,即是说,他开始有意从"体制内专家"向"体制外杂家"转型。

从 1994 年开始,易中天的研究范围逐渐突破单一的作品和单一的学科,甚至突破了文学和美学的范畴,走向了更广阔的文史哲研究。作为一名体制内的大学教师,他的这种转变是需要勇气的,也是需要能力的。众所周知,如果大学老师的研究对象太杂,就很难被主流学界所承认,发 CSSCI(中文社会科学引文索引)期刊论文很难,申请课题也非常麻烦,参加学术会议时,被同行问及"你是研究什么"的,也会无言以对。或许正是这个原因,1994 年之后,易中天几乎没有在学术期刊上发表论文(1994 年之前,他的文章主则要发表在《武汉大学学报》《江汉论坛》《文艺争鸣》等学术期刊上),也极少申请课题,美学界的学术会议上也很难见到他的身影。很显然,易中天已经从研究《文心雕龙》和美学的专家变成了"不知道搞什么"的杂家。很多年后,易中天将自己的研究自嘲为"打一枪换一个地方",是"流寇"的搞法:

> 我读研究生,学的是魏晋南北朝隋唐文学,学位论文选择《文心雕龙》,合情合理。这就从"文学"转到了"文论"。研究《文心雕龙》,侧重于其美学思想,也合情合理。这就从"文论"转到了"美学"。讲美学,得弄清楚美和艺术的起源,于是有了《艺术人类学》;也得弄清楚美学史,于是有了《破门而

入》。但是,要讲清楚中国美学,就得弄清楚中国文化,于是又有了《闲话中国人》《中国的男人和女人》《读城记》和《品人录》。《品人录》已经在讲历史。以后有《品三国》,也不奇怪。不过,要讲清中国历史,必须弄清楚中国政治,这就有了《帝国的惆怅》和《帝国的终结》;而要弄清楚中国政治,又必须有参照系,这就有了《费城风云》。这个时候,回头再看中国历史,不能不追溯到春秋战国,于是有了《先秦诸子百家争鸣》,也就有了《我山之石》和《中国智慧》。这一路走下来,岂非顺理成章?只不过,从《闲话中国人》开始,我的书,就是写给广大读者了。内容和形式,统统"另类"。①

研究对象的庞杂,让易中天的研究成果变得异常丰富多彩。除了"正规军"——《〈文心雕龙〉美学思想论稿》《艺术人类学》,"杂牌军"——《闲话中国人》《品人录》《大话方言》《中国的男人与女人》《读城记》等,还有不少"游击队",如议论教育、媒体、时政、道德、法治的《书生傻气》和《公民心事》。甚至还有《高高的树上》这样的文学作品集,内收诗歌、散文、小说和评论等。

而这是主流学界之大忌,假如学者资质差一些,很可能将被彻底边缘化,或沦为愤世嫉俗的愤青,或沦为不问世事的看破红尘者。易中天的幸运之处在于,他有着天生的灵气和才气,加上比一般人更勤奋,更具有韧性,因此,他能够在体制之外创设一个属于自己的体制,变成了"体制内的体制外"。他的科研转型或许为一些主流学者所不

---

① 易中天.流寇路线图[M]//易中天.易中天文集(第五卷).上海:上海文艺出版社,2011:3-4.

屑,但对于讲课而言,尤其对讲文史哲的课而言,虽是非必要的,但是是有效的。比如写《大话方言》,虽没有让他成为著名语言学家,却帮助他对方言、行业术语、歇后语、民间俗语等了然于胸,信手拈来,进而让他的《品三国》在语言表述上显得游刃有余,韵味十足。再如搞文学创作,虽然没有让他变成著名作家,却让他拥有了比较真实而丰富的文学体验,而这不仅对他讲美学大有裨益,而且对他讲历史也起到意想不到的帮助:"现在回想起来,我很庆幸能有这样一段经历。有一对企业家夫妻,也在新疆生活过,也曾经是'文学青年'。他们对我说,你的成功,跟你以前写诗,有很大的关系。写诗的人有三大优势:激情,想象,节奏感。这三条,你都用到《百家讲坛》了,能不受欢迎吗?"[①]

易中天这样的老师,算不算有学问的老师? 当然算! 他的学问表面上很杂,其实很专——专于学问本身,而不是怀着多发论文、多拿课题、多被同行当面称赞几句等诸多庞杂的动机搞出来的。而一些大学教师的学问,表面上很专,其实很杂乱,因为没有自己的信念,没有自己的精神,他们就一个点深挖一辈子,美其名曰做系统研究,其实是为了更快、更好、更简单地迎合考核。就像有的大学教师,一辈子只研究《红楼梦》,连曹雪芹的胡子有多长都考证了出来,并借此成为一流的红学专家,但问题是,他给本科生讲中国古代文学史课时,只讲《红楼梦》吗? 就算只讲《红楼梦》,如果只知道《红楼梦》,而不能引经据典、学贯古今,恐怕也讲不好吧?!

[①]易中天.我也曾经是"文青"[M]//易中天.易中天文集(第一卷).上海:上海文艺出版社,2011:3.

二、从研究到传播

在研究对象上,易中天比一般大学老师更杂;在研究目标上,易中天比一般大学老师更注重传播。他说:"'学术'一词,必须包括两个内容:研究和传播。所谓学者,也应该包括两种人:研究者和传播者。当然,这里可以有一个分工,比如一部分人做研究,一部分人做传播。也可以有一个比例,比如做研究的多一点,做传播的人少一点。他们甚至可以交叉、重叠,比如做研究的也做传播,做传播的也做研究;或者一段时间做研究,一段时间做传播,就像'学而优则仕,仕而优则学'一样。至于那比例是三七开、四六开、二八开,倒无所谓。反正不能没有研究,也不能没有传播。以研究压传播,认为只有研究才是真学者,做传播就低人一等,要打入另册,不但违背学术的初衷,而且简直就'没良心'。"①

应该说,一些大学里的主流学者是不太重视传播的,不仅不重视,甚至还有点歧视。他们出一本书,送送圈内同行,报个职称和奖项,剩下的都塞进床底。甚至有学者公开说,他就是为少数人写书的,他的书如果畅销,不是荣耀而是耻辱。学术应该是多元的,有一部分学者为少数人而学术,并无不妥,国家也应该鼎力支持,"问题是,如果所有的学术研究,都跟广大人民群众八竿子打不着,那么,文化传承和文

---

① 易中天.我看《百家讲坛》[M]//马瑞芳.百家讲坛:这张"魔鬼的床".北京:作家出版社,2007:8.

明延续的意义,又如何体现呢?"①尤其是在大学里任教的学者,承担着普及的重任,假如完全不想为大众(包括学生)而写作,多少有失职的嫌疑。

在1994年之前,易中天主要是为学界同行写作,不太注重传播,至少是不太注重学术的传播。1994年之后,他已经明确将"圈外人士"(学生也属于此列)定位为自己潜在的读者了:"我关心的,不是学术界认可不认可,而是怎样才能有更多的读者。我的读者是没有专业限制的。青年学生、机关干部、公司老总,教师和律师、市民和农民,只要有兴趣,都可以阅读。我希望他们能在轻松愉快之中阅读,读完以后又能有所收获。总之,我的目标,是'高品位,广读者'。"②

易中天认为,为普通大众写作还是为了专业人士写作,反映一个学者的态度问题。"所谓'端正态度',就是不要总把自己当成教育者;所谓'调整心态',就是不要总认为自己高明;所谓'转变立场',就是要站在读者这边想问题。比方说,他们想知道什么,不想知道什么?他们对什么感兴趣,对什么没兴趣?他们在阅读的过程中,会有哪些问题,哪些障碍?甚至哪些段落他们会跳过去,哪些地方又会觉得你没说清楚,或者不过瘾?等等。"③

当树立起"读者至上"的观念后,易中天开始把读者真正当成衣食

---

①易中天.走向市场并不容易[M]//易中天.易中天文集(第六卷).上海:上海文艺出版社,2011:2-3.

②易中天.态度决定成败[M]//易中天.易中天文集(第八卷).上海:上海文艺出版社,2011:1-2.

③易中天.态度决定成败[M]//易中天.易中天文集(第八卷).上海:上海文艺出版社,2011:2-3.

父母,当成服务对象。有了这份心,他自然要重视传播的价值和方式。在他看来,如果传播的方式不对、不好,要传播的东西没有传到位,岂不是无效劳动?这就好比医生治病,药是最好的,可惜病人吃不进去,或者输不进血液,也就白搭。又好比运送货物,货再好,送不到,也等于零。他不仅注重研究,还注重传播,并且也的确做到了两者的统一——《品人录》《品三国》(上、下)销量都很好,这让易中天成为一个不折不扣的大众化学者:"我是一个大萝卜,一个学术萝卜,萝卜有三个特点,第一是草根,第二是健康,第三个是怎么吃都行,你可以生吃,可以熟吃,可以荤吃,可以素吃。而我追求的正是这样的一个目标,老少皆宜,雅俗共赏,学术品位,大众口味。"[①]假如是为学界同行写作,今日的易中天完全能成为一颗"学术人参",有品位,有品牌,有价值,但一般老百姓不好买,也买不起,恐怕也不愿意买。为了普通大众写作,今日的易中天成为一个"学术萝卜",萝卜好买,普通人也买得起,经常吃对身体也有益无害。

无须讳言,大学里"萝卜型"学者还是少了点,"人参型"学者还是多了点。"人参型"学者信奉曲高和寡,写出的书能看懂的人少。易中天曾说,世界上的书,如果要说得细一点,则可以分成四种:"有意思又好看的,有意思但不好看的,好看但没意思的,既不好看又没意思的。第一种最好,第四种最要不得。"[②]

不客气地说,现在不少"人参型"学者写的所谓学术著作,就属于第四种,既不好看又没意思,自然难以传播。而"萝卜型"学者写的书,

---

[①] 易中天.易中天:我是一个大萝卜[N].新民晚报,2007-8-20.
[②] 易中天.不仅是表述[M]//易中天.易中天文集(第七卷).上海:上海文艺出版社,2011:3.

既有意思又好看,至少有意思,自然有利于传播。其实,"萝卜型"学者不仅注重写作的传播,也注重讲授的传播。而写作的传播和讲授的传播,内在规律是一致的,就像易中天所言:"说起来,这也是我多年教学的经验。实际上,写书和上课,道理是一样的:谁不把学生和读者放在心上,学生和读者就不会把他放在眼里。至于用什么文体,如何表述,都不过是技术问题。"[1]

也就是说,一个让读者喜爱的写作者不一定就是让听众喜爱的讲授者,但距离让听众喜爱的讲授者已经很近了,就像一个能让一本书拥有 400 万读者的写作者,成为一个好的讲授者的可能性,远远大于一个只能让一本书拥有 100 位读者的写作者。

三、从八股文到随笔体和演讲体

易中天的学术研究,不仅对象和目标与众不同,在表述方式上更是独具一格。早些时候,易中天的文字虽然也算得上才华横溢,但基本还属于八股文范畴,不妨读《艺术人类学》中的一小段:

> 显然,人之为人,在逻辑上,是由人所创造的对象世界来确证的;在心理上,则是由自我确证感来确证的。由于这种自我确证感是人之为人的必须,因此,自我确证感不再只是生产的副产品,而是生产目的的这一天就终于会到来。于是,事情就会发生根本的逆转:以前是因创造对象而体验到

---

[1] 易中天.态度决定成败[M]//易中天.易中天文集(第八卷).上海:上海文艺出版社,2011:3.

自我确证,现在则是为了自我确证而创造对象了。①

这样的表述是很学术的,适合专业人士阅读(虽然一些专业人士也未必真喜欢读),但不适合普通大众(自然包括本科生)阅读,更不适合拿到课堂上去讲。实际上,易中天在课堂上讲美学,除了基本观点和材料与自己的美学著作有关,表述方式基本上都转换成口语了。这说明他很清楚,传统写作归根结底是书面语的艺术,而讲课归根结底是口语的艺术,因此,直接将自己论著的内容搬上讲台是行不通的。

当考虑到传播的效果时,易中天则要毫不犹豫地启用一种新的表述方式——"随笔体":"我们的写作,既然是为了人文关怀,为了广大公众,那么,我们跟读者的关系,就应该是朋友,也只能是朋友。人文关怀是人对人的关怀,不是神对人的关怀。那就得说人话,不能说神话。何况,咱们是人,人家也是人,没什么两样。要说有区别,也就是咱们想得多一点,想得深一点,还不敢说都想全了,都想对了。也有咱们没想到,读者想到了的。所以,咱们著书立说,充其量也就是跟读者交换心得。就像朋友们聚在一起,总要聊聊天一样。朋友之间聊天,哪有打官腔、掉书袋、咬文嚼字、装腔作势的?写成随笔体,岂非理所当然?"②

什么是随笔体呢?大概属于自由体和口语体,总之不同于八股文。在易中天1994年之后的论著中,可以随处领略随笔体文字的魅

---

①易中天.艺术人类学[M]//易中天.易中天文集(第三卷).上海:上海文艺出版社,2011:85.
②易中天.态度决定成败[M]//易中天.易中天文集(第八卷).上海:上海文艺出版社,2011:2.

力:一是短句多,长句少;二是大众语言多,专业术语少;三是哲理性语言多,非哲理性语言少,就算是非哲理性的语言,也流畅、洒脱、灵动,绝不枯燥抽象;四是幽默用语多,非幽默用语少,就算是非幽默用语,也通俗易懂、有趣好玩。像下面这段话,就包含了上述的四个特点:

> 有王皇后的支持,李治和武则天很快都如愿以偿。武则天拿着那张旧船票,重新登上了这艘豪华游艇。她觉得自己真的时来运转了。李治也很高兴武则天终于到了他手里,却不知道自己就像一只苍蝇掉进了蜘蛛网,虽然那网很柔软,很温馨,还有点香味。①

用这样的口语写学术论著,想再获得学术奖就没有那么容易了,甚至算不算学术成果,也要看情况。但这样的论著不仅更适合普通大众阅读,更容易成为畅销书,也更适合转化成讲稿,有益于写作者成为一个受欢迎的讲授者。实际上,在后来的《百家讲坛》上,易中天使用的便是类似的语言。易中天有的书,特别是那些用来做讲授底本的书,已经不再是普通的随笔体,而是更加随性的演讲体了。比如《破门而入》(写于 2004 年),不仅更容易转换成课堂讲稿,而且本身就是课堂讲稿,拿到课堂上去讲是不需要再做任何转换的。不妨试读其中一段:

> 如果你学美学,只是为了学会买衣服,挑女朋友,那么,

---

①易中天.品人录[M]//易中天.易中天文集(第八卷).上海:上海文艺出版社,2011:118.

我想你是走错门了。因为这个我也不会(笑)。不光是我不会,我想其他的美学家,比如鼎鼎有名的朱光潜老先生,大约也不会。我见过朱先生的一张照片,衣服扣子都扣错了,他哪里会买什么衣服,挑什么女朋友(笑)?[①]

易中天说,他在写《破门而入》的时候,还不知道有《百家讲坛》,更不知道后来会上《百家讲坛》,但就是想写这样的书。在他看来,"演讲体的好处,是亲切自然、通俗易懂,便于初学者和非专业人士接受。接受是很重要的。对方不接受,你这课就白上了。这就一要让人产生兴趣,二要让人听得明白"[②]。由此不难发现,经常性地将讲稿写成著作,将著作写成讲稿,让讲稿和著作合二为一,是易中天走红《百家讲台》和大学讲台的一个秘诀。易中天在《百家讲坛》的风格只不过是他的随笔体或演讲体著作的一种自然延伸。他对大众的热爱,对传播的重视,对口语的善用,让青年学生等普通读者大呼过瘾,却也引起了一些专家学者的不认同,认为他是自甘堕落,自我贬低:

记者:那也有学者批评你把历史通俗化,庸俗化。

易中天:有例子吗?有证据吗?

记者:你拿现在现实生活中间发生的一些过去压根儿就没有的,比如"垃圾股""绩优股"这样的词套用在历史人物身上。

---

① 易中天.破门而入[M]//易中天.易中天文集(第四卷).上海:上海文艺出版社,2011:5.
② 易中天.一脚踹开,还是念个咒语[M]//易中天.易中天文集(第四卷).上海:上海文艺出版社,2011:3.

易中天:这些学者读书不多吧。这个做法古已有之,早就有人在做了,不是我的发明。比方说,史学大师吕思勉先生的《三国史话》,里面就讲到了,说做郎官,就是去做公务员。而我这种方式被电视放大了,会引起这么大的争议,所以我说这种问题,都不值得争论,道理就在这。

记者:如果说是学术的话,就应该严谨,但是易老师在讲课中间很多是带有想象的,猜测性质的。

易中天:比方说?

记者:你说,按照《三国志》的说法,刘备和关羽、张飞是寝则同床,恩若兄弟的,这三人寝则同床时,他们的太太在哪里?

易中天:那么首先前面,食则同器,寝则同床,这是《三国志》的记载,把这个记载说出来不能说不对吧,对不对?然后后面那句话,不知道他们的太太在哪里?这是我的评论。你不能说讲史不能评论吧?

记者:为什么要加这个尾巴呢?

易中天:调侃。

记者:调侃跟学术有关吗?

易中天:当然可以调侃,学术的观点可以用各种方式来表述,调侃就是其中一种。

记者:但是如果没有这些调侃呢?易老师的报告还会有那么多人去听吗?

易中天:我估计恐怕没有。如果我也拿一本学术论文在那宣读的话,恐怕台下就走光了。

记者：还有，他们认为易老师在讲课中间的那些用词不妥，甚至流于粗俗。

易中天：哪个？比方？

记者：比方说，刘表之死，你跟观众说，见上帝去了。

易中天：就是说刘表不能见上帝，刘表只能见阎王，他们是不是这个意思。

记者：比方说，诸葛亮是一个少年英才而且是一个帅哥。"帅哥"这个词，他们认为把诸葛亮想象成这样的形象有点贻笑大方。

易中天：贻笑大方？原话是这样？读《三国志》没有？《三国志》怎么描述诸葛亮的？'身长八尺，容貌甚伟。'不叫帅哥叫什么？①

在一些专家学者看来，一种东西算不算学术，关键看表述。而在易中天看来，学术不学术，和表述无关。"这就好比对上帝的赞美，也可以用摇滚乐。上帝不会因为摇滚而不是上帝。同样，学术著作也不会因为表述的原因，变得不学术或者没价值。"②那些责难易中天的人，应该忘记了学术研究的多元化，认定天底下只该有一种学术，所以他们未曾想过去写一篇（部）随笔体或者演讲体的论著，或者根本就写不出来这样的论著。他们更忘记了易中天，以及他们自身还有另一个更重要的身份：大学教师。他们只是埋头做着自己的学术，偶尔抬头看

---

① 易中天. 易中天：我是一个大萝卜[N]. 新民晚报，2007-8-20.
② 易中天. 不仅是表述[M]//易中天. 易中天文集(第七卷). 上海：上海文艺出版社，2011：3.

看当下正在倡导什么课题。

  是的,大学教师的确要做持续性的研究,缺乏这点,想成为一个成功的讲授者比较困难。而仅仅做研究是不够的,还要围绕着教学做研究,教什么就研究什么——由于本科教学一般都比较宽泛,因此,如果研究对象太专,对教学的帮助就没有那么明显。与此同时,还要重视研究成果的传播——通过著作向社会传播,就要善于用随笔体写作;通过讲授向大学生传播,就要善于用演讲体写作。如果能做这样的研究者,而不仅仅是迎合体制的研究者,相信就能轻松化解科研与教学的矛盾,上出"学问、见解、个性、技巧"四位一体的课来。而这些感悟,正来自对易中天科研转型的回顾和梳理。当然,要像易中天那样做科研,不仅需要必要的胆识,也需要必备的才华。

(原载《云梦学刊》2013年第3期,有改动)

通识教育不是什么?

讨论通识教育(general education)是什么的论著,不说汗牛充栋,至少也是堆积如山。众说纷纭之后,依然莫衷一是。我们不妨换一个角度,看看通识教育不是什么。搞清楚了通识教育不是什么,或许能够更深刻地理解通识教育究竟是什么。

一、通识教育不是通才教育

通才教育(generalist education)中的通才有两种。一种是指掌握当时人类已经积累下来的大部分知识的百科全书式的全才,如在盛产巨人的文艺复兴时代,"巨人"达·芬奇不仅是画家、发明家、科学家,还擅长雕刻、发明、建筑,通晓数学、生理、物理、天文、地质等学科;拉伯雷不仅通晓医学、天文、地理、数学、哲学、神学、音乐、植物、建筑、法律、教育等多种学科,还通晓希腊文、拉丁文、希伯来文等多种文字。另一种是指更高层次的专才,比如一个外国文学教授,在中国古代文学、中国现当代文学、文学理论和比较文学等领域均有所建树,那他就是文学研究领域的通才。如果这个文学教授还是医生、画家、书法家、摄影家、音乐家、工程师等,那他就是百科全书式的通才。

通识教育和通才教育有一定的交叉重叠。通识教育是指培养出知识结构、能力结构和人格结构相对完善的"完人"。这其实包含两层含义:一是指知识结构、能力结构和人格结构各自是相对完善的,而不是学化学的完全不知道文学,会做科研的完全不懂得演讲,体魄健壮的智育、美育、德育却一塌糊涂。二是指一个人在一定程度上同时具备三种结构,而不是有知识无能力、有能力无人格。通识教育追求的知识结构和能力结构的相对完善,在较低层次实现,便是专业领域的通才;在较高层次实现,便是百科全书式的通才。

通识教育区别于通才教育主要在于两点:一是在知识结构和能力结构方面,它并不以培养几乎无弱点的百科全书式通才为目标,最多强调专业人才要尽量拓展知识面,多掌握一些核心能力,比如新闻系学生要有很好的文学功底,广告系学生要有一定的艺术素养,材料类专业学生要有相当的力学基础。二是在人格结构方面,通识教育有着极为明确的高层次追求,或者说,从某种程度上说,它所要塑造的"完人",并不是指知识结构和能力结构的完全,而是指知识结构、能力结构和人格结构的三位一体,缺一不可,特别是人格结构的相对完善,更是它始终不渝追寻的目标。简单地说,通才教育更注重知识结构和能力结构,对人才的培养更执着一些,对求职的目标更坚定一些;通识教育更注重人格结构,对人的塑造更专注一些,对求善的期待更明确一些。

通识教育不是通才教育,至少给我们两点提醒:一是通识教育并非无所不能,它致力培养的"完人",是指完整而非完美,而且这个完整也是相对的、多元的、变化的。这意味着不要对通识教育的作用期望过高,不可认为通识教育可以造就知识结构、能力结构和人格结构通通完美无缺之人。二是通识教育更侧重德才兼备中"德"的养成,以作为对功利主义教育的一种反拨和纠偏,故通识教育在实践过程中,要特别加强文化熏陶和心灵培育,借此培养一个有教养的现代公民应该具备的、最基本的文化素质和道德品质。

二、通识教育不是专业教育的对立面

虽然通识教育是相对于专业教育(professional education)而提出的,但它并非专业教育的对立面,恰恰相反,它和专业教育是"你中有我,我中有你"的关系。

首先,专业教育中蕴含着通识教育。张楚廷先生说过一段很有启发性的话:"哲学不仅仅属于老子、庄子,不仅仅属于亚里士多德和黑格尔。几乎在所有具体科学领域里活动的人工作至深之时,都不期然而然地走向哲学,他们在走向顶峰之时走向哲学,他们以哲学的方式表现超越。"①这段话恰好深刻地解释了专业教育中为何蕴含着通识教育。

举例来说,数学课除了对数学知识的传授,自然还有对数学思维的培养,这种数学思维,就是带有普遍性的元学习。学习者掌握这种思维,不仅可以继续学数学,还可以继续学数学之外的物理、化学和计算机,甚至管理,等等。更高层次的数学课,还能实现通识教育所追求的对人格结构的完善,比如教会学生发现美、创造美的能力。数学中

---

①张楚廷.张楚廷教育文集(第1卷)[M].长沙:湖南教育出版社,2007:85.

不仅有美学,甚至还有哲学。即是说,最高层次的数学也是一种文化,"数学称之为文化,当之无愧。因为数学的精华就在于它的思想,它体现的精神。数学因来自人的心灵而成为十分独特的文化,……没有可能从物性去解释它。"①再比如,笔者在十余年学习和教授外国文学的过程中,也深刻地体会到,外国文学不仅能丰富学生的外国文学知识,提升学生欣赏文学和写作文章的能力,还可以培养学生多元的、辩证的思维方式,甚至借助分析古希腊文学中的对体育的描写和体育精神,有意无意地实现了体育的目标。

推而广之,任何一门专业课,达到较高水平后,都有可能从不同的角度获得通识教育的效果。这就不难理解,为何很多不同行业的顶尖人才可以用并非各行业的共通语言进行自如的交流,因为他们都在哲学的高度走向了相通,比如"一位精研生物学的教授,能从显微镜中领悟到'一花一世界';物理化学教授能从量子分子看到宇宙的生机奥妙;土木工程教授能从结构力学体会到人类社会结构的力量;而数学更是一种宇宙天地秩序的美"②。

其次,通识教育中蕴含着专业教育。不少学生之所以瞧不上通识教育,是因为觉得通识教育对自己的专业教育是无用的,很认真、很投入地学,不仅浪费时间,更浪费感情。殊不知,通识教育中处处蕴含着专业教育的因素,这些因素,恰恰是专业教育的根基,有时候还决定了专业教育的上限。很难想象,一个没有文学修养的新闻系学生会成为一名出色的记者,一个没有诗歌修养的广告系学生能够奉献美妙无比

---

①张楚廷.作为文化的数学教学[J].当代教育论坛,2014(5).
②黄坤锦.美国大学的通识教育　美国心灵的攀登[M].北京:北京大学出版社,2006:218.

的广告创意,一个不懂写作和演讲的法学院学生能够成为一名杰出的律师或法官,一个数学很糟糕的经济系学生能够成为一名卓越的经济学学者。

通识教育或许不能提供专业教育需要的专业知识,就像文学课中不会专门讲新闻发展史,逻辑课中不会专门讲英语单词和语法,但它们可以提供专业教育亟须的一些专业能力,这些能力,可以称之为元能力。从这个角度来说,通识教育并不是虚的,更不会排斥专业教育的生活实用性(比如不会认为音乐专业比土木工程专业更高雅和高尚),恰恰相反,它强调能力结构的相对完善,恰恰是对专业教育的提升,是为了让专业教育更专业。换言之,专业教育不能满足于专业信息的传递,更要培养学生某些普遍性的能力,包括"有效的思考能力,交流思想的能力,做出恰当判断的能力,辨别价值的能力"[①],这些能力的获得,有的主要通过专业教育来实现,有的主要借助通识教育来实现,有的则需要两种教育的通力合作来完成。

专业教育中蕴含着通识教育,对教师提出了更高的要求。教师要意识到,写作能力的培养不只是写作课的任务,演讲能力的提升不只是演讲课的职责,逻辑能力的形成不只是逻辑课的目标,道德品质的塑造不只是思想品德课的使命,自己正在任教的专业课,其实也或多或少承担着超越专业的通识教育任务。同样重要的是,教师自身要有相当的通识素养,有能力通过看起来很专、很狭窄的专业课教学,发掘和传递一些超越专业的教育内容。

通识教育中蕴含着专业教育,对学生起到了很好的提醒作用:就

---

① 哈佛委员会.哈佛通识教育红皮书[M].李曼丽,译.北京:北京大学出版社,2010:50.

专业学专业,未必真能学得好专业,一个专业最需要的核心能力往往蕴含在专业之外的教育之中。笔者作为一名文学研究者,最切身的体会就是:对哲学毫无兴趣的专业的文学研究者恰恰显得很业余;那些哲学素养很深厚的业余的文学研究爱好者,比如著名哲学家邓晓芒,撰写的文学研究论著,恰恰很专业。推而广之,笔者认为大学可以局部加强通识课程的探索和建设,比如文学专业增加哲学课的设置,新闻专业增加文学课的设置,艺术专业增加文化课的设置,法学专业增加文史哲课程的设置。

当然,通识教育是相对于专业教育而提出的,所以它与专业教育的两点不同就不得不提。第一点是通识教育特别强调人格结构的完善。虽然专业教育中也蕴含着完善人格结构的要素,但大部分老师未必能够从数学中发掘出美学、从体育中提炼出伦理学、从化学中领悟出哲学,尤其是就业的迫切需求,又大大遮蔽了这些要素。因此,通识教育的初衷,不只是体现在看得见摸得着的"有用"上,更是在品德、审美、体育等人之所以为人的方面有着更高的诉求,而这恰恰是对当前专业教育之欠缺最好的补充和完善。第二点是通识教育更擅长培养"德",而专业教育更擅长塑造"才"。在社会分工越来越细的背景下,强调通识教育不等于走向泛专业主义和专业虚无主义,不等于要培养大量看起来综合素质很高,但其实什么都不精通的、没有任何一技之长的"万金油"式人才。

三、通识教育不是什么都知道一点

通识教育的第一个层次就是指知识结构的相对完善,其本意是对专业过分细化反而导致专业能力缺乏的一种拨乱反正。比如文学专业的学生不学哲学,哲学专业的学生不学文学,最终导致没有深度的文学和没有想象力的哲学。但知识结构的相对完善,并不等于什么都知道一点,比如通识教育并不奢求文学专业的学生都去上化学课,体育专业的学生都去上音乐课。要知道,人类已经创造的知识浩如烟海,什么都知道一点,并不可能;人类正在和即将创造的知识无穷无尽,什么都知道一点,也没有必要。对此,牟宗三先生有着很清醒的认识:

> 我认为通识不是叫一个人懂得许多,自然科懂一点,人文科也懂一点,美术音乐都懂一点。要知道一个人不是万能,没有一个人可以懂一切,若是真有人无所不懂,那这一个人也不见得有什么可取,做一个"有脚书橱""百科全书"不见得有什么好处。我知道有一个中国学者,洋人有什么关于中国的问题都问他,为了表示博雅,人家无所不问他就无所不答,而问的来源甚多,他就天天记诵资料,"经史子集"无所不知,结果闹得精神分裂。我们的通识教育当然不是要大家这样子,不是要对任何事都知道,对任何事都不知道。对任何事都知道,就成了样样通样样稀松。①

相比于知识结构的完善,通识教育对能力结构的追求无疑更多一些。即是说,通识教育希望受教育者除具备相当的专业能力外,还能

---

① 牟宗三. 人文教养和现代教育[M]//林毓生,等. 转化与创造(第三版). 台北:幼狮文化事业公司,1987:53-54.

具备一些超越专业的、带有普遍性的能力,如上文提及的"有效的思考能力,交流思想的能力,做出恰当判断的能力,辨别价值的能力",还有杨福家先生提出的"智能":

> 教授有义务向学生传授知识,帮助同学积累知识,但同样,必须提倡智能的培养。所谓智能,是指人们运用知识的才能;培养智能,主要是培养自学能力、思维能力、表达能力、研究能力和组织管理能力。如果只注意知识的积累,而不注意智能的发展,那么即使在头脑中有了一大堆公式、定理、概念,也不会灵活应用,不会独立去积累更多的新知识,更不会有所创新。大学教学成功与否的标志之一,是看绝大多数学生是否经常在积极地思考,看他们在智能发展方面是否有明显的进步。①

有了这些能力,受教育者不仅能获取更多、更新的专业知识,还具备了适应各种变化的素质。而能力结构的完善并不能通过知识的简单累积来实现,比如一个人记住了很多的汉字,其中很多还是生僻字,也只能证明他的记忆能力和勤奋程度,却对更重要的写作能力的提升帮助甚微,因为体现写作能力强弱的不是谁记得的汉字多,而是谁能够用有限的常用字进行充满想象力的组合。举个简单的例子,莫言参加《中国汉字听写大会》未必能取得好成绩,但《中国汉字听写大会》的冠军未必能像莫言那样写好文章,也就是说,能力结构的完善单纯通

---

①杨福家,等.博雅教育[M].上海:复旦大学出版社,2015:68.

过知识结构的完善是不能实现的,而是需要借助一些深度阅读、深度思考、深度表达才可以获得,即通识课程是要求广博(breadth)的"通"的同时,更要求深入(depth)的"识"。

相比于能力结构的完善,通识教育对人格结构的完善更向往一些。人格结构的完善,有时通过专业教育也是可以达成的,但专业教育毕竟以培养专门人才为目标,强调的是知识、专业能力方面的个性(你会计算机,他懂英语),所以,不可避免地对人之所以为人的构想少一些。甚至最应该关注人的人文学科,也逐渐变成了远离人的人文科学。一成科学,人文学科中的人文便不见了。而通识教育更强调不同专业人才在"人"方面的共性,对"做人"的要求更高一些。从这个角度看,通识教育基本等同于人们常说的人文教育、文化素质教育。哪怕是给文科学生开自然科学方面的课程,主要传授的也不是科学知识,而是科学思维,尤其是科学精神,而科学精神其实也属于人文的范畴。当然,人格结构的完善,也只是相对的。通识教育从不奢望人格结构的完美无缺,而只是希望一个受教育者具备一个现代公民应该具备的基本教养,即是说,它希望培养的是"好人"而不是"圣人"。

四、通识教育不是各种课程的大杂烩

要达成通识教育的目标,开设相应数量的课程是必要的。比如要提升学生的体育能力,最简单的方式是开设体育课;要提升学生的写作能力,最直接的方式是开设写作课;要提升学生的演讲能力,最有效的方式是开设演讲课。但是,要实践不等于开设的课越多越好。

第一,多开设课程固然对完善受教育者的知识结构有不小的帮助,但是,大学授课时间的有限性和知识的无限性之间的矛盾,通过不断开设课程是无法解决的。大学不可能也没有必要承担无限拓展受教育者知识面的教育任务。而且短时间内强记的知识,更多是"知"而不是"识"。

第二,通识教育更注重能力结构的完善,或者说,在通识教育研究者看来,当前教育的缺失并不是一个数学系学生的课表中没有诗歌鉴赏,或一个中文系学生不知热力学定律为何,而是缺乏阅读、写作和逻辑思维等方面的能力。而能力结构的完善通过知识的简单累积是无法实现的。

第三,课程与相应能力之间有时候并没有直接对应的关系,不能说开设了写作课,学生的写作能力就提高了,如果写作课只讲写作理论,学生又几乎不动笔,那写作课和写作能力的提升之间就基本没有关系。更典型的莫过于:很多思想品德课对学生思想品德的塑造所起的作用微乎其微,因此,有识者才提醒我们,"我们不能天真地认为,有关美德的理论教学会自动地使学生具有美德。但我们认定,使学生恪守学术诚信的最好方式是,把他放在一个无私追求真理的老师身边。这样,从老师身上擦出的火花会在教室中的课桌间跳跃,从而点燃学生身上学术诚信的火焰,并长久不息"[①]。

第四,通识教育最注重的是人格结构的完善,而人格结构的完善更不是简单的课程叠加就能实现的。不能为了提高学生的美学修养,就让他同时修书法课、摄影课、音乐课、舞蹈课和电影欣赏课,这种浅尝辄止的学习,至多帮助他们掌握一些相关的理论知识。同样的道

[①] 哈佛委员会.哈佛通识教育红皮书[M].李曼丽,译.北京:北京大学出版社,2010:56.

理,为了提高学生的思想道德水平,开设很多的思想品德课,介绍一些看起来很系统的道德知识,并不是明智之举。也就是说,通识教育在注意广度的同时,一定要重视深度,还要特别注意教育方法。与此相应,通识教育课程在注意数量的同时,一定要重视质量,尤其在优质师资力量有限的情况下,要尽量设置能力型课程而不是知识性课程。

综合上述几点,启发至少有三个方面:

首先,以知识结构完善为主要目标的课程,可以采用大班宣讲的方式。当然要充分保证效果,需要请最有水平、最会讲课的老师(通称学校的"名嘴")来讲授。比如武汉大学请赵林讲西方文化;华中科技大学请邓晓芒讲西方哲学课,厦门大学请易中天讲中国传统文化。从这个角度看,"因人设课"有一定合理性和必要性。如果本校当下没有那么多的"名嘴",那只能聘请或者培养了。

其次,以能力结构完善为主要目标的课程,最好采用小班研讨的方式。有识之士早已认识到,通识教育不只是开设什么课程的问题,还有用什么样的方式讲课的问题,"对于教学来讲,问题不是教多少,而是教给学生什么,或者说通过使用信息来阐明什么原则和方法"[①]。一门课,300人甚至更多的人一起听讲是一种效果,30人甚至更少的人一起研讨又是一种效果。小班授课,要充分保证效果,需要在讲授法之外,合理运用讨论法、展示法等,让学生从被动的旁听者变成主动的参与者,并且加强过程性考核,促使学生借助深度阅读、深度思考和深度表达来获得元学习的能力。

最后,以人格结构完善为目标的课程,则要考虑到教学的情感性

---

① 哈佛委员会.哈佛通识教育红皮书[M].李曼丽,译.北京:北京大学出版社,2010:49.

和情境性,尽量减少理论宣讲和道德说教。在条件允许的情况下,加大隐性课程的比重,让学生在隐性教育潜移默化的熏陶中,实现人格的培养。

五、通识教育不是大学教育的"甜点"

当前通识教育在大学教育中的地位是比较尴尬的。

首先是领导不重视。有不少观点认为通识教育不过是在专业教育这个"主食"之外,为了扩大一点学生的知识面,丰富一下学生的兴趣爱好而添加的"甜点",有这个"甜点",可以增添"就餐"的氛围,没有这个"甜点",丝毫不影响身体健康。就像黄俊杰先生在批评中国台湾省大学教育时所指出的那样,"即使学门完备的研究型大学,也是普遍重专业而轻通识教育。许多的大学领导人,包括教务长,常把通识教育当作专业教育的肥料。一些医学院校的负责人认为这些学校的通识教育应开医疗史,再加开一些刑法、民法等课程,因为医学生毕业之后,常常会有医疗纠纷,通识教育可以帮着开这一类的课程。这种心态认为通识教育存在的理由是为了专业教育。在这个基础上,通识教育是一个手段,它不是一个目的"[①]。但人们渐渐认识到,通识教育应该是事关受教育者身体健康,尤其心灵健康的一种"主食"。

其次是学生看不起。在很多受教育者看来,通识教育不过是专业教育的调味剂,是在专业学习非常疲累、枯燥之余,用来放松和娱乐的一种选择或者是用来混学分的一种手段。如果通识教育课有一点点

---

① 黄俊杰. 全球化时代的大学通识教育[M]. 北京:北京大学出版社,2006:82.

过高的要求，比如研读一部经典著作或者独立撰写而不是拼凑一篇报告，那么，他们就觉得是在浪费宝贵的专业学习时间。所以，在他们的理解和期待中，通识教育不外乎是"看看电影、听听音乐、赏赏名画、搞搞摄影、学学服饰"[①]，还有就是学点社交礼仪、餐饮文化、塑身美容等方面的知识。如果遇到《论语》精读、"十三经"精读之类的课程，立刻避而远之。如果被迫或自觉选修的通识课程没有通过考核，他们会惊呼"有没有搞错？这种课居然还不让过！"然后把老师痛骂一通。

领导不重视，学生看不起，更是让老师上通识课找不到成就感和职业尊严。很多大学的通识教育课程成了低水平教师的避难所，即那些课时不够又需要课时，或者上专业课不受学生欢迎的老师才被迫走上通识教育课的讲台。很多大学通识课，看起来很美，效果却很差，这并不是通识教育的理念出了问题，也不是课程设置出了问题，而是上课的教师出了问题。一是态度问题——教师觉得给非专业学生讲课，好没有面子。二是水平问题——教美学课的却没有美学修养，教思想品德课的却缺乏足够的政治素养和深厚的理论功底，所以只能讲一些僵化的、机械的理论知识。甚至有些教师在教学过程中表现出一种反知识的态度，"譬如某老师开一门课，是要带领学生来体认人与自然的关系，他就带着学生到操场上躺下来，闻闻泥土的芳香，而这是授予三个学分的课程"[②]。三是方法问题——该实践的时候却只讲理论，该小班研讨的时候却只是单纯的大班讲授。

通识教育不是大学教育的"甜点"，至少提醒我们，大学应该给予通识教育应有的位置，并且根据通识教育的基本理念，然后结合自身

[①] 陈跃红. 大学通识教育面向广度还是面向深度[J]. 探索与争鸣, 2009(6).
[②] 黄俊杰. 全球化时代的大学通识教育[M]. 北京: 北京大学出版社, 2006: 81.

的实际情况,设计出有针对性的、高水平的通识教育课程。通识教育课程不是低水平教师的避难所,而是高水平教师的大舞台,因此,学校有责任选派、引进或培养高水平的通识课教学团队,而那些真正有见识、有底蕴和有才华的老师,也应该认识到,借助通识教育的大舞台,更容易从一个会讲课的专业课老师成长为校内乃至校外的"名嘴"和名师。

(原载《当代教育论坛》2017年第5期,有改动)

张楚廷的"好教师"观

著名教育家张楚廷,不仅是一位杰出的大学校长,还是一位卓越的大学教师。他教学经验丰富:1959年留校任教,已在教学第一线奋战了50年,累积为本科生、硕士生和博士生开设了22门课程——当校长前,主要讲数学课;当校长后,主要讲与教育管理工作紧密相连的教育学课。

他的课不仅讲得多,而且讲得好。无论是实力、魅力,还是口碑,他都是真正的大学教学名师。他之所以没有这个头衔,是因为他主张凡是带"长"字的领导不参评校级及以上的政府荣誉,而他作为校长,自然要以身作则。

他不但喜欢上课,善于上课,而且深钻上课,几十年来,通过1000余篇论文和60多部专著,共近2000万字著述,自觉而系统地将教学经验提升为教学理论,又将教学理论提升为教学哲学。

简言之,张楚廷不仅擅长宏观的大学校长学,而且精通微观的大学教学学。因此,他能够对"好教师"的五个层面做出准确、立体,富有创造性和启发性的提炼,从而为想成为好教师却不知道什么是好教师的大学教师,提供一个切实可靠的标准和愿景。

一、好教师有"相声演员般的口才"

随着各种新兴教学理论的出现,传统的讲授法多少受到一些教学理论家的轻视。作为一名在一线讲台坚守了50多年的大学教师,张楚廷却深知讲授法的可贵和重要。在他看来,由于教学要求把最重要、最基本的知识,在最短的时间里,以最有效的方式传递,所以,讲授法是最常见的方法,也是最必需的方法。即是说,讲授法虽然传统,却并不过时,大学要废除的是"填鸭式",而不是讲授法。当然,教师要尽量避免讲授法中可能产生的"填鸭式",争取让讲授更富于启发性,更能吸引学生,由此,好教师的第一层面就是有好的口才:

> 作家主要依靠书面语言,相声演员主要依靠口头语言,教师则两者都要依靠。有的教师肚子里有货,就是倒不出;也有教师口才并不差,肚子里货却不多。有的教师,书面语言还可以,口头语言则不怎么样;有的教师,口头语言不错,书面语言并不理想。教师须有思想家的深刻、文学家的文采、相声演员般的口才,这也许是理想化的想法,却是应当去追求的目标,却是教师的使命。①

张楚廷清醒地意识到,大学教师也是教师,其思想、文笔固然重要,但口才的作用同样不应该被忽视:"教师要有两桩本事。一是肚子

---

① 张楚廷.张楚廷教育文集(第2卷)[M].长沙:湖南教育出版社,2007:67-68.

里要有货,二是要把这些货倒得出来。"①前者属于学术水平,对教师的科研能力提出要求;后者属于教学水平,对教师的语言能力提出要求。语言能力强,未必是好教师,但好教师一定要语言能力强。

好教师的讲授语言绝不拖泥带水,绝不会有连篇的"这个""那个",不断的"嗯嗯""啊啊";好教师的讲授语言准确、深刻、简练、生动;好教师的讲授语言通常还有一个标志性特点——幽默。幽默既是技巧,也是思想。"语言的贫乏,知识的单一,认识的肤浅,肯定会将幽默拒之门外,因为幽默是渊博的知识(不一定完全是书本知识,也包括经验一类的知识)与语言的巧妙运用相结合的产物。"②

好教师的这些语言特征,有些属于语言的范畴,取决于天赋;有些超越了语言的范畴,属于思想层面的问题,依赖于后天的修炼。即是说,好教师的语言水平不仅通过音色、音调、音量等形式来体现,还通过语言所蕴含的内容来呈现,因为语言并不是思维的外壳,语言就是思维本身:

> 实际上,语言即生活,语言即人生。语言的充实就是生活的充实;语言的丰富就是人生的丰富;语言的力量就是人的力量;语言的发展正是人的发展;语言的神奇正是人的神奇;语言的美妙正是人生的灿烂而美妙。
>
> 有灵气的人们创立了语言,同时也赋予语言以灵气。语言是与思维同在的,并且语言让思维更活跃、更有效。思维

---

① 张楚廷.张楚廷教育文集(第20卷)[M].长沙:湖南人民出版社,2012:280.
② 张楚廷.张楚廷教育文集(第18卷)[M].长沙:湖南人民出版社,2012:27.

是活生生的,语言也是活生生的。人不是工具,语言焉能是一根拐杖?语言岂止是一件工具?语言是实实在在的,它岂止是一层外壳?语言在很大程度上是思维本身,它岂止是思维的外壳?语言把世界的一切置于其中,如此美丽灿烂的语言世界竟被描述为工具和外壳,这岂不是太轻看了人类的伟大创造吗?①

既然语言不仅是形式,也是内容,那么,对好教师而言,"语言的锤炼与思想的锤炼是相伴而行的,没有思想的锤炼便没有语言锤炼的基础"②。

如今的大学教师真正重视口才的并不多。张楚廷从切身体会和理论认识出发,一再强调语言之于大学教师的基础价值。而他所指的语言,不仅包含了一般层面的技巧,还包含了更高层面的思想。

好教师须具有好的语言,想成为好教师的教师,其使命"在很大程度上是不断锤炼自己的语言,丰富自己的语言,活化自己的语言,美化自己的语言"③。

二、好教师"多讲述故事"

好教师有"相声演员般的口才",这为好的讲授打下了扎实的基础。而好的讲授不只是语言技巧的纯粹展示,还需要借助一定的内

---

① 张楚廷.有效的家庭教育[M].重庆:西南师范大学出版社,2015:158.
② 张楚廷.张楚廷教育文集(第2卷)[M].长沙:湖南教育出版社,2007:67.
③ 张楚廷.关于人的问题[M].重庆:西南师范大学出版社,2015:19.

容。"多讲述故事",就是张楚廷最为推崇的内容之一。为何?

首先,其自身丰富的教学经验证明"多讲述故事"效果很好。做数学教师时,张楚廷的讲课很受欢迎,诀窍之一就是有意识地讲述毕达哥拉斯、牛顿、莱布尼茨、笛卡尔、伽罗瓦、阿贝尔、高斯、黎曼、鲍耶、罗巴切夫斯基、欧拉等人的故事,"我讲课时尽量穿插了故事。谁不喜欢听故事?问题是数学也有故事吗?实际上,数学是人创造出来的,怎么会没有故事呢?一个个活生生的人活跃在数学探究的漫长历史之中,他们没有在这种探索中留下故事吗?在这个长河中,或许没有烟雾弥漫,没有战火纷飞,但有可歌可泣、有悲壮、有惊喜"[1]。

张楚廷相信,数学教育在相当程度上可以是故事性的,而且应当是故事性的,如果数学教育中只剩下纯粹的论证和计算,却没有好听的故事,那么数学中可亲近的东西没有了,可体验的东西没有了,可供欣赏的东西没有了,于是,它极可能让学生感到枯燥,并疏远它,厌恶它,从而与之保持长长的距离。

做教育学老师时,张楚廷的讲课依然很受学生欢迎,诀窍之一同样是多讲述故事,"讲高等教育学,就可以用故事的方式展开。大学是从哪里来的?那就是博洛尼亚的十几个学生扮演的一个故事。大学是怎样在俄罗斯出现的?那就是罗蒙诺索夫的故事。大学职能是怎样演变的?那就有洪堡的故事和纽曼的保守思想的故事"[2]。

其次,学生喜欢听故事。张楚廷一直遵循"为了一切学生""一切为了学生""为了学生的一切"的人本主义教育理念,所以,他认为,教师如何讲授,要以学生的喜欢而不是专家的偏好为主要准绳。即是

---

[1] 张楚廷. "五I"教学细说[M]. 重庆:西南师范大学出版社,2015:31-32.
[2] 张楚廷. 院校论[M]. 重庆:西南师范大学出版社,2015:58.

说,教师或许不需要迎合学生,但应该了解学生、尊重学生、适应学生。教学中"多讲述故事"便是对这一宗旨的实践,"故事,是过去发生的事,他们有兴趣知晓过去已发生的事,因而他们更喜欢故事。远古发生的事,天外发生的事,他们都会感兴趣"[①]。学生喜欢听故事,因而教师应该多讲述故事。

最后,这是由故事本身的特点和价值所决定的。教师上课只讲故事,会不会将课堂变成了故事会,降低教学目标,让课堂娱乐化呢？在张楚廷看来,这样的担忧是多余的,原因有三:一是"多讲述故事"≠"只讲述故事";二是故事包含了娱乐,但"故事"≠"娱乐化",恰恰相反,故事是严肃而深刻的;三是娱乐不只是让学生获得思想的重要手段,娱乐本身也是教学的重要目标之一。

概括起来,"故事的好处有三:故事承载理论,故事显示缘由,故事引发兴趣"[②]。即是说,故事并不是肤浅和轻松的代名词,而是承载着深刻和厚重的思想。故事还可以还原思想背后的故事,帮助学生回归思想的源头,去触摸思想、亲近思想、理解思想。因而,故事是感受性的、体验性的和情感性的,既可给学生留下很大的认识空间,还可给学生留下较大的想象空间,从而帮助学生获得长久的、感同身受的体验,引发学生接受思想、辨析思想和创造思想的兴趣。

故事的三大好处,集中体现了故事的一大特点:隐喻性。学生之所以喜欢听故事,主要也是因为故事有隐喻性。从心理学角度看,越是婉转、深沉的内容越能引起人们的兴趣:

---

① 张楚廷. 院校论[M]. 重庆:西南师范大学出版社,2015:142.
② 张楚廷. 院校论[M]. 重庆:西南师范大学出版社,2015:58.

> 人们为何喜欢相声？因为它诙谐、幽默。人们为何喜欢音乐？因为它深情、婉转，从那里可以听见自己的心声。人们为何喜欢诗歌？因为它神秘、辽阔，从那里可以看到未来和一个更美好的世界。从形式上即可看出，对于从神秘到深隐、从隐喻到直陈、从直陈到露骨渲染的东西，人们的兴趣是逐渐下降的。然后，我们的教育，或者我们的课程，常常就是从学生最低兴趣的地方开始的，从最露骨的地方以最露骨的方式开始的。①

故事恰好和相声、音乐、诗歌一样，是隐喻性的，"一般来说，故事中不会含有直接教训人的那种内容，没有那些乏味的教条。因而，故事常常也就以平和的口气述说某人、某事或某物。人在故事面前是平等的、主动的"②。所以，"原理与故事相比，他们更喜欢故事。原理是直白的，故事是隐喻的，直白与隐喻相比，他们更喜欢隐喻"③。

故事在教学中的意义，不只是限于文史哲之类的，也适用于理学、工学。故事不是一切，但故事可以伴随一切。教学要严谨缜密，就要有逻辑；教学要生动活泼，就要有故事。学生的思想要有深度，就要学逻辑；学生思维要灵活，就要听故事。"故事与逻辑融合在一起当然才是更好的教学。"④

由于很多老师重逻辑轻故事，因此，要想做到故事与逻辑融合，首

---

① 张楚廷.张楚廷教育文集(第1卷)[M].长沙:湖南教育出版社,2007:247.
② 张楚廷.院校论[M].重庆:西南师范大学出版社,2015:132.
③ 张楚廷.院校论[M].重庆:西南师范大学出版社,2015:142.
④ 张楚廷.院校论[M].重庆:西南师范大学出版社,2015:134.

先就得将故事提高到和逻辑相等的位置,习惯和擅长用故事来传递科学和精神。即是说,好教师不只是懂得原理,熟知原理,而且还知道围绕着原理发生的很多故事,可以在教学中信手拈来。

从更深层次看,"这种故事性和隐喻性的教育,往往使受教育者感觉到站在自己面前的,不是教育者,而是亲近者,也是交谈者,是心灵的映照者。当教育者能够做到这一点时,受教育者就获得了自己去感悟、自己去体验的更大可能性,更主动地获得更多的教育资源,可自我拓展的资源"[①]。

三、好教师是"会问的教师"

有"相声演员般的口才","多讲述故事",自然是好教师。但更好的教师,会在此基础上更近一步:"会问",因为"学校应当是一个询问'什么'、'为什么'的地方,是一个充满了'什么'、'为什么'的地方,课堂更是一个谈论'什么'、'为什么'的地方。成功的教师、成功的教学应当能唤起属于学生的十万个'为什么'、十万个'什么'"[②]。

遗憾的是,当前的大学课堂上"什么""为什么"太少了,比起"什么"来,"为什么"更少,根源在于,"我们大学的课堂是学问的,却还不是学'问'的;我们的学生只被训练为读懂弄懂,却不被训练为质疑和挑剔;教授们满足于学生不再有疑问,却不再担忧他们不再疑问;我们的学生以善于解答为荣,却不以不再生疑、不再发问为羞;……这应当

[①] 张楚廷.张楚廷教育文集(第13卷)[M].长沙:湖南人民出版社,2012:482.
[②] 张楚廷.张楚廷教育文集(第2卷)[M].长沙:湖南教育出版社,2007:81.

全由大学负责"①。要改变这种现状,就需要更多"会问"的教师,教师当然应当会讲、会说,应当口才好,可是还应当会问,会问者口才可能更好。"会讲的教师是好教师,会问的教师是更好的教师,会让学生也喜欢问的教师是更优秀的教师,能让学生把自己问倒的教师,是杰出的教师。"②

在其58年的教学生涯中,张楚廷一直坚持做两件事:一是在讲课过程中与学生对话,让自己的语言中多一些问话,并让他们有机会插话;二是在课的结尾留出时间专门让学生提问。"我确实一直这样坚持着,这样讲授着。这不就是研究式、探究式的教学吗?我自己爱问,我能不努力让学生也爱问、会问吗?"③

张楚廷发现,教学的本质是对话,是交流,是理解,而对话、交流、理解必然是双方的。学生参与对话往往更困难,可是一旦他们参与了,他们对知识的把握质量会大大不同。所以,教学中最重要的不是让学生看着、听着,而是要让学生参与其中并且思考着,唯有如此,才能让学生真正学到东西,进而成为有学问的人。

由此,张楚廷提出,好教师会做两件事:一是引导学生常问"什么""为什么";二是自身常问"什么""为什么"。教师常问"什么""为什么"才不害怕学生常问"什么""为什么";学生常问"什么""为什么"反过来又推动教师去常问"什么""为什么",如此往复,形成良性循环,造就真正意义上的教学相长。

总之,"常提问的学生是好学生,爱提问的学生是更好的学生,能

---

①张楚廷.张楚廷教育文集(第1卷)[M].长沙:湖南教育出版社,2007:155.
②张楚廷.思想的流淌[M].重庆:西南师范大学出版社,2015:142-143.
③张楚廷.有效的家庭教育[M].重庆:西南师范大学出版社,2015:149.

把教师问倒的学生是最好的学生。老师被问得答不出来了,叫作'挂黑板'。'挂黑板'的老师是一个成功的老师"①。欲让学生会问,教师自己就要会问;欲想学生问得多,教师自己的问就要多;若想学生问得深,教师自己就得想得深,这其实涉及"好教师"的第四个层面:会做研究。

四、好教师"既会教书又会研究"

教学即教"问",讲课即设"问",可源源不断的"问"又从何来?张楚廷给出的答案是:坚持不懈的研究,教"问"和设"问"源于研究,或者说本身就是研究,至少会推动研究。"分析问题是研究,解决问题是研究,发现问题更是研究。提出问题是更宝贵的研究能力。不同层次的研究,与不同层次的问题打交道。"②

在大学里一直隐藏,也可以说流行着一种观点:教学好=不做科研;科研好=教学不好。但张楚廷认为,大学不是中小学,"重视教学是大学的优点,重视学术是大学的优点,既重视教学又重视学术的大学是更优秀的大学,教学质量高,且学术水平高的大学是更高水平的大学"③。既然如此,好的大学老师不仅会教学,而且会研究,没有研究的教学可能是好的教学,但有研究的教学才可能是更好的教学:

一、我们提倡研究式教学、探究式教学,若教师未曾做过

---

①张楚廷."五Ⅰ"教学细说[M].重庆:西南师范大学出版社,2015:53.
②张楚廷.张楚廷教育文集(第19卷)[M].长沙:湖南人民出版社,2012:21.
③张楚廷.张楚廷教育文集(第5卷)[M].长沙:湖南教育出版社,2007:423.

研究,怎能有研究式教学。

二、当我们讲述一个原理时,常常需要讲清楚这个原理的来龙去脉。这就要知道学科史,但一般学科史很难细致到将每个原理、每个命题的发展史都弄明白,所以常常要自己去琢磨。一般会做研究的教师,就比较会琢磨这一过程。

三、经常做研究就可以保证我们的教学内容不断更新,保证我们站在学科前沿。

四、一般而言,对大学教师有两个水平的考量:教学水平、学术水平;两种修养的兼备:人格修养、学术修养。①

由此,张楚廷坚信,"会教书的教师,是好教师;会研究的教师,是好教师;既会教书又会研究的教师,是更好的教师"②。

既会教学,又会研究,这其实是张楚廷一贯的自觉追求和实践。在日常教学中,他对自己提出的要求是:"一、尽量教自己的东西;二、尽量开新课;三、即使同一课程,也不重复过去的内容,从而也讲成新课;四、尽量多开一些课;五、尽量开成高水平的课,至少在国内属高水平的;六、尽量讲出思想性来;七、尽量用疑问句讲话。"③

要做到这七点,单有"相声演员般的口才"和"多讲述故事"肯定是不够的,还需要长期的、自觉的和系统的而且是高水平的研究。张楚廷的经验就是:教什么,就研究什么,就写什么方面的书。"我先后讲授过22门不同的课程,其中包括11门教育学类的课程。在这11门

---

①张楚廷.院校论[M].重庆:西南师范大学出版社,2015:57-58.
②张楚廷.张楚廷教育文集(第19卷)[M].长沙:湖南人民出版社,2012:22.
③张楚廷.思想的流淌[M].重庆:西南师范大学出版社,2015:356.

教育学类课程中,有10门课是使用我自己写的书。我基本上做到了教自己写的书。"①他由此感叹道:"如果没有科研,我不可能讲授20多门课程;如果我没有讲授那么多课程,也不可能有那么多研究,那么多新想法、新观念,那么多选题,那么多的灵感和机会。"②

五、好教师有"无声语言"

能达到上述四个层面的,当然是非常好的教师,但更好的教师,还可以在上述基础上,拥有第五个层面——无声语言:

> 通常认为教师主要是靠一张嘴巴工作的,其实,虽然教师通过有声语言影响学生,教师也有"无声语言",并且能对学生产生很大影响。学生对教师不仅听其言,而且观其行,因为有经常的、定期的接触,学生几乎都自觉不自觉地观察老师的言行,并且不乏惊奇的眼光。
>
> 学生在读书,却也在读着老师这本"书",我们可以说"教师本身是'教本'","教师是一本特殊的'教材'"。我们说一般教材是中介物,其实,由教师的言行外化的这部特殊教材也是真正的中介物,它比教材还要丰富。就知识的拥有量而言,许多教师不少于纸质书,而且教师是随时可与学生应答的"书本"。关键在于教师自身的素质,这是教师能够真正作

---

①张楚廷.思想的流淌[M].重庆:西南师范大学出版社,2015:286.
②张楚廷.思想的流淌[M].重庆:西南师范大学出版社,2015:287.

为一部特殊教材的基本条件,素质是"无声语言"的核心。①

这段话的核心就是:教师的魅力不仅体现在有声语言(言),也体现在无声语言(行);不仅体现在课堂之上,也体现在课堂之下;不仅体现在专业领域,也体现在生活之中;不仅体现在有形,也体现在无形……"人们常常把这种过程称为潜移默化,很真实,从而也很珍贵。这种传递似乎在教学之外,但实则在教育之中。"②好教师的无形魅力可能蕴藏在上述四个层面之中。

比如好教师在展示"相声演员般的口才"和"多讲述故事"这两大显性特征的过程中,还会伴随其他隐性的要素,即他的声调、语气、肢体动作、表情、气质、气场、气度、激情等等,这些在事实上都会成为讲课的一部分。

再比如,好教师会问,其实也就在展示自己阅读和沉思的习惯,阅读的习惯,引导学生走向"博";沉思的习惯引导学生走向"渊"。也就是说,会问的好教师既是通过"言"教学生想一想,再想一想,也通过"行"证明自己常常是在想一想,再想一想的,这样,他们给学生的印象不只是一个口若悬河的人,还是一个有思想的、有智慧的人,进而引导学生养成这些良好的习惯,走向渊博。

还比如,好教师"会问",根源不仅在于他们有阅读和思考的习惯,更在于他们会研究。好教师通过研究而成为有学问之人,无论是过程还是结果,都透露出他们的事业心和责任感,都是隐性教育。"大约,

---

① 张楚廷.张楚廷教育文集(第2卷)[M].长沙:湖南教育出版社,2007:156.
② 张楚廷."五Ⅰ"教学细说[M].重庆:西南师范大学出版社,2015:3.

透过知识之广博,思维之深刻,探讨之真诚,研究之奇巧,大学生们还能看到教授对待真理之虔诚,对待世界之亲近,对待他人之真挚,透过这一切读到了一部终生难忘的'教科书'。日后,教授所讲授的具体知识可能留在记忆之中寥寥可数了,教授这部'教科书'却历历在目。青年时代名师在旁,回首时,回味时,定会有人生之一大幸事之感慨。"[①]

好教师的无形魅力,有些也隐藏于上述四个层面之外。比如,教师在课堂之外,在教学之外,与学生相处时的一言一行,乃至他们日常生活中的爱好、言论、仪表等等,都可以构成综合气质的一部分。学生愿意向好教师学习更多专业知识之外的东西,他们纯真善良的眼睛总是在寻找好教师身上一切值得学习的地方,有意无意地模仿好教师的言行举止,即是说,好教师"所传递的,还包含情深意长,他们可以把对真理、对人生、对世界的深情厚谊也传递给学生"[②]。

由此,张楚廷认为:"教师如果充分意识到这一点,意识到自己的言谈举止都可能向学生传递相关的信息,那么,他们就会注意自己的言行举止。或许,短时间内学生不一定看得出教师的责任心、事业心,更难看出教师讲授的知识的准确性、科学性,但是,教师对学生的关切、亲近等,他们是能体悟得到的。"[③]

结语

张楚廷对好教师提出五个层面的设想,有着诺多目标。

[①] 张楚廷.张楚廷教育文集(第1卷)[M].长沙:湖南教育出版社,2007:283.
[②] 张楚廷.思想的流淌[M].重庆:西南师范大学出版社,2015:134.
[③] 张楚廷."五Ⅰ"教学细说[M].重庆:西南师范大学出版社,2015:4.

目标之一:将教学提升为一种艺术。张楚廷认为,每一个行当在发展到极致时,都可以成为一种艺术,教师的教学当然可以而且应当成为一种艺术。可一般的教学显然不能算教学艺术,所谓教学艺术,是指"在感官上给人以美丽;在内涵上给人以充实;在心灵上给人以愉悦"①。好教师的教学,因为具备五个层面,自然就是艺术性的教学。

目标之二:突显隐性教学的价值。张楚廷不仅重视显性课程的作用,也重视隐性课程的作用。在他看来,大学与大学的不同,主要体现为隐性课程(即氛围、底蕴、文化)的差异。同样的道理,教学也包括显性教学和隐性教学两部分。显性教学非常重要,所以好教师要有"相声演员般的口才";但隐性教学同样重要,所以好教师要"多讲述故事",要"会问",要"既会教书又会研究",要有"无声语言"。

目标之三:培养全面发展的人。张楚廷将教学目标预设为四个层次:最低的一层是知识传授,给学生以"食物";再上升一个层次,便是讲究"食物"的结构,还开出一个合理的"菜谱"来,即讲究知识的结构;第三层便是,不仅有丰富的"食物"、合理的"菜谱",还应能使"身体"更健壮,通过知识量的增长以及合理知识结构的形成,使思维品质得到很大改善,使思维方式更优化;最高的一层应是教学促进人的全面发展,包括全面的心理发展和全面的生理发展以及它们相互的协调发展。② 好教师有助于这四个目标同时实现。

目标之四:培养大写的"I"(我)。张楚廷创设的"五I课程"思想包括:信息(Information)、兴趣(Interest)、直觉(Intuition)、质疑(Inquiry)、智慧(Intelligence)。好教师要传递信息,所以要有"相声演员般的口

---

①张楚廷.张楚廷教育文集(第19卷)[M].长沙:湖南人民出版社,2012:23.
②张楚廷.张楚廷教育文集(第2卷)[M].长沙:湖南教育出版社,2007:101-102.

才";好教师要在传递信息的过程中引起学生的学习兴趣,所以需"多讲述故事";好教师要培养有智慧的学生,所以要通过"会问"和"会研究"来激发学生的质疑,通过"无声语言"触发学生的直觉思维。

"五I课程"思想的最终目标是:通过五个"I"培养一个"I"——一个大写的"我"。

(原载《郑州师范教育》2017年第2期,有改动)

名师的第三种解释

——《文学教育新视野》的教学价值

近些年,我一直在思考一个问题:什么样的大学老师才算是教学名师?假如考察历届的"国字号"名师,尤其是这几届的国家级"高等学校教学名师奖"获得者,或许会得出这样的印象:那些著作等身,善于培养硕士生和博士生的老师就是教学名师;假如考察那些红遍大江南北的讲课"达人",如易中天、于丹、钱文忠、马瑞芳、阎崇年、王立群等,或许又会认为,只有口吐莲花、妙语连珠的老师才算是教学名师。其实,这两种理解都没有错。但是不是只有这两种理解了呢?

当读完吴广平主编的《文学教育新视野》(西南交通大学出版社,2012年)后,我则坚信,教学名师还有第三种解释:他们在课堂之外,将很多的时间、精力和情感投入学生身上,取得了很好的教学效果,也在本校学生中拥有很高的人气和相当高的知名度。而这些好教师,据我所知,常常因为有些低调,而被冷落和轻视,但如今的大学真的非常非常需要他们。

吴广平并没有易中天那样的名气(不过他的学生们都认为,如果有央视这样的平台,吴老师也会红起来的),也没有荣获"国家级"的教学荣誉。但吴广平有没有红起来,关系并不大,因为在湖南科技大学,他早已是一位魅力四射的明星教师,是赢得学生喜欢、领导喜欢和同事喜欢的"三喜牌"教授,先后荣获湖南科技大学首届"师德标兵"、首届"十佳授课老师"、首届和第二届"十佳魅力老师"、第三届"教学名师"。当然,在很长一段时间内,他同很多教学高手一样,一直只是校内偶像。不过,稍微幸运一点的是,最近几年,他也得到了省里的关注和认可,相继获得了"湖南省优秀教师""湖南省首届普通高校教学奉献奖获奖教师""湖南省优秀研究生导师"等称号。

总之,很多事实和很多荣誉已经证明,就课堂讲课水平而言,吴广平已经是教学名师,只不过其名气因为展示平台有限而不为更多的人所知而已。不过,吴广平成为教学名师依靠的绝不仅仅是课堂授课,还有被很多教师有意无意忽略的课外教学。

《文学教育新视野》正好见证了他数十年如一日,坚持在做的一件重要的事情:以文学为平台,培养学生的价值观、生活态度、写作能力以及连通社会的意识。这部书共计76.2万字,内收近200篇长短不一的文章,我称这些文章为"小文章":一是因为它们篇幅短小,最长的五六千字,最短的只有三四百字,多数是两三千字;二是因为它们都不是什么学术论文,且只是刊登在一些市级报刊、内部报刊上,甚至学生报刊上。

吴广平很自谦地说:"这些都算不得科研成果,编写此书纯粹是为了好玩儿,没有多大意义。"吴广平真是多虑了!文章的意义与它的长度,以及发表在什么类型的刊物上并无必然联系。何况就我的阅读经验而言,它其实是一部奇特的书。或者说,它收录的虽然是小文章,却拥有大意义,尤其对本科教学而言,它的价值更是不言而喻。

大约在2004年之前,大学教师通常只看重比较长的学术论文,有的是只会写,有的是只想写。我还清晰地记得,一位比较牛的副教授在课堂上公开调侃发表在校报上的文章:"你们那些豆腐块,都不能算文章,而我的文章,都是一万字以上的,那才算文章。"2004 年之后,随着 CSSCI 评价体系的风行,大学教师则开始偏爱 CSSCI 论文,尤其是所谓的一类、二类或者 A 类、B 类论文。几乎不再有人将散文、随笔、短论、杂文等文体当成一回事,只因为这些文体与切身利益无关。就像曾经有一位著名学者很自豪地对我说:"我每年只写几篇文章,一般都发表在权威学术期刊上,像你写的那些都不叫文章。"可是,我们都做过学生,回忆一下,在学生的心目中,老师们所推崇的学术论文是不是深奥、艰涩,甚至有些莫名其妙?

其实,在一些本科生看来,那些精短、有灵气、自由、最好有点幽默感的小文章才算是好文章。就这样,在不知不觉中,老师活在老师的世界中,学生活在学生的世界中;老师正在顶礼膜拜的东西是学生无法理解的,学生正在追求的东西是老师瞧不上的;老师不屑于指导学生写小文章,学生则不相信老师能够教导自己写出好文章(事实恐怕就是这样)。

《文学教育新视野》的出版告诉我们,这几十年来,吴广平一直坚持写那些不被广泛认可的小文章。他之所以这样坚持,是因为他只会写小文章吗?答案显然是否定的。吴广平其实是一位可以写大文章的人:作为著名的楚辞研究专家、中国宋玉研究的权威人士,他已经出版了 7 部厚重的学术专著,并且在《文化中国》(加拿大)、《汉声》(澳大利亚)、《文献》等国内外期刊发表学术论文 50 余篇。可以说,他的学术功力足以保证他在体制内游刃有余。但是他不只是一个为体制而写作的人,他还为自己的性情而写作,他的性情就是热爱文学和学生。

因为这种热爱,他每年都要投入很多心思为他喜欢的作家和热爱文学的学生而写作。

在这个并不信任文学的时代,要用文学教育学生,老师必须先要用文学熏陶自己。吴广平做到了。他与诗人江立仁、陈元初、吴投文、邹联安、曹青、刘咏资、曾庆仁、楚子、李静民、朱立坤、欧阳伟,散文家孙南雄、刘剑桦、周克武、李平安、谢枚琼、毛娟、李映红、谭清红、何红玲、彭珊玲、蒴辉、洪樱,小说家谷静、张德宁、潘年英、赵竹青、楚荷、李运启、陈定乾,传记文学作家赵志超、杨华方,杂文家冰静、龚德明等40多位本土作家保持紧密的联系,而这部书中的一个重要板块——湘潭作家评论,也真实见证了他和这些作家们的深情厚谊。

在我的印象中,心甘情愿地为地方作家"鼓"与"呼"的著名学者,此前只有余三定教授,他著的《文坛岳家军论》(花山文艺出版社,1994年),专门为岳阳作家而写作。据说,还有人发出疑问:用这么多力气去研究一群"无名作家"是否值得?

吴广平也坦言,书中收录的几十篇湘潭作家评论其实都算不得科研成果,但是他不在乎,因为这些本土作家虽然不见得多么著名和专业,但是他们很可爱、很真诚,他们的写作状态是一种文学融入生活的状态。在我们看来,与这些作家的密切交往,经常性地写评述他们的文字,揭示出吴广平的诗意安居:阅读和评论不是谋生的手段,而就是生活本身。这其实在无形中给他的学生树立了一个榜样:在一个急匆匆地生活,来不及感受的社会,很文学地活着,原来可以如此洒脱、如此优雅、如此绅士、如此从容、如此淡定。这种"身教"比任何"言传"都要有感染力,也比任何口号更能赢得学生的信任:我们敬爱的吴广平老师不是生活在别人的评价体系中,他所感兴趣的、所追求的东西正是我们所期待的、所喜欢的。

就这样,在潜移默化、不知不觉中,很多文学爱好者聚集在吴广平主持的文学沙龙之中,接受他的文学教育。吴广平也乐此不疲,诲人不倦。在我的印象中,偏理工科性质的湖南科技大学,其文学社团的数量在全国高校中是首屈一指的,其所办的文学刊物也差不多是最丰富的。而这些文学社团和刊物的指导老师就是吴广平,以及他的"战友"吴投文。

《文学教育新视野》专门设置了"文学社团活动指导篇",收录了两位吴老师为《湘灵文学》《白屋顶》《新知》《大观园》《云栈》《江南》《上弦月》《第三河岸》《相约枫林》《写乐》《捕风》等学生杂志所写的"卷首语"或者"创刊词"。这些都是极为费时的义务劳动,吴广平无怨无悔地做了几十年。而他所做的远不止这些。

《文学教育新视野》中还有两个重要板块:"文学创作指导篇"和"文学评论指导篇",内收数十篇吴老师指导学生如何写作的经验总结。我们知道,一些大学老师由于长期接受学术论文的训练,基本上丧失了文学创作的能力和撰写文学评论的才情。作为一名古代文学学者,吴广平虽然不是专业作家和评论家,却写了很多很好的文学作品和评论文章,积累了丰富的创作经验和评论经验。这些经验反过来提升了他指导学生写作的能力。

当然,有能力指导学生写作的大学老师并不少,问题是,乐意不厌其烦地指导学生写作的却不多。吴广平正是其中一位。他不仅写了很多小文章,在理论上告诉学生文学创作的方法和文学评论的技巧,而且在实践上手把手地帮助本科生(有的是文科生,有的是理科生;有的是他教的学生,有的则是"编外"弟子)提高写作能力。

可以说，很多热爱文学的本科生，在吴广平的手下享受了研究生的待遇。正因为有这样用心奉献的老师，才有不断成长的学生。《文学教育新视野》专辟大量篇幅，收录吴广平指导的学生文章，其中差不多有几十篇都已经通过吴广平的牵线搭桥，在各类报刊上发表。很多学生也因此拥有一个共同的美好回忆：他们的处女作是吴广平老师指导并且推荐发表的。也因为有这样的鼓励和推动，这些学生渐渐进步，成为写作高手，在各行各业发挥着他们的文学才华。

应该说，课上得好的老师固然可以称为教学名师，但"名师"的内涵不应该局限于此。一些教学名师常常忽略了一个很重要的教学内容：课外教学。他们课讲得很好，但上完课就消失得无影无踪，学生根本找不到人，师生关系变得非常陌生，更不要奢谈面对面地交流、手把手地指导。也就是说，如今师生关系的冷漠，教师其实是要负一定责任的。而吴广平用他主编的《文学教育新视野》一书告诉我们，课外教学是本科教学不可分割的一部分，重视这部分教学的老师，或许不能获得主流评价体系的重视，却可以获得很多老师一生无法获得的回报，那就是学生发自内心的尊敬和爱戴。

（原载《云梦学刊》2012年第6期，有改动）

第三辑

好导师的三种风格

好导师大致可以划分为三种风格：逍遥派、慈父慈母型和良伴型。这三种风格各有千秋，又殊途同归——主观上都体现了好导师的良苦用心，客观上都能够培养出理想的研究生。青年导师可以结合自身的特点以及研究生的具体情况，对这三种风格作批判性继承。

一、逍遥派导师

在接受记者采访时，上海师范大学教授萧功秦戏称自己指导研究生的方式属于亚里士多德的逍遥派：

> 至少对我的研究生，我还是按照我的方法来带的。整整三年，研究生每两个星期一定要到我家里来和我谈一次，我最多是八个研究生一起带的，每个人把在两个星期里面思考过程中产生的一些想法和大家分享。把你的问题提出来，这也会刺激我产生一些新的想法，我就会像跟你谈话一样讲出我的观点来，其他研究生也一样，在我谈过之后也会讲出他

们的想法。

  这种方式就像亚里士多德的"逍遥学派",没有主题,看到星星谈星星,看到地上的草长出来就谈草,这样就会把思想融会贯通,不断磨砺。我甚至对他们的论文都不太重视,但结果很有意思,我现在所有研究生的论文都是"优"。这个是不用教的,只要你真正热爱学问,在三年里你有这种信念,那么你研究的质量就会很好。①

已故北京大学教授王瑶也是逍遥派导师的代表。据弟子钱理群回忆:

  提到王瑶的教学,大家就会想到他那个著名的烟斗。王瑶从来不给我们上课,第一次见面就打招呼说,你们平时没事不要来找我。一个星期只准我们去他家一次。他的生活习惯是凌晨三四点睡觉,因此每天上午谁都不能上他家去,大概下午三四点钟,才开始接待来人。所以我们一般都是四点以后去的,坐在那里海阔天空地闲聊,想到什么就谈什么。其实很少谈学术,大多是谈政治,谈思想,谈文化,谈人生。先生一边抽烟,一边悠悠地说,谈到兴处,就"哈哈哈"地发出王瑶式的笑声。有时会突然沉默,烟雾缭绕之中隐现出先生沉思的面容。我们只静静地听,偶尔插几句话,更多的时间里是随着先生沉思。所以我们几个弟子都说,我们是被王瑶

---

①廉思.工蜂——大学青年教师生存实录[M].北京:中信出版社,2012:200.

的烟斗熏出来的。

他的指导方法也很特别,我把它概括为"平时放任不管,关键时刻点醒你"。一入学开一个书单,以后就不管了,你怎么读、怎么弄他通通不问,而且关照你平常少到他那儿去。其实这个放任不管,我倒觉得这正是抓住了学术研究的特点。学术研究是个人的、独立的、自由的精神劳动,因此它从根底上就应该是散漫的。散漫,并不是无所事事。一个真正的学者,一个有志于学术的学生,学术研究是他内在生命的需要,根本不需要督促。看起来他在闲荡、读闲书,其实总在思考。看起来漫不经心,其实是一种生命的沉潜状态,在淡泊名利、不急不躁的沉稳心态下,潜入生命与学术的深处,进行自由无羁的探讨与创造,慢悠悠地做学问。这是不能管的,更不能乱管。搞学术就是得无为而治,王瑶深谙无为而治的奥妙。[①]

除了萧功秦、王瑶,还有不少好导师也属于逍遥派。比如著名经济学家于光远,平时很忙,不能每天盯着研究生的一言一行,但通过面谈,尤其是创造性的笔谈,在宏观的层面指导研究生,取得了很好的效果,他与研究生之间的笔谈后来形成《导师与研究生的对话》(湖南教育出版社,1989年)一书,值得新晋导师们读一读。

逍遥派导师有几个共通性:(1)对研究生只问不管,用钱理群评价王瑶的话说,就是"平时放任不管,关键时刻点醒你",即平时给研究生

[①] 钱理群.王瑶怎样当北大教授[J].教书育人,2007(1).

足够的时间和空间自由发挥,但会经常性,甚至有规律地询问研究生的近况和打算,发现有什么方向性问题,再点拨一番,这显然不同于放养型导师对研究生的既不管也不问。(2)经常和研究生见面聊天,一个学期大概可以聊 10～20 次左右,所以和研究生没有陌生感,对研究生的学习情况算是比较了解,如果聊得比较深入,对研究生的生活情况也略知一二。(3)由于仅限于见面聊天,所以和研究生的关系尚达不到亲密无间的程度,研究生对他们也是既敬又畏。诚如王瑶先生,就明确主张老师和学生的关系不要太密切,应该有个距离,所以他本人给钱理群他们的感觉是"外表是很严峻的","有点冷","有点距离"。(4)和研究生保持适当距离,让师生之间产生了相当的美感和无限的想象。这一点,如果读读钱理群的深情回忆文章《王瑶怎样当北大教授》,感受可能会更深一些。

对于逍遥派导师的只问不管,有些研究生比较适应,比如萧功秦的弟子们。萧功秦教授说他对学生的毕业论文不太重视,但结果很有意思,他指导的毕业论文都是"优"。原因大致是:通过日常闲谈中的潜移默化,他的研究生对学术动了真感情,有了真感情,就会为研究真心付出,为研究真心付出后,毕业论文就变得相对简单了。有些研究生不仅适应,而且很喜欢,比如钱理群,他认为王瑶的"放任不管"倒正是抓住了学术研究的特点——学术研究是个人的、独立的、自由的精神劳动,从根底上就应该是散漫的,所以一个有志于学术的学生,会视学术研究为内在生命的需要,根本不需要外部督促,对于这样的学生,导师是不能管的,更不能乱管,而王瑶的逍遥派指导法正体现了学术要"无为而治"的奥妙。

当然,对一些事物,有人适应,就有人不适应;有人喜欢,就有人不喜欢。其实,今日之研究生,并不是每个人都像萧功秦和王瑶的研究生那样,既有做学问的兴趣,又有做学问的潜质,还有做学问的自觉性和自我调控能力。有些研究生一旦碰到逍遥派导师,第一反应是:"这个导师怎么不管我?太不负责任了!"对于这些学生的质疑,清华大学教授倪以信旗帜鲜明地批评道:"有的学生曾抱怨导师不管自己,或指导太抽象,这其实是一种懒汉思想,自己拿不出像样的看法哪怕是最初级不完善的看法去向导师请教,一切等着导师来管,拨一拨,动一动,这样势必无法提高自己独立搞科研的能力。"[①]很明显,倪以信教授也是一位逍遥派导师。

二、慈父慈母型导师

如果说逍遥派导师一派道家风范,以师法自然,尊重研究生的个性、自由为乐,那么,慈父慈母型导师则表现出儒家气质,以及佛家悲天悯人的情怀,他们对"一日为师,终身为父"有着特殊的情结,对"多年师徒成父子"有着特别的向往,因此,在自己带的研究生求学期间,乃至毕业之后,会用很多时间、很多精力,尤其是很多情感的投入,将原本有些陌生和有距离的师生关系升华成亲密无间、充满脉脉温情的家人关系。

北京大学法学院资深教授芮沐(1908 — 2011)是慈父型导师的代表之一。"老芮疼学生,比他自己的儿子还亲",这是芮先生的夫人常挂在嘴边的一句话。芮先生从来不要学生为自己做事,却乐于为学生

[①]倪以信.谈谈导师对我的教诲和指导[G]//周文辉.导师论导——研究生导师论研究生指导.北京:北京理工大学出版社,2012:11.

"打工"——这是典型的父亲对子女的心态。20世纪80年代,芮先生觉得经常去学生宿舍和学生交流还是不太方便,就自己出资800多元为学生装上电话。这在当时算得上一笔不小的开支,但先生却为方便联络而开心不已。1980年7月4日,芮先生身患严重的肝病,住院多日仍不见好转,只好从北京地坛医院转到日坛医院(现为中国医学科学院肿瘤医院),途中,他突然在担架上用手支起半边身躯,问前来探望的研究生程信和:"你的论文要定题了吧?"就这样,在去医院的路上,带病的芮先生为学生定下了毕业论文的选题方向。1998年夏,研究生张智勇博士毕业后留北大任教。暑假时,他在家乡举行了简单的婚礼。回到学校后的一天傍晚,有人敲门,张智勇开门一看,居然是芮先生和师母!在狭小的房间里,芮先生把一个精致的八音盒和一张写有祝福的贺卡送到张智勇手里,拍了拍他的肩膀,充满鼓励地说:"现在的条件可能不如意,但能激发你们刻苦努力、上进,美好的明天就在前面。"[1]

北京师范大学童庆炳教授亦是如此,所以他和部分学生的感情是:我是他们的老师,同时又是他们的父亲。

> 但是在学生遇到困难时,要爱护学生,要想尽一切办法帮助学生,不让学生有一种无助的感觉,让他时时刻刻感觉到他即使所有东西都失去了,但背后还有老师的支持,如果自己解决不了这个问题,还有老师会帮助他。有些学生很困难,拖家带口来学习,我知道他们很困难,要供房子,要带孩

---

[1] 史楠.芮沐:人瑞尽逍遥 牧法得真义[G]//张琳,孙战龙.北大名师.北京:北京大学出版社,2010:1-42.

子,老婆也没有工作。我就说:"当你揭不开锅的时候,你就给我打个电话,你只要说'童老师,我遇到困难了',我就会让你过来,给你两千块钱,算借给你了,等你工作以后再还。"他就放心了,他知道即使自己揭不开锅,"别人可能拒绝我,但老师会借给我钱,在我最困难的时候,还有老师会帮助我,所以我不会放弃信心,我不会胡思乱想"①。

北京师范大学舒华教授,则像母亲关爱孩子一样,培养自己的研究生。17岁就跟随舒华攻读硕士研究生的毕彦超,逢年过节就被邀请至导师家吃饭。当其母亲生病的时候,舒华更是专门送上了托人从山西带回的阿胶做补品。如今的北京师范大学脑与认知科学研究院韩在柱教授,当年被心理学院录取时属于自费生,需要一次性缴纳3万元的学费,舒老师立即帮他支付了一部分的学费。"当年要是没有舒老师的资助,我的博士肯定念不成。"②韩在柱动情地说。

南开大学教授程鹏,对学生的培养与关心是无私不求回报的,那种感觉,就像父母对待自己的孩子一样。实验室有同学生病住院了,程老师会在第一时间赶过去看他,如果遇上他在外地出差,就一定会打电话嘱咐其他人代表他去探望,并且一再叮嘱要带上慰问品。做实验时,学生不小心摔坏了一个玻璃容器,他从来不责怪,而是先问有没

---

①杜云英."为祖国教育事业健康服务五十年"——访北京师范大学文学院童庆炳教授[G]//周作宇.人文的路线——北京师范大学名师教学访谈录.北京:北京师范大学出版社,2008:372-373.

②李勉.心理学讲坛上的科研尖兵——记首届名师奖获得者、北京师范大学教授舒华[G]//教育部高等教育司,《中国高等教育》编辑部.名师颂(第一卷).北京:教育科学出版社,2007:85.

有扎伤,反复强调打扫卫生时一定要小心。①

  武汉大学郭齐勇也是慈父型导师的代表。他时常接济自己的研究生。2002年学校对全国优秀博士论文的指导老师奖励了3万元,他将其中1万元分给博士生指导小组所有成员后,将余下的2万元全捐助给了同院的贫困生。2005年获得学校师德标兵,有2000元奖金,他也将其转赠给了贫困生。有一位博士生的母亲患病需要治疗,他分3次共支援了5000余元。多年来,他让自己的博士、硕士研究生参与自己的教学、科研工作,让他们做助教、做助研,从科研经费上支持学生,给予一些补贴或奖励,还联络企业与慈善基金支持贫困生。在学业上,他也是不遗余力地帮助学生,到海内外开会或讲学,从不忘给自己的硕士、博士研究生购买、复印急需的书籍、资料。

  北京大学医学教授严仁英是慈母型导师的典型代表。她的博士生段得琬做博士课题的时候,和另外一名研究生被派去国外参加联合培养项目。由于文化差异和双方兴趣点的不同,再加上她们年轻气盛,考虑事情不够周全,导致课题组中外双方产生了误解。课题合作出现了危机,同伴另寻出路不辞而别,让独在异国他乡的段得琬形单影只无所适从,人生中第一次尝到了走投无路的滋味。段得琬拨通了国内严老师的电话,电话的另一端沉默了片刻,随后是令段得琬印象最为深刻的一句话——"回来吧,大家一起想办法把课题做下去……"电话那边传来一股胜似慈母般的温柔,电话这边,段得琬压抑许久的泪水瞬间如泉涌!大洋彼岸街头的电话亭里,一个小姑娘就这样抱着

---

①冀宁.遇上他是学生的幸运——记第二届名师奖获得者、南开大学教授程鹏[G]//教育部高等教育司,《中国高等教育》编辑部.名师颂(第二卷).北京:教育科学出版社,2007:96.

听筒,慢慢地,身体颤抖着,蹲了下去。多年后,段得琬回忆这段鲜为人知的往事时依然泪水在眼眶里打转:"那时的我,就像一个迷途的孩子,抓住了母亲温暖的手,一下子就有了家的感觉……"①

一般而言,慈父慈母型导师有几个共通点:(1)年龄较长,阅历丰富,各种个人得失,早已经被岁月的风风雨雨冲淡。(2)宽厚谦让,正直中和,淡泊名利,甘为人梯。(3)既问又管,不仅关心学生的学业,还关心学生的生活。研究生无论是学术上还是生活上出现困难的时候,总会响起导师温暖的声音,出现他们慈爱的身影。(4)从不占学生的"便宜",只想着让学生多占自己的"便宜",包括在经济上给予学生力所能及的援助。(5)与研究生在一起的时间很长,乃至像家人一样,和研究生一起学习,一起生活,所以经常亲自下厨改善研究生的伙食。(6)注重细节育人、情感育人、品格育人。

在笔者看来,用自己的奖金和稿费资助学生,"对学生家人的健康、家庭关系、环境、个人的恋爱婚姻都很关心"②的北京大学教授翟中和;经常邀请学生到家里撮一顿,给学生做冻鱼蘸豆酱,多次探望生病的学生并解囊相助的暨南大学教授饶芃子③;学生留校过寒假时,定会请其到家中吃年夜饭,学生找工作或考博时,写推荐信写得手酸的湘潭大学教授张铁夫④;关心学生的学习、生活、婚姻等问题,"为许多博

---

①史楠.严仁英:素面仁心咀英华[G]//张琳,孙战龙.北大名师.北京:北京大学出版社,2010:45-67.

②张硕.翟中和:宅心仁厚正直中和 勤能补拙终成大家[G]//张琳,孙战龙.北大名师.北京:北京大学出版社,2010:239-266.

③谢苗枫."说到底不过是学生的老师"[N].南方日报,2007-9-10.

④宋德发.研究生导师要做的十件事——以张铁夫先生的研究生培养方式为例[J].学位与研究生教育,2008(11).

士生介绍过对象、操办过婚事、调解过夫妻矛盾"①的武汉理工大学教授刘泉;等等,都属于慈父慈母型导师。

三、良伴型导师

如果说逍遥派导师和研究生主要是指导和被指导的关系,慈父慈母型导师和研究生基本是关爱和被关爱的关系,那么,良伴型导师与研究生在学术上更多是一种合作关系,在生活上更多是一种朋友关系。或者说,逍遥派导师喜欢道家的逍遥自在,慈父慈母型导师偏爱儒家的伦理亲情,那么,良伴型导师更倾向于现代契约的冷静和理性。

在良伴型导师看来,"导师和研究生,不仅是一般意义上的师生关系,而且是科研工作中的合作者"②,"博士生不同于一般学生,导师应该把他们看作与自己一起做学问的青年学者"③。因此良伴型导师,如冯长根教授,"总是把博士生当作同事介绍给同行,从来不把博士生当学生"④。概而言之,良伴型导师和研究生的主要相处方式,既不是隔三岔五的聊天,也不是事无巨细的父母式的关心,而是朋友、同事之间的科研合作。像北京师范大学教育技术学院教授何克抗,就是如此。他以自己主持的国家级课题为平台,每年组织学位点的 10 多位博士

---

①徐俊. 德艺双馨 严爱相融——记第三届高等学校教学名师奖获得者、武汉理工大学教授刘泉[G]//教育部高等教育司,《中国高等教育》编辑部. 名师颂(第三卷). 北京:教育科学出版社,2008:315.

②郑大钟. 做思想上的知心者 学术上的合作者[J]. 学位与研究生教育,1989(4).

③卫兴华. 恪尽职守甘为人梯[J]. 学位与研究生教育,1995(4).

④冯长根. 如何当好博士生导师[M]. 北京:中国科学技术出版社,2013:5.

研究生和30多位硕士研究生成立多个实验研究小组,深入到中小学第一线去进行教学改革实践与研究探索,每学期都要下去多次(一学期2到4次不等,每次长则十天,短则两三天)。① 可以说,科研合作是这些导师培养研究生科研能力的一种手段,而非为了利用、剥削研究生。这样,他们与研究生之间往往会形成一种无言的现代契约关系,它有两个基本特点。

一是双方是基本平等、独立的,不存在明显的强势方和弱势方。清华大学经济系教授李子奈,在博士研究生入学时第一次见面,就给每个学生发一张纸"约法三章":第一,在学校期间,不准给老师送任何礼品,一斤水果也不行。第二,学习期间发表论文,如果老师没有参与实质性的工作就不署名,参与了实质性工作而不是执笔者,名字署在后面,只有当老师是执笔者的时候才署在前面。第三,老师离开学生两周以上必须通知学生,学生从事与博士生课程、论文无关的事情应该告诉老师。无独有偶,北京大学中文系教授陆俭明跟博士生第一次见面时,便向他们说明彼此需要建立"三重关系":第一,教学上是师生关系。这意味着彼此都要严格要求。第二,学术上是平等关系。这意味着对学术问题平等讨论,只服从真理,不存在学生必须听老师。第三,生活上是朋友关系。在生活上可以随便一些,不必太讲规矩,不必太客气,不必太拘谨。李子奈的"约法三章"和陆俭明的"三重关系"看起来是小事,其实却清晰地表明了一种价值导向:以后,至少在研究生求学期间,导师和学生是互有权利和义务的,双方都必须尊重彼此

---

① 杜云英."要把差的学生变成优秀的学生"——记北京师范大学教育技术学院何克抗教授[G]//周作宇.人文的路线——北京师范大学名师教学访谈录.北京:北京师范大学出版社,2008:61-62.

的权利,履行各自的义务。

二是双方共同工作是优势互补、互利互惠的,不存在导师侵占研究生劳动成果。复旦大学政治学教授曹沛霖说:"老师训练学生做课题,有一点一定要注意:如果老师要学生帮着做课题,那么在学术上就应该是伙伴关系,不是雇佣关系。现在大家都把这种关系看作'老板'和'伙伴'的关系,我认为应该是伙伴关系,是平等的。老师做不过来课题的时候叫学生做是可以的,但是我认为所有的成果应该是平等享受的。"①北京大学教授黄枬森任第一主编,编写《马克思主义哲学史》时,合作者包括他的学生陈志尚。黄枬森虽然是全书第一主编,却坚持和大家平分稿费,绝不多拿一分钱。而这其实是他一贯的风格,即他和学生一起编书时,如果第一作者是他,他就坚持平分稿费,如果第一作者是学生,他就一定让学生多拿稿费,自己拿小部分。这是一个很简单也很了不起的道理:导师邀请学生一起做课题,就像邀请同行一起做课题一样,应该根据他们的工作量付给足额的报酬,而不能因为是自己的学生,就可以随意克扣工资,甚至全部占为己有。

我们要考虑到,自然科学和社会科学研究比人文科学研究更需要团队合作,就算人文科学研究,有时候一个大的科研项目也需要多个学者一起完成,因此,导师和学生一起完成科研任务,并借此实现教学目标,也是情理之中的事情。从导师和学生一起做科研来看,良伴型导师和老板型导师表面上有些类似,但本质上却不同,诚如中国科学院研究员王德华所言:"我始终认为师生关系不同于老板与雇员的关系,它是一种情分,也是一种缘分。研究生不是劳动力,研究生为求学

---

① 赵越,刘璟煜.曹沛霖[G]//陈雁.师道——口述历史中的复旦名师文化.上海:复旦大学出版社,2012:353.

而来,学生所做的一切研究工作不应理解为是给导师做的,但导师对研究生的培养所耗费的所有精力则是应该的,这是一种责任。"① 换言之,老板型导师承包课题,基本分配给研究生去完成,自己则做甩手掌柜,课题结束后,也不会给予研究生与其工作量相匹配的物质和精神报酬,而良伴型导师申请到课题后,往往是与研究生共同完成,课题结束后,会给予研究生与其贡献值对等的物质和精神报酬。

应该说,对研究生而言,只要导师好就好。那么,究竟如何"好",他们并不是太在意。不过,作为青年导师,在努力做一个好导师之前,还是应该想一想,哪一种"好"法才更适合自己,也更适合学生。所以,不得不重提"因材施教"这句古话了,但需要说明的是,这里的"材"不仅指学生,还包括导师。

首先,我们应该意识到,导师和导师是不同的,比如说现在的导师和过去的导师不能同日而语;普通大学的导师和名校的导师不能一概而言;新晋导师和资深导师不能相提并论;人文科学的导师和社会科学、自然科学的导师不能混为一谈;博士研究生导师和硕士研究生导师不能等量齐观……即是说,"因材施教"的第一层意思是指导师要根据自己的特点来选择指导研究生的方式。比如像笔者这样一位普通高校的青年硕士生导师,对逍遥派导师只能敬佩却不能复制,因为笔者不具备萧功秦、王瑶那样的学术底蕴、人格魅力和无形又强大的气场,想熏陶学生恐怕也熏陶不了。至于慈父慈母型导师,笔者也是无比敬佩,可自己过于年轻,还找不到做父母的感觉,但可以借鉴他们,和研究生在一起的时间长一些,对研究生的关爱多一些,即是说,目前

---

① 王德华.为人不易 为学实难——浅谈研究生的培养[G]//周文辉.导师论导——研究生导师论研究生指导.北京:北京理工大学出版社,2012:58.

笔者努力将研究生当作弟弟妹妹一样去培养,希望自己能够成为一个仁兄型导师。关于良伴型导师,笔者也特别向往,从他们身上学会了对研究生时间、空间、劳动和人格的尊重。但笔者从事的人文科学研究比较崇尚单打独斗,加上笔者本人还算年轻力壮,精力旺盛,所以和研究生的科研合作还不多,如果有的话,也绝不侵占研究生的科研成果。

其次,我们还应该意识到,研究生和研究生也是不一样的,尤其是今天的研究生更加多元化,导师更应该针对不同的研究生选择不同的培养方式。在这方面,北京理工大学的梅凤翔教授做得非常好。他从1991年开始招收力学方向的博士研究生。这些学生学科背景差异很大,有学力学的,有学数学的,有学物理学的,还有学工程的。他就根据博士生的能力、性格、志趣等具体情况不同实行不同的教育。比如,让学力学出身的学生补近代数学,让学物理出身的学生补力学和数学,让学工程出身的学生补数学和力学。再比如,在博士学位论文选题方面,提倡学生根据志趣自行选择。北京大学陈少峰教授的经验也值得借鉴。陈少峰以"想不想做学问"为标尺,将研究生分为两类:有兴趣做学问的和没兴趣做学问的,前者按照做学问的方式培养,后者按照就业的方式来培养。相应地,他开设的课也分为两类:一类是纯粹的理论课,如中国伦理学史;一类是应用课,如应用伦理学、企业伦理等。他还以"能不能做学问"为标尺,将"做学问"的研究生分为四类:优、良、中、不及格。① 对于"优"的学生,就少管一点——这就与逍遥派导师有异曲同工之妙了;对于"不及格"又不用功的研究生,就多

---

① 郭九苓,魏媛.让我们的学生更有智慧——陈少峰谈他的教学与课程[G]//郭九苓.教学的魅力——北大名师访谈录(第一辑).北京:北京大学出版社,2010:60.

管一点——这就和慈父慈母型导师不谋而合了。

我们可以将陈少峰的分类指导更加完善一些。比如对想做学问且能做学问的研究生,尤其是博士生,教师可以做逍遥派导师,只问不管,或者做良伴型导师,给他们提供做科研的机会和平台,在实战中提高他们的科研水平,顺便改善他们的生活条件。对于自学能力、自控能力不强,科研潜力差的研究生,尤其是刚入门的硕士生,这两种指导风格可能都不合适——面对逍遥派导师,他们可能会无所事事;面对良伴型导师,他们可能会心情压抑和精神抑郁。对于家境不佳或性格内向的研究生,教师可以做慈父慈母型导师,主动联系他们,在物质和精神上帮助他们。不过,生活上的照顾和学术上的严格不可混淆,否则慈父慈母型导师有可能变成了保姆型导师,让研究生失去了独立科研的兴趣和能力。

北京师范大学王静爱教授认为:"作为教师来讲,要把学生看成中心,要为学生着想。每个学生都不一样,作为教师,就要努力去了解不同的学生,了解他们各自的目标是什么,他们各自的特点是什么,因'人'制宜地采用最有效的方法去引领他们,去帮助他们实现目标。比如说,对聪明勤奋的学生,要超前培养;对勤奋但不够聪明的学生,要启发培养;对聪明但不够勤奋的学生,要督促培养;对既不聪明也不够勤奋的学生,要耐心培养。这样,最终要达成把好的学生培养得更好,把较好的学生培养得好,把较差的学生培养得较好的目标。"[①]这段话给笔者的启发就是:青年导师不妨吸收三种风格导师各自的长处,然

[①] 杜云英.散却金针度众人——访北京师范大学地理学与遥感科学学院王静爱教授[G]//周作宇.人文的路线——北京师范大学名师教学访谈录.北京:北京师范大学出版社,2008:404-405.

后根据自身情况以及研究生的情况,对研究生做分类指导,这样就基本做到了原则性和灵活性、绝对公平和相对公平的统一:对每个研究生都很关心和爱护,这是原则性问题和有助于实现绝对公平;根据性格、能力尤其是培养目标的不同,为研究生做不同的规划,并以此为基础开设课程、分配时间和设置指导方式,这是灵活性问题和有助于实现相对公平。

(原载《学位与研究生教育》2014 年第 11 期,有改动)

研究生导师要做的十件事

——以张铁夫先生的研究生培养方式为例

在《导师要则》(载《学位与研究生教育》2008 年第 7 期)一文中,杨卫先生认为,作为研究生导师,有十件事情不能做。受该文的启迪,我想谈谈研究生导师应该做的十件事。一"破"一"立",刚好构成一个完整版的"导师要则"。为了避免行文空洞,我想结合我的硕士研究生导师、2001 年被评为"全国优秀教师"的张铁夫先生的研究生培养方式来谈。

一、要做老师

高校教师学者化似乎是一个趋势。越来越多的教师醉心于自己的一亩三分地,更在乎自己做课题、发论文、评奖项、争职务,早把自己的教师身份忘得干净。一些学生原本冲着导师的名气和资历而来,结果却发现,名头越响的导师可能越不像导师,比如我的一位大学同学在某名校师从某著名导师攻读硕士学位,但是一年能见上导师一面已经算幸运。因为这位导师身份太多,分身无术;时间太少,无力分配;学生太多(博士研究生就有 18 位),难以辨认。我的导师张铁夫先生其实也很忙,他像很多导师一样,具有多重身份:知名学者、博士生导师、多种行政或社会职务(多数是他人推选的,他自己并不喜欢)等等,但是,他始终没有忘记自己的研究生导师身份,每学期投入到学生身上的精力和时间都是非常连贯和稳定的。有时候,一篇论文上午交给他,晚上便有了回音,上面写着密密麻麻的评语。而且他上课也是有始有终,数量和质量都有保证。有一件事情更能说明他对老师角色的珍视:在我准备报考研究生的时候,张老师不认识我,我也不认识他,但是我们居然通了好几封信(不是电子邮件)。在信中,他对我提出的很多鸡毛蒜皮的问题给予了耐心和细致的解答。现在的一些导师大概不会对准研究生们这么客气和重视了。

二、要和学生保持一定的距离

有些导师和学生打成一片,表面上师生情深,但是问题也随之而来。比如师生关系变成了酒肉朋友,隔三岔五就聚餐(多半是学生们买单),觥筹交错之间,师生关系是密切了,可是学生对老师应有的敬畏没有了,导师对学生应有的约束消失了。有的学生还因请客吃饭太多,导致负债累累,苦不堪言。还有的导师对学生的"关爱"过于全面。我认识的一名研究生,结婚时没有请客,举办了一个静悄悄的婚礼。导师获悉后就勃然大怒,责备她不给导师面子。研究生都是成年人,都有自己的生活空间和生活方式,导师对此应该予以尊重。

在我读书期间,每逢重要节日,我们都会向张铁夫先生表示敬意,但至多送上一束鲜花,有时候还是空手去他家坐一坐,聊一聊。倒是导师每学期请我们小聚两次(他给出的理由是"我比你们有钱"),但绝不超过两次,这样既加深了师生情感,又避免了将人情世故带进学校。对于我们的个人生活,导师常以长辈的慈爱之心表示关怀,但绝不以家长的姿态随意干涉。很多年后,何云波师兄撰文《多年师徒成父子》、汤林峄师弟撰文《恩师如父》来描述这种师生之情。看来,只有平等且保持一定距离,而不是居高临下的关爱才能够赢得学生们的认同和敬爱。

三、要多鼓励学生

很多导师喜欢用"这个不行""那个太笨""张三太懒""李四不懂做人"来评价学生。20多年来,张铁夫先生一共指导过30多名研究生,这些研究生共同的回忆之一就是:张老师从不批评学生,就算是批评也让人如沐春风。他很懂得分析学生各自的特点,对学生的缺点轻描淡写,对学生的优点却着重强调,随时随地加以赞美。他称赞师兄曾思艺诗歌写得好,适合搞诗歌研究,后来曾思艺成为国内丘特切夫研究第一人,天津师范大学博士生导师;他称赞师兄何云波悟性好,针对一份材料可以写一篇文章,后来何云波成为中国文科领域最年轻的教授之一,湘潭大学博士生导师;他称赞师兄曾艳兵哲学思辨能力强,后来曾艳兵成为国内一流的卡夫卡研究专家,天津师范大学博士生导师。在我读书期间,张铁夫老师称赞我的选题能力很像何云波,我大受鼓舞,后来成为湖南省最年轻的文科副教授之一。张铁夫老师常说:"研一时,我是你们的老师,到了研二,你们就是我的老师了,因为你们在各自的研究领域比我要钻得深多了。"这种鼓励学生的艺术应该是不多见的。

四、要多提携学生

很多导师要么太不关心学生的前途,要么带的学生太多,对学生帮助非常有限,甚至让学生来帮助自己。而张铁夫老师给予学生的不仅仅是语言上的鼓励,还有实实在在的提携。张老师所带过的30多位研究生还有一个共同的记忆:他们的第一篇论文都是张老师推荐发表的。我的第一篇论文通过他的修改和举荐,发表在《湘潭大学学报》上。后来,我又有10多篇文章经他推荐而刊发。可是他从来不联合署名,有一次因为文章的思想是他出的,他才署第二作者,但我们都知道,文科署第二作者是没有用的。考虑到我们年轻人发表文章艰难,他有时甚至将自己发表高级别期刊的机会让给我们,并说:"你们比我更需要。"受张老师的影响,当我也成为研究生导师后,我也尽力帮助学生发表论文,尽管所发刊物层次不高,但有总胜于无。因为我自己的求学经历告诉我,对于大部分普通人来说,总需要不断地获得肯定和成就感,他才更有信心和激情坚持去做一件事情,当然像钱锺书这样的学术大师可能是例外。

五、要以身作则

研究生不仅要听导师是怎样说的,更要看导师是怎样做的。导师天天要求学生要多读书、多写文章,要热爱学术,可如果自己一转身就去娱乐的话,恐怕大道理讲得再多也没有多少分量。很多研究生私底下都对自己的导师不服气,说你自己都不做学问,凭什么要求我们做学问。其实很多导师功成名就之后，用在学术上的时间和心思已经不多，这大概也是"学术包工头"和"学术打工仔"越来越多的原因之一。要论个人成就，张铁夫老师应该不逊于很多导师，可是60岁以后，他还在寒暑假里写《普希金的生活与创作》《普希金与中国》《普希金新论：文化视域中的俄罗斯诗圣》；70岁生日刚过，他就准备写《普希金学术史》。这种三十年如一日，对俄苏文学和学术研究的专一精神应该比任何教诲都有力量。他常常告诉研究生，湘潭大学的比较文学研究因为距离文化中心较远而确有其不足之处，但与此同时，恰恰由于身处中心之外，获得了一种特有的优势，那就是可以远离尘嚣，克服时下学术界的浮躁，潜心畅游于精神世界，自有一番逍遥和乐趣。张铁夫老师从未要求学生将来一定要做学问，他认为做其他工作同样可以体现出人生价值，可是他的研究生在毕业之后，90%以上都走上学术之路，而且还比较顺利，这或许不是偶然的。

六、要多体谅学生

有些导师把学生当成自己的私有财产，带着一种有恩于学生的心态，要学生为自己做事，如为自己做课题、写论文、编教材等。有的研究生还成为导师的生活秘书和保姆，尽管这些导师自己可能还比较年轻力壮。张铁夫老师40岁以后才开始招收研究生，带我们的时候已经年过花甲。他德高望重，平时为学生殚精竭虑，按理说让学生做些私人事情，学生也会感到非常荣幸和快乐。但是在我的印象中，他从未因为私人的事情而给我们打过电话。当我们主动请缨时，他总说，你们自己也有很多事情，不麻烦你们了。或者说，我喜欢走路，刚好可以锻炼身体。所以,财务处的人很惊异地问:"张老师,你怎么还自己来报账?"邮电局的人也很不解地问:"张老师,您这么大年纪,这么多书,怎么不叫个学生来寄?"刚好在财务处和邮电局碰到导师的我听到这样的询问,真是惭愧不已。与此相反,我也经常看到一些行色匆匆的研究生奔走在为导师做私事的路上。

七、要多关爱学生

导师应该和学生保持距离,可是有些导师和学生的距离实在太远了,变成了对学生的冷漠和遗忘。张铁夫老师总是在距离之内对学生予以关爱。一个师姐申请留校时,因为学术水平之外的问题而搁浅,张铁夫老师一次次打电话或者亲自上门去找那些比自己小十几岁的处长们,希望他们留下这个非常优秀的学生。我申请提前毕业时,因为无意中错过了时间,张铁夫老师又开始了于住处和办公楼之间的穿梭往来。此外,学生生病时,他定会致以及时和温暖的问候;学生留校过寒假时,他定会请其到家中吃年夜饭;学生找工作或考博时,他的电话费暴涨,写推荐信写得手酸……点点滴滴,体现出张老师是一个细心的人,一个虽然事务缠身,却时刻牵挂学生的人。

八、要多为学生搭建科研平台

刚刚入校的研究生可塑性很强,如果缺乏平台,具有科研天赋的学生可能从此失去了科研兴趣,泯然众人矣。如果有适合的科研平台,一个资质平庸的学生,比如我本人,通过后天的努力,也可能取得一定的成绩。导师能否为学生提供科研平台,取决于多方面的条件,如自身的科研水平、对学生的了解程度、指导研究生的数量等等。

张铁夫老师有一个稳定的研究领域,即以普希金为中心的俄苏文学,他一直希望能够为中国普希金学培养出一批接班人,在他的课程普希金研究的影响下,每年都有学生选择普希金作为研究对象。由于他自身具有深厚的普希金研究功力,所以指导起来也得心应手,学生们撰写的8篇以普希金研究为主题的学位论文也顺利通过答辩,以其中几篇为主体的《普希金新论:文化视域中的俄罗斯诗圣》(中国社会科学出版社,2004年)一书还获得了教育部第四届中国高校人文社会科学研究优秀成果奖二等奖。尽管自己具有深厚的普希金情结,可张铁夫老师从不强求学生一定要继承自己的衣钵。因为他深谙因材施教的道理,所以,他建议颇有才华、对普希金很有兴趣的师兄胡强不要从事普希金研究,而应该专政欧美文学,因为胡强是英系的老师,后来他成为外语系最年轻的教授之一。随着研究生的扩招,很多年轻导师每年都可以带10个以上的研究生,而张铁夫老师以前每届带1个,现在每届最多带3个,这就保证了每个研究生都可以参加多种学术会议,获得更多面对面指导的时间,当然还有更多发表论文的机会。

九、要有比较文学精神

乐黛云教授说,在即将到来的21世纪,比较文学不仅是一个十分重要的学科,而且是一种生活原则,一种人生态度。我觉得这种生活原则和人生态度就是比较文学精神,具体而言,就是要具有世界性的眼光、包容的心态和多元的视角。从事比较文学研究的人不一定具有比较文学精神,和比较文学无关的人也可能具有比较文学精神。张铁夫老师既是比较文学学者,同时也具有比较文学精神,这是因为他将专业特点和自身素质很好地融合在一起。他具有世界性的眼光,因为他在俄罗斯留学多年,游学过欧洲8国,对学科发展的世界性趋势心中有数;他懂得包容,所以他从不贬低任何一个学者,而总是指出他人的研究特点,肯定他人的研究专长,在他身上,丝毫看不到吹嘘自我、轻视他人,正可谓一个人经历愈增,愈觉人生渺小,学问越大,越惊叹于宇宙机理浩渺无穷,故大学问家无不恭敬谨慎、虚怀若谷;他拥有多元的视角,所以他从不偏爱任何一个学生,在他看来,任何一个学生,无论喜欢还是不喜欢、擅长还是不擅长学术研究,都有自己的优点,而导师的职责在于扬长避短,让学生在一个自由的平台上发现自我、实现自我和超越自我。

十、要做一个绅士

虽说研究生导师是一项创造性很强的工作,没有一个固定的模式可以遵循,不过,好的导师在指导艺术上总是相通的。教师自身的学术水平、道德水平和教育水平决定了他将成为一名什么样的导师。在我看来,一名导师是否优秀最终归结于他自身的人格魅力指数。诚如俄国教育家乌申斯基所言,"教育者的人格是教育事业中的一切"。何谓人格魅力?大概只可意会不可言传了。

总之,优秀的研究生恐怕没有多少是通过课堂教出来的,而更多是通过融会贯通导师的言传身教,被慢慢熏陶出来的,就像亚里士多德是在和导师柏拉图散步的过程中出师的一样。如果要用一个词语来描述张铁夫老师的人格魅力的话,这个词语应该是"绅士":一个成功的人,一个敢于担当的人,一个包容的人,一个飘逸洒脱的人,一个可敬、可亲和可爱的人……

丹麦哲学家克尔凯郭尔说:"你怎样信仰,就怎样生活。"如果你想成为一个好的研究生导师,你就会按着一个好的研究生导师的标准来要求自己,然后收获学生们发自内心的敬意。反之,你或许会得到很多你想得到的东西,如功名和利禄,可是在学生们的情感记忆中,唯独没有一个作为导师的你。

(原载《学位与研究生教育》2008年第11期,有改动)

非名牌大学如何培养出名牌博士？

——周益春教授的博士研究生培养之道

作为 2006 年第二届"高等学校教学名师奖"获得者，周益春以善于指导博士研究生而享誉业界：1999 年至今，他共培养出博士 19 人，其中晋升教授并担任博士生导师 9 人，"长江学者计划"特聘教授 1 人，"国家杰出青年基金"获得者 1 人，"全国优秀博士学位论文"奖获得者 1 人，"全国优秀博士学位论文"提名奖获得者 1 人，"湖南省优秀博士学位论文"奖获得者 3 人，宝钢特等奖学金获得者 1 人，湖南省自然科学杰出青年基金获得者 2 人，"湖湘青年英才"1 人，湖湘青年科技创新创业培养对象 1 人；此外人均获得国家发明专利 1 项，获批国家自然科学基金 1.5 项；发表影响因子 1.5 以上论文 5 篇……这些成就让我们敬佩，也让我们好奇：他到底有什么"独门秘籍"能带出如此多的高徒呢？通过半年多的追踪与寻访、观察和探索，我们发现了他的博士研究生培养之道中有三个关键词：态度、方法和团队。

一、"在 40 岁以后把研究生当作孩子一样带"

在一次公开演讲中，周益春教授提到一个他一贯坚持的观点：一个人能否获得成功,20%靠智商,80%靠情商。情商的内涵很丰富,其中一个层面就是对待事业的态度。态度也许不能决定一切,但很多时候它的确至关重要,甚至可以说是一切事业的前提和基础。那么,周益春教授是如何看待博士生培养事业的呢?

周益春教授一直坚持一个信念,导师要发自内心地爱护自己的弟子,"在40岁以前把研究生当作弟弟妹妹一样带,在40岁以后把研究生当作孩子一样带",说得直白一点,就是"导师永远不要占学生的'便宜',要让学生多占导师的'便宜'"。年过40的周教授将研究生当作自己的孩子一样去关爱、去赞美、去批评、去引导、去包容。他悲伤着他们的悲伤,毫不犹豫地捐出湖南省"芙蓉学者"岗位津贴10万元,为贫困生设立奖学金,解决他们的后顾之忧;他快乐着他们的快乐,为学生的进步和成就感到由衷的幸福,觉得培养人才是一种享受,是一位导师最高意义上的成功。他曾指导过的杨丽博士形象地描绘道:"周老师保护自己的学生就像母鸡保护自己的小鸡一样。"可以说,他指导过的每一位博士都亲身感受到导师在生活上无微不至的关爱。朱旺博士说:"有一件事情我一直记得,早在读硕士一年级时,周老师把包括我在内的20多个课题组成员请到家里过中秋节,他亲自下厨为大家做出一顿美味大餐。"蒋丽梅博士深情回忆说:"去年我刚生完小孩,我的丈夫过来和我一起读博士,周老师听说我们没有房子住,立刻帮我们安排在一个招待所。"

周益春教授将导师的角色提升到父母的高度,其责任感和担当精神让人感佩,也让很多现实问题迎刃而解。在采访他时,我们预设了一个想当然的问题:"优秀研究生的培养需要导师和学生通力合作,但由于内因决定外因,所以在研究生的成长中,研究生自身的素质和努力才起到主导作用,那么,您认为您的博士研究生有哪些过人之处呢?"对于这种说法,周益春教授并不认同,在他看来,从所谓哲学理论的角度看,似乎如此,但如果导师真这样想的话,很可能是在为推卸责任寻找一种托词,也就是说,研究生是否成才,导师的作用才是主导性的。"没有教不会的学生,只有不会教的导师",周益春教授如是说。他进一步表明,并非只有他一个人持这种观点,"教育部原副部长张保庆也是这样理解的:'我们现在高水平的博士生不多,是因为导师有问题,导师水平不够,给博士生指导方向有误,不能把博士生带到领域前沿去,这很麻烦。'"周教授还援引《中国青年报》的一则报道强化他的观点:一项共有7730人参与的调查显示,53.6%的青年学子认为读研值不值的关键在于"跟了哪个导师",导师在这个问题上的重要性,远远高于"自己的努力"和"学校的名气"。从周益春教授的学生那里,我们获得了类似的答案,如荣获"全国优秀博士学位论文"奖的钟向丽副教授认为:"我以前并不清楚自己适合做什么,能够做什么,会做到什么程度,但我很幸运跟了一个好导师,才能取得现在的成绩。"

周益春教授承认,湘潭大学由于地理环境、名气等原因,很难招收到天赋异禀的学生,这时导师如果没有足够的耐心和智慧去发掘学生的潜力,那么,学生的起点可能就决定了他们的终点。而将学生视为自己的孩子,情况可能就会不同,因为在每个父母的心目中,自己的孩子都是最好的,至少是可以越变越好的,所以他们都会付出百分之百的努力去培养他们。像父母一样相信孩子的未来,就有可能将起点低的学生培养得比较优秀,将起点高的学生培养得非常优秀,甚至可以将起点低的学生培养成杰出的人才。

在实践中,周益春教授也确实将足够多的财力和精力投入到学生身上,给他们上课,和他们聊天,和他们一起散步、一起开讨论会。由于和学生沟通得很多,他指导的博士生都有一个共同的感受:"和周老师在一起,就像和自己的父母在一起一样,很亲切,很温馨,没有丝毫距离感。因此,我们也敢于和他说自己的困惑和想法。"

我们有时不免疑惑,周益春教授身兼管理者、学者和导师的三重身份,是如何做到"分身有术"的呢?周益春教授认为,现代人的身份越来越多,尤其是专业做到一定程度的中年人,更容易被社会赋予更多的角色。在当今社会,要找到一个身份完全单一的人几乎是不可能的。就像身份最单纯的教授往往也兼具学者和老师的双重身份;而作为老师,他们又很可能身兼本科教学、硕士生指导和博士生培养三重任务。面对这些情况,个体稍不注意,就会造成身份错乱。不过,假如他头脑清醒,规划得当,是可以解决身份危机问题的。

周益春教授化解身份危机的策略可以概括为四点:①在管理方面,给予下属足够的信任和权力,放手让他们去做。事实证明,适当的"无为而治"比管得太多效果还好一些。用他的学生,教育部"新世纪优秀人才支持计划"入选者王金斌教授的话就是,"作为一个管理者(领导和团队带头人),周老师有一件事做得非常有智慧,那就是善于抓主要矛盾,善于宏观思考,善于把握方向性和前沿性的问题"。②在科研方面,讲究团队合作,用课题带学生,如将一个国家课题分解成很多小课题作为博士论文题目。③比一般人更勤奋——他平时不唱歌、不打牌、不搓麻将,几乎将能用的时间都投在了工作上。"周老师经常一下飞机就召集我们开讨论会,对他来说,开会就是休息。"他指导的博士刘奇星评价说。"看到他头发操劳得都白了,我们有些于心不忍。"指导博士王秀锋感叹地说。④一年只招一名博士研究生。不管父母如何爱自己的学生,假如孩子太多,那么他的爱也是不够分享的。周益春教授尽管科研经费充足,招生指标很多,但他坚持"宁缺勿滥""质量远比数量重要"的原则,每年只带一个博士生。

二、"适当的方法会起到事半功倍的效果"

周益春教授认为,所有的父母都爱自己的孩子,但不是所有的父母都能教育好自己的孩子。同样的道理,如果导师对学生只有爱心,却没有掌握行之有效的方法,那么,这种爱也可能是糊涂的爱,对学生的成长,尤其是专业上的提升并无实质性的帮助。鉴于这样的认识,他极为重视方法。而他常用的方法主要有六种:

一是"聊天选材法"。周益春教授强调,他推崇导师的主导作用并不等于不重视选材的重要性。毕竟人各有所长,又各有所短,要是录取了一个根本不适合从事科研的人,那么任何导师都将束手无策。湘潭大学这个平台和名牌大学相比有一定差距,招收到特别有天赋的学生有些困难,但是依然具有一定的吸引力,还是有机会"矮子中选将军",招收到一些科研方面的潜力股的,关键要看如何去选拔。周益春教授说他不喜欢通过常规的考试来考查学生,而是偏爱用聊天法来探测学生的潜力,包括他们的性格、思维、表达能力等是否有可塑性。就像他指导的蒋丽梅博士所观察到的那样:"周老师特别喜欢奇才。"周益春教授坦承他更青睐思维活跃、喜欢提问、具有团队合作精神的学生。他指导的博士研究生马增胜,本科毕业的学校非常一般,到湘潭大学上研究生后考试成绩也很一般,但在听周益春教授的材料固体力学课时特别喜欢问问题,还经常和老师争辩,周益春由此发现了他的科研潜质,就破格招他为硕博连读研究生。短短三年时间中,马增胜进步非常大,在薄膜力学研究方面做出了出色的成绩:其论文发表在力学学科影响因子(5.08)最高的《国际塑性力学》期刊上,一毕业就获批国家自然科学基金项目,协助魏悦广教授、周益春教授组织的"中国力学大会-2011暨钱学森诞辰100周年纪念大会"的"薄膜、涂层及界面力学专题研讨会"吸引了一批国内外著名专家参加。

二是"潜移默化法"。周益春教授认为,有什么样的父母就有什么样的儿女。他的学生王金斌和钟向丽是科研上的"金童玉女",平时很忙,吃饭的时候常会催小孩"快点、快点,学生在等我了",耳濡目染,他们的小孩和同学们做游戏时也会说:"快点,快点,学生在等我了!"同样的道理,有什么样的导师就有什么样的学生。在他看来,导师可以被超越,也应该被超越,但导师首先应该被模仿。如果学生一直超越不了导师,那是学生的失败;如果导师曾经不被模仿,那是导师的失败。周益春教授深情回忆道,他的硕士生导师赵伊君院士、博士生导师解伯民教授和段祝平教授深深地影响了他的一生,现在的他,不仅希望用言传,更期待用身教来影响自己的学生。周益春教授说:"赵伊君院士已经82岁,解伯民教授已经81岁,年轻一些的段祝平教授也已74岁,他们却还在为国家的强盛奋战在科研阵地,我才48岁,怎能懈怠?如果懈怠了,我的学生如何看我?所以,努力是我的必然选择,我很努力,我的学生自然不好意思偷懒。"周益春教授指导的博士研究生杨琼这样描述自己的导师:"他大年三十前一天才回家,正月初三就回到办公室,经常和我们一起吃盒饭,我们从未见过如此努力、如此痴迷于工作的人。正是在他的感召之下,我们也变得非常努力,你看现在是正月初十,我们整栋大楼已经灯火通明,同学们都回来做研究了。"

三是"圆桌会议法"。在圆桌会议上,周益春教授从未将自己当作居高临下地掌控话语权的领导、导师和权威,而是将自己视为与学生平等的一名科研人员,研讨一些共同的学术话题。周益春教授说:"我的学生喜欢和我'吵架',有时还'吵'得很厉害,这点我特别喜欢,因为我们为学术问题而'吵',他们敢和我'吵'代表他们不迷信、不盲从,有胆识、有发现和有思想,像我们最近刚刚完成的一本书的提纲,就是'吵了好几场架'的结晶。"他的学生王金斌教授自豪地说:"周老师经常被我们批得'体无完肤'"。

周益春教授还将博士、硕士论文放到圆桌会议上让学生一起来审,让他们找出其中的优缺点,然后再总结,这就可以让学生获得很好的启发。他申报项目也是如此,鼓励学生在会场对项目选题进行充分的集体讨论,一般只提缺点,很少说优点,通过讨论,课题申报书得到了完善,所以他们申报的项目基本上是百发百中。另外,周益春教授每年都要主导两次大的学术讨论会,会议的标准和程序全部按照国际会议的通行规格,让学生自行组织,自己讲,共同讨论,这样既锻炼了学生的思考能力,又锻炼了学生的组织和表达能力。

四是"论文修改法"。周益春教授很重视文字表达,他创造性地从中文系和英语系请来写作老师给博士研究生上写作课,以此来提升他们的表达能力。同时,他抽出大量时间给学生改论文,并且是当面修改。他要求学生坐在旁边,然后选择其中有代表性的一段,一字、一词、一句话地改:为什么要用这个词,不用那个;为什么用这种时态,不用那种时态。当面指出来,这样学生的印象就非常深刻,改一遍就管用,大部分学生改了一两次就可以用英文写论文了。谈及论文修改,钟向丽博士提及一件让她终生难忘的往事：2008年雪灾，她预产期将近，不方便出门，周益春教授就踏着冰雪，到她家里给她修改论文。如今钟向丽也是研究生导师，她说自己修改学生论文的方式正是从导师那里继承过来的。这一点，我们从无意中读到的一篇新闻报道中获得了证实："2007级硕博连读学生张溢说，钟老师的敬业精神令人感动。他回忆道，2010年中秋节，白天钟老师为他修改了一整天的论文，从语法、数据、结构、布局等各方面仔细修改。快要到晚上了，张溢心里在盘算着要和同学好好聚聚，就提出了明天再改的想法。'不行，今天一定要改好。'钟老师说道，就这样他们伴着圆月一直修改到晚上10点。"

五是"战略眼光选题法"。周益春教授认为，一个诗人不能遮住另一个诗人的光芒，但一个科学家足以让另一个科学家被遗忘，也就是说，人文科学研究"喜新不厌旧"，自然科学却"喜新厌旧"。所以，一个科研工作者要站在科研的最前沿发现问题，确定哪些问题是目前最重要的，是学术上的金矿。周益春教授说，一个好的选题意味着成功一半，可究竟如何选题呢？他总结出九字方针：一是"有意义"，即要有学术价值，属于科学问题，要有解决的价值；二是"有条件"，即要具备解决该问题的条件，能够解决；三是"有应用"，即国家和社会有这样的需求，尤其要考虑国家重大需求问题，国家不需要的选题，选了也没有用。国家所需要的，就是人们共同的需要，也就是每个人都需要。像他们最近研究的铁电薄膜及铁电存储器、航空发动机涡轮叶片热障涂层以及动力电源薄膜等，都是关涉国计民生的现实课题。周益春教授认为，有了好的选题，好的思想，再加上勤奋和适当的方法，应该能够做出独特并且比他人更好的成果。

六是"九九八十一难法"。周益春教授认为,研究生的科研潜能需要借助一些外部压力来激发,因此,他联合导师组,为博士生们设置了"九九八十一难"。面试的时候,导师组在一起分析哪个学生适合做什么,又适合由哪个导师来带。学生进校后,导师组又在一起商讨要开设哪些有针对性的课程。接下来是每两周召开一次的小型讨论会,在讨论会上,学生要向导师组汇报自己现阶段的思考和接下来的打算,这样做有两个立竿见影的效果:一是保证学生一直在学校,二是让学生锻炼出比很多文科生都好的口才。必不可少的还有每年两次的中期检查,即暑假前进行一次,寒假前进行一次。然后是开题报告,分为两组进行,导师和他指导的学生分开,这样更方便其他导师对论文的构想进行质疑。到论文答辩时,学生将论文交给答辩秘书后,导师组再根据论文的方向分给两个导师进行内部初审。如果这篇论文最后没有通过答辩,那么他既不找导师负责,也不找学生负责,而是找两个审核人负责。经过层层把关和层层考核,周益春教授指导的博士最后都完成了蜕变。"过程越地狱,结果就越天堂。"周教授幽默地说。

周益春教授一再强调,导师必须清楚本科生培养、硕士研究生培养和博士研究生培养的区别——"给本科生常识,给硕士研究生方法,给博士研究生视野"。如果将研究生培养本科化,如天天上课、考试,不仅很累,也没有什么成效;如果遵循研究生培养的特点和规律,注重战术,即方法、思想和视野的训练,就会起到事半功倍的效果。

三、"有一个优秀的团队,才能持续性涌现优秀的个体"

周益春教授认为,研究生培养是一个系统工程,除了导师、学生至关重要外,还有一个常被忽视的因素——团队。在他看来,团队意味着一种氛围、一种传统、一种文化和一种土壤,没有一个优秀的团队,或许能产生个别优秀的人才,但有一个优秀的团队,才能持续性涌现优秀的个体。举个简单的例子,博士论文的选题、结构、创新点、文字表达和一些涉及其他领域的试验数据等,是研究生一个人做决定更好,还是研究生和自己的导师一起做决定更好?还是融合一群导师和研究生的智慧更好?答案显而易见。要融合一群导师和研究生的智慧,就需要建设一个高水平且团结的科研教学群体。鉴于此,周益春教授一直致力打造一个具有凝聚力和向心力的团队,以期为整个学位点的博士研究生培养营造一个和谐的氛围和高水平的平台。

经过10余年的建设,到目前为止,他们团队是教育部创新团队、首批国家级教学团队、湖南省首批自然科学创新群体。团队共有教师19人(教授10人、副教授6人、讲师3人),其中国家级教学名师1人,国家杰出青年基金获得者2人,教育部"长江学者计划"特聘教授1人,湖南省"芙蓉学者计划"特聘教授6人,湖南省"百人计划"专家1人,另有博士生、硕士生70余人。那么,如何将这些优秀的个体打造成更有战斗力的整体呢?团队核心成员钟向丽博士说出肺腑之言:"周老师把这个团队当成自己的家,他是一位民主、公正和慈爱的家长,我们是家庭的成员,他对我们有望子成龙、望女成凤的心态。我们需要他指导的时候,他就指导;需要他爱护的时候,他就爱护;需要他提供机会的时候,他就提供机会。他就是这样,绝对是这样,你们随便问哪一个学生,他都会这样说。我们这个团队这么大,有些小摩擦是很正常的,在他的带领和协调下,我们却越来越融洽,你总感到不孤单,不会有人把你落下。我进入这个团队非常幸运,别人都很羡慕。"

简言之,周益春教授秉承"小赢靠智,大赢靠德"的理念,从两个方面来凝聚这支藏龙卧虎的队伍。

一是不断提升自己的专业水平。周益春教授的博士们这样评价他们的导师:"周老师对科研充满了感情和激情,这些东西不是想有就有的。"周益春教授说他有一个偶像,就是我国著名材料科学家,中国科学院、中国工程院资深院士,国家最高科学技术奖获得者师昌绪先生。2007年6月1日,师昌绪先生赠送给他一副亲笔题词:"做人要海纳百川,贵在诚心;做事要认真负责,贵在坚持;做学问要实事求是,贵在探索,与周益春教授共勉。"周益春教授指着墙上的题词告诉我们:"这是我为学、为人的标尺。作为团队带头人,如果我只懂得做协调工作,只知道站在一旁指手画脚,是不可能让人信服的,因此,我自己首先必须是个专家,有强烈的事业心、责任心,必须深入教学科研第一线,否则,不可能有新的思想和战略眼光,也自然无法带领整个团队朝着正确的方向前进。"正是因为有这样的信念,并通过数十年如一日的辛勤付出,周益春教授才在科研领域取得了一系列骄人的成就:先后承担国家自然科学基金杰出青年基金、国家"863计划"、国家"863计划"引导项目、国家自然科学基金重点和面上项目、湖南省科技重大专项项目、教育部高等学校科技创新工程重大项目培育资金项目等多项课题;先后获得省部级科学技术奖和科技进步奖一等奖各1项,科技进步奖二等奖1项,国家发明专利15项;在 *Applied Physics Letters*, *Acta Materialia*, *International Journal of Plasticity* 等国际重要刊物发表SCI收录论文120余篇,论文被 *Science* 等国际著名刊物引用600余次。也因为这些实绩,他才能成为2005年国家杰出青年科学基金获得者、"新世纪百千万人才工程"国家级人选和湖南省"芙蓉学者计划"特聘教授。

二是有包容心和牺牲精神。衡量一个学术带头人是否成功不仅要看他自己做得如何，更要看他的团队做得如何。在周益春教授看来，带好一个团队是非常复杂的事情，但一个有智慧的人可以让复杂的事情变得很简单，简单到只有两个词：包容和牺牲。他很推崇师昌绪先生的观点：做人不要嫉妒，因为嫉妒是万恶之源，有了嫉妒，会造成不团结，互相拆台，以至于本可以完成的事情完不成。假如一个团队的领导嫉妒心太强，那么会使这个团队每况愈下，一代不如一代。周益春教授认为，每个人都有优缺点，在日常生活和工作中，要多看他们的优点，缺点可以批评，但要放在私底下，并且要表达得艺术一点，公开的场合，鼓励要多一些。在涉及个体利益的时候，周益春教授则看得很超脱、很淡然，如平时和学生、同事合作发表论文，五六个作者，他一般署名最后一个。还比如他领导团队获得了"湖南省自然科学创新研究群体"，岗位津贴为48534元，但作为带头人，他只象征性地拿了2134元。他指导的杨丽博士这样评价他的自我牺牲精神："他是一个先人后己的人，比如每次申请课题，其他老师都会轮流找他讨论申报书，他有求必应，这样，他自己的项目往往都是放到最后一天看的。"正因为这样，周益春教授才具有强大的亲和力和号召力，将一群个性十足的教授、博士研究生紧紧地团结起来，朝着共同的目标携手共进。

湘潭大学是全国重点大学，但不是名牌大学，培养博士研究生的历史不长，但已有郑学军和周勇获得了"全国优秀博士学位论文"提名奖，丁建文、钟向丽和钟柳强获得了"全国优秀博士学位论文"奖，获奖者人数占被授予博士学位人数的比例达到1.3%。那么这是偶然和奇迹吗？周益春教授用他的博士生培养启示我们：这既不是偶然，也不是奇迹,在已有条件下,用独到的眼光发掘和招收具备一定科研潜力的学生,但不要太多,每位导师每年只带一个,像父母爱护孩子一样爱护他们、包容他们、引导他们,同时运用一些切实可行的方法,为学生的成长打造一个高水平、具有凝聚力的团队,那么,非名牌大学也可以不断培养出"全国优秀博士学位论文"奖获得者这样的名牌博士。

(原载《学位与研究生教育》2012年第8期,有改动)

教授中的教授、博导中的博导

——论童庆炳先生的博士生培养之道

童庆炳先生(1936 — 2015)既是我国著名文艺理论家,又是一位广育天下英才的教育家。尤其在博士生指导方面,他因为理念完善、方法得当和经验丰富,从而取得了卓著的成效和成绩:共指导博士生近 80 名,包括早已成为学界翘楚的王一川、罗钢、孙津、陶东风、李春青、周小仪、吴子林、王柯平、陈雪虎、季广茂、赵炎秋、蒋原伦、赵勇、方汉文、姚爱斌等等。

这些博士生的成长和成才,有良好学术环境和学术平台助力的缘故,有自身努力奋斗的因素,也同童庆炳先生的指导有方密切相关,故有学者誉他为"教授中的教授、博导中的博导"[1]。也因如此,梳理、分析和总结童庆炳先生的博士生培养之道,对同行们更好地指导博士生不无裨益和启发。

---

[1] 张巨才.涌泉之恩何以报——忆童庆炳恩师[G]//北京师范大学文艺学研究中心,北京师范大学文学院.童庆炳先生追思录.北京:北京师范大学出版社,2016:401.

一、"只要他/她能背下来，我立即就招他（她）"

善于选材，这是童庆炳先生指导博士生的第一个诀窍。这个诀窍很重要，又非常容易被忽视。何谓善于选材？其实就是唯才是举。

在一次博士生面试时，童庆炳先生流露出这样的心愿："这么多年来我一直想招一个学生研究《文心雕龙》，只要他/她能背下来，我立即就招他（她）。"[①]这句话自然不能理解为童先生只喜欢招和他学术趣味一致的学生，而更应该理解为他招收博士的标准就是单纯的学术标准，即只看重学生的学术积淀和学术态度，学术之外的因素不属于他考虑的范畴。

2013级博士生杨宁宁是童庆炳先生的"关门弟子"，2012年第一次报考，因为英语没有过线而落榜。童先生根据他的专业成绩，判断他是可塑之才，便主动联系他，希望他再报考一次。杨宁宁入学后才得知，"2012年之后，童老师原打算不再招学生了，但为了招我入门，又专门等了我一年"[②]。

2012级博士生姜洪真，考前和童老师没有任何联系，连一个电话都没有打过，就"稀里糊涂"去考，本以为毫无希望，结果却被录取了。原因很简单，她考了第一名。后来姜洪真感叹道："正是由于先生的公

[①] 徐晓军.童庆炳先生与我的人生变奏[G]//北京师范大学文艺学研究中心,北京师范大学文学院.童庆炳先生追思录.北京:北京师范大学出版社,2016:839.

[②] 杨宁宁.杂花生树——怀念恩师童庆炳先生[G]//北京师范大学文艺学研究中心,北京师范大学文学院.童庆炳先生追思录.北京:北京师范大学出版社,2016:832.

正品格,我才得以实现人生的理想,继续求学深造!"①

1999级博士生吴子林,考完之后,按照约定,晚上8点给童庆炳先生打电话,听到了那非常熟悉的声音:"小吴啊,告诉你一个好消息,在你前面有一个考生同时报考了复旦的博士,而且考了第一名,她去复旦读博士了。你,来吧!"②童先生招博士完全是择优录取,所以他优先考虑那位成绩排名靠前的女生。那位女生考复旦大学也考了第一名,证明童先生判断"优"的眼光很准。当她选择复旦大学后,同样有学术潜力的吴子林很自然地被童先生录取。童先生那句"你,来吧!"也让吴子林感到有一股暖流瞬间穿过全身。

童庆炳先生能够根据卷面分数准确判断学生的学术潜力,说明他出的卷子符合博士生入学考试的规律。当然,他并不是将卷面分数作为唯一的评判尺度。卷面分数之外的综合学术素养他同样很看重。1993级博士生毛峰回忆,考博士时,童庆炳先生特意请他到家里进行了一次学术讨论,其实就是作为一次变通的复试。"复试"结束后,童庆炳先生又请毛峰寄去硕士论文和已发表的作品。几个月后,童庆炳先生给毛峰打电话,低低地说:"你被录取了!"毛峰不由感慨:"事后得知,素昧平生的童先生,并未在考试成绩上严苛以待,而是看重一个学生的学术才华与潜力,对我破格录取,开启了我的学术生涯!童门弟子,大多如此!"③

---

① 姜洪真.人间四月芳菲尽——怀念恩师童庆炳先生[G]//北京师范大学文艺学研究中心,北京师范大学文学院.童庆炳先生追思录.北京:北京师范大学出版社,2016:818.
② 吴子林."你,来吧!"——我与童老师的师生缘[G]//北京师范大学文艺学研究中心,北京师范大学文学院.童庆炳先生追思录.北京:北京师范大学出版社,2016:613.
③ 毛峰.千载有余情 悼念业师童庆炳先生[G]//北京师范大学文艺学研究中心,北京师范大学文学院.童庆炳先生追思录.北京:北京师范大学出版社,2016:529-530.

通过诸多弟子的回忆，不难发现，童庆炳先生是一位特别善于挑选学生、特别善于发现"千里马"的伯乐。原因很简单，他是一位时刻保持学术底线和学术良知的真学者。他招收博士生，是希望为社会培养有真才实学的学术人才。童庆炳先生这种"英雄不问出处，只论才华"的招生思路和招生方式，渐渐形成了良好口碑，也渐渐形成了良性循环：更多有学术才华和学术追求的学子纷纷慕名而来，成为北京师范大学宝贵的优质生源，进而推动了导师个人以及整个团队学术事业的良性发展。

童庆炳先生选材的诀窍启发我们：从培养博士的角度看，招收到真想读博士、真需要读博士、真适合读博士的学生，博士生培养几乎就成功了一半。如果导师只图个人和眼前的蝇头小利，将招博士当作一种可以交换的学术权力，忘记了学术研究的初心，忘记了学术需要薪火相传，在招收博士时不讲学术规则和学术声誉，则会导致越来越多为了混文凭的庸才纷纷慕名而来，从而给导师个人以及整个团队的未来蒙上一层阴影。

毋庸讳言，如今的确有一些博导在挑选学生时，特别青睐有利用价值的。有利用价值的又大致可以分为四类：一是有财力的，二是有地位的，三是有良好外形的，四是擅长溜须拍马的（美其名曰"这些学生会做人"）。这样的学生不仅博士读得相当吃力，博士论文写得糟糕（延期毕业甚至最终被清退），而且毕业后，他们要么远离学术事业，要么在学术上缺乏后劲。

众所周知，每行每业，要抵达更高的层次，没有一定的天赋是举步维艰的。同样的道理，读书读到博士，特别博士毕业后还要在学术上有更高的追求，自然需要一定的学术天赋。缺乏起码的学术天赋，学生再努力,导师再负责任,结果恐怕也是学生和导师都痛苦不堪,而且收效甚微。

在众多考生中,导师要判断谁适合做学问并不是一件难事。从宏观上看,导师只需本着对那些由衷热爱学术的年轻学生负责即可;从中观上看,导师只需遵循博士生招生制度应有的规范即可;从微观上看,导师只要读一读考生的硕士学位论文或者平时发表的学术论文即可。有些导师抗拒不了各种世俗的诱惑或外在的压力,将招博士作为利益交换的砝码,导致在招生时,几乎不设学术底线和学术门槛,而将真正想做学问、需要做学问和能够做学问的学生拒之门外,将对自己有用的学生闭着眼睛招进来,这是一件非常遗憾的事情,也常常让那些希望成为好导师的年轻博导们感到惊诧和困惑。

二、"善于培养学生的反思和质疑精神"

善于上课,这是童庆炳先生指导博士生的第二个诀窍。自1985年起,童庆炳先生给博士生开设了一门文学理论元典研读课:1985—1992年,研读文艺学前沿著作;1993—2004年,研读刘勰的《文心雕龙》;2004年往后,研读巴赫金的《陀思妥耶夫斯基诗学问题》。从课程本身来看,这是一门有难度、有深度、有拓展空间的"金课",加上童老师授课方法得当,授课水平高,所以这门课也成为学生们共同的、美好的、永恒的回忆。

按常理,博士生主要是自己培养自己,上课更多是一种程序需要和仪式需要。但是,由于童庆炳先生上课方式很特别,所以,这门课程在博士生成长的过程中发挥了实质性作用。

第一个实质性作用：让学生更清楚如何做学者。童庆炳先生给博士生上课，是讲授式和研讨式相结合，以研讨式为主，讲授式为辅。通常是童庆炳老师先自己讲，讲完了，再根据预设的某个主题，让学生自由发言、自由讨论，其核心是专门挑他所讲内容的毛病或不足。他特别鼓励学生们拿他新编的讲义"开刀"，并说凡是能对他的讲义提出相反意见的得高分，附和的得低分。

在童老师真诚的鼓励下，同学们从观点、逻辑、体例等方面，对童老师的某些观点一一展开批评。"然而，无论面对怎样的批评，童庆炳总是平静对待，耐心地倾听学生们的意见，有时据理力争，有时直言接受，有时不置可否……最后，童庆炳做精要的点评，并将学生所提意见全部带走，从未有因学生的批评而愠怒的情形。"①

研讨式教学法并不稀奇，尤其是博士生的课程，研讨式教学更是常见。但是，研讨式教学过程中，向学生提出"向我开炮"要求的老师，却是难得一见。在学生们"集中炮火轰炸"的时候，还能保持从容甚至欣赏态度的老师，更是屈指可数。因此，童庆炳先生独特的研讨式教学也给学生们留下了深刻的记忆，进而启发他们在面对学术争论时，保持大度、包容、平等的心态。

诚如陶东风所总结的那样："说心里话，先生传授给我的许多具体知识我并没有全部记住，但是先生的民主作风和开阔胸襟是我永远不会忘怀的。它深深地塑造了我为人处世的方式和做学问的方式。在一次纪念北师大100周年校庆的活动中，我与先生一起被邀请到中央电视台。主持人问我：'你觉得作为教师，童庆炳先生最可贵的品质是

---

① 吴子林.童庆炳评传[M].合肥：黄山书社，2016：48.

什么？'我的回答是：'善于培养学生的反思和质疑精神。'"[1]从更高的层面看，童庆炳先生这种研讨式教学法，本质上就是以身作则，破除学术界和教育界"辈分与学术不分"以及"辈分大小与学术高低成正比"的陈规陋习，培养学生爱老师也更爱真理的精神品格。

第二个实质性作用：让学生更清楚如何当老师。从教学技能的角度看，童庆炳老师在娴熟运用讲授式教学法的过程中，教会了学生如何从点到面系统地讲授知识；如何通过举丰富和恰当的例子砸开理论的坚果；如何保持始终如一的专注和激情；如何联系真切的生活体验，实现源自专业的外部语言和源自生活的内部语言的有机融合。

童庆炳先生还善于通过讲授法和研讨法的相互融合，教会学生做一个会教"问"的好老师。"会讲的教师是好教师，会问的教师是更好的教师，会让学生也喜欢问的教师是更优秀的教师，能让学生把自己问倒的教师，是最杰出的教师。"[2]童庆炳先生教"问"的方法和过程，其实就是通过自身的教学示范，传递一个很重要的教学理念：教学的本质是对话，是交流，是理解，而交流、对话、理解必然是双方的，学生参与对话往往更困难，可是一旦他们参与了，他们对知识、语言、概念的把握质量会大大不同，因此教学中最重要的不是让学生看着、听着，而是要让学生参与其中并且思考着。唯有如此，才能让学生真正学到东西，进而成为有学问的人。

当然，童庆炳先生的授课对博士生如何当老师的影响，早已经超越了技术层面，上升到职业精神的高度。他将上课视为隆重的节日。

---

[1] 陶东风.坚持自我 包容他者——童庆炳先生印象[G]//李春青.手握青苹果——童庆炳教授七十华诞学术纪念集.桂林：广西师范大学出版社，2005：35.

[2] 张楚廷.思想的流淌[M].重庆：西南师范大学出版社，2015：142-143.

"我在37年的教学生涯中,始而怕上课,继而喜上课,终而觉得上课是人生的节日,天天上课,天天过节,哪里还有一种职业比这更幸福的呢?我一直有个愿望,我不是死在病榻上,而是有一天我讲着课,正谈笑风生,就在这时我倒在讲台旁,或学生的怀抱里。"①正因为将讲课视为隆重的节日,所以童庆炳老师每次上课前,都要洗个热水澡,穿上最好的服装,擦亮皮鞋,系上家里唯一的一条品牌领带。

张楚廷先生说:"教师的仪容、表情、手势以及潜在于教师言行之中的态度、情感、志趣,形成了教师语言的另一个序列。这一序列的关键还在教师的理念、态度、情感,这是决定教师仪容、表情的因素。"②听课的博士生们从童庆炳先生上课的无声语言中读出了导师的职业精神,"真正的教师应该是用全部生命打写自己的职业的人。他的感觉中要有学生,他的感情中要有学生,他的想象中要有学生,他的理解中要有学生,他的思想中要有学生。必要的时候,他的装束,他的仪表,他的手势,他的微笑,他生命活动中的一切,都要以学生的需要为依归。"③这种精神,融入了学生们的血液,不仅能帮助他们更好地走上讲台,还能够帮助他们更好地走向除讲台以外的工作岗位。

三、"一个明亮、和蔼的父亲"

用人格魅力育人,这是童庆炳先生指导博士生的第三个诀窍。博

---

①童庆炳.我的"节日"[M]//吴子林.教育,整个生命投入的事业——童庆炳教育思想文萃.上海:华东师范大学出版社,2016:57.
②张楚廷.张楚廷教育文集(第6卷)[M].长沙:湖南教育出版社,2007:390.
③童庆炳.旧梦与远山[M].北京:北京大学出版社,2015:211.

士生教育已经属于最高级的教育之一,已经属于"一棵树摇动另一棵树,一朵云推动另一朵云,一个灵魂唤醒另一个灵魂"的教育。因此,导师日常生活中有意或无意的言与行,以及在此过程中自然流露和呈现出来的整体人格魅力,都是重要的隐性教育资源。而童庆炳先生的整体人格魅力,可以用陶东风先生所言的"一个明亮、和蔼的父亲"[1]作为概括和总结。

笔者曾将好导师总结为三种风格,一是"逍遥派导师",二是"慈父慈母型导师",三是"良伴型导师"[2]。童庆炳先生无疑属于慈父慈母型导师,这大致又体现在以下三个方面。

一是父亲般的呵护。童庆炳先生对自己的"吝啬"是出了名的。他是著名大学的著名教授,在日常生活中,却始终保持着勤俭、朴素的本色:买鞋,买100元一双的;买大衣,买180元一件的;去杭州开会,在西湖边小店里吃几块钱一碗的阳春面;周末到香山爬山,常常带着一块饼充饥,傍晚才下山回家吃饭。学生们看在眼里,心灵也随之受到洗涤。

童庆炳先生对学生精神和物质上的慷慨却是出了名的。学生王文宏第一天到北师大报道,童先生就去宿舍看他,引起室友的羡慕:"你的导师真亲切,好让我们羡慕啊!"[3]学生于闽梅吃饭时被餐厅服务员的餐盘撞到,脸上划了一个口子,缝针后在宿舍休息,童老师亲自去

---

[1] 陶东风.记恩师童庆炳先生二三事[G]//北京师范大学文艺学研究中心,北京师范大学文学院.童庆炳先生追思录.北京:北京师范大学出版社,2016:464.

[2] 宋德发.好导师的三种风格[J].学位与研究生教育,2014(11).

[3] 王文宏.长城上遥远的彩虹——怀念导师童庆炳先生[G]//北京师范大学文艺学研究中心,北京师范大学文学院.童庆炳先生追思录.北京:北京师范大学出版社,2016:576.

宿舍看望。童老师带着学生去爬香山,不仅负责路费,还负责请学生吃饭,"他从不让在校生请他吃饭,说读书期间经济上还不独立,学生若要请客,只能等工作后再说。所以,我们在学校聚会的时候,一般都是他请客,按客家的习惯,他念叨着'鸡鸭鱼肉',每次都要检查一下他点的菜单上这四样是否齐全"①。

  二是父亲般的包容。在日常生活中,童老师总是怀着慈悲之心,给学生创造一种宽松、自由的交往环境。很多弟子无须预约,可以直接去他家里,而他不管多忙,总是放下手中的活儿,耐心地接待和开导学生,细心化解学生学术或生活上的心结。在学术活动中,童老师也保持平等、交流、合作的原则,极大地理解和尊重学生不同的学术个性。他尽管将《文心雕龙》视为一生所爱,也特别希望招一个能够研究《文心雕龙》的弟子,但是,当学生们按照各自的基础、兴趣、禀赋和目标做博士学位论文的时候,他毫无怨言和责难,而是对他们论文的选题和研究方法保持认可和欣赏,并积极支持和努力配合——如学生邹红做戏剧研究,为了更好地做指导,他就自己购买和阅读了《斯坦尼斯拉夫斯基全集》等20多本戏剧理论方面的书籍,只是为了熟悉这个自己原本不太熟悉的领域。

  总之,童庆炳先生能够接纳个性禀赋完全不同的学生,善于发现他们的优点,同时也包容他们的种种缺点,"他总是以身作则,总是身体力行,他自己是这样做的,也要求学生这样做。他也总是善于选择榜样,善于运用差异性,让弟子们在众弟子构成的'语境'中从善如流,

---

① 于闽梅.刚柔相济风骨新——回忆我的恩师童庆炳教授[G]//北京师范大学文艺学研究中心,北京师范大学文学院.童庆炳先生追思录.北京:北京师范大学出版社,2016:643-644.

在学术'语境'中竞相绽放"①。

三是父亲般的严格。在日常生活中,童庆炳先生所持的原则就是"永远让学生占自己便宜,绝不能让自己占学生便宜"。如果有学生有意或无意破坏这条原则,那他绝不轻饶。学生王轻鸿给他买了一把带有按摩功能的椅子,由于价格较贵,童老师发了火,说如果不去退货的话,以后就不要去找他,也不要给他打电话。为了不让老师生气,王轻鸿只好去商场退了货。

当然,童庆炳老师的严格,更多体现在学术上。童老师对学生的学术水平尤其是学术态度的严要求是圈内人尽皆知的。学生不论职称、年龄、性别,只要学术上有所敷衍,他都一视同仁地批评。学生冉利华以家里事多为理由替自己毕业论文进展缓慢辩解,被童老师痛骂一番。这劈头盖脸的一番批评,也让冉利华不再懈怠,顺利完成学业。学生唐晓敏因为毕业论文撰写不认真,也受到童老师严厉批评,在楼道里掉眼泪。学生陶水平上《文心雕龙》研讨课,因为睡觉而缺课,被从外地赶回来上课的童老师狠狠批了一通。

作为童老师的学生,在论文写作过程中,被骂惨是常有的事情,就像赵勇所说的那样:"说实在话,那时候我们都很怕他。尤其是因为论文,他把学生'修理'得涕泗滂沱的故事曾广为流传,于是大家仿佛得了传染病:一提导师和论文,手心就出汗,心里就发紧。"②但童老师的"骂"是有分寸的,是出自对学生真心的爱护和热切的期待。在骂过学

---

①李建盛.导师童庆炳先生[G]//北京师范大学文艺学研究中心,北京师范大学文学院.童庆炳先生追思录.北京:北京师范大学出版社,2016:524-525.

②赵勇.蓝田日暖玉生烟——怀念导师童庆炳先生[G]//北京师范大学文艺学研究中心,北京师范大学文学院.童庆炳先生追思录.北京:北京师范大学出版社,2016:621.

生之后,他又总是细致地指出其疏漏,并且提出建议性的意见,还为学生学术论文的发表和毕业论文的撰写创造各种条件,搭建各种平台,因此,童老师的"骂"同样成为童老师"好"的一部分,同样成为学生共同的、永恒的、美好的回忆。

四、结语

童庆炳先生在一次闲聊中,无意中与学生赵炎秋分享了自己当导师的经验和体会:"赵炎秋,你现在也算是小有名气了,对学生要好一点。"这条经验,这种体会,让赵炎秋永生难忘,并且化为他自己与学生相处的原则:"'对学生要好一点',我想,这不仅是童先生对我的要求,实际上也是他自己立身处世、身体力行的一个原则。从我与他的交往中,我处处感受到了这一点。由于童先生的言传身教,我在与学生的交往中,也总是设身处地站在他们的角度考虑问题,能帮的尽量帮。有些学生对我表示感谢,说些'要不是您,我不可能取得今天的成就'之类的话。我总是说,不要感谢我,我也是这样过来的。要是没有我的老师,我也不会是今天这个样子。说这个话时,我心中想到的,往往是童先生。"[①]

在学生的心目中,童庆炳老师是慈祥的,也是威严的;是让人如沐春风的,也是让人如芒刺背的;是重情重义的,也是坚守原则的。从童庆炳先生指导博士生的方法和方式可以看出,他是一位深谙教育心理学和教育规律的教育家。他的教育故事,印证了"教育是关爱,不是指

---

① 赵炎秋.我和童先生的师生缘——怀念童庆炳先生[G]//北京师范大学文艺学研究中心,北京师范大学文学院.童庆炳先生追思录.北京:北京师范大学出版社,2016:522.

挥；教育是亲近，不是摆布；教育是介入，不是干预；教育是启迪，不是外加；教育是建议，不是命令；教育是促进，不是安排；教育是辅导，不是取代；教育是交谈，不是唠叨；教育是权利，不是恩赐；教育是欣赏，不是耳提面命；教育是成长，是师生的共同生长；教育是生活，是诗画般的生活……"①

童庆炳先生能够用这样的胸怀和方式招收、指导博士生，还有一个重要的基础，那就是他身上永远保留着一个人文知识分子应有的品格和美德。他的老朋友王蒙先生赞誉道："他永远老老实实，尊重文学，尊重教育，尊重同行，尊重学子。他没有文人惯有的那种夸张与自恋。"②

林贤治认为："知识分子可以分为三种类型：一、幕僚知识分子，葛兰西称为'统治集团的管家'；二、技术知识分子，也称'技术专家'；三、人文知识分子。"③童庆炳老师显然是一位典型的人文知识分子，他有博大的家国情怀，有深沉的悲悯之心；他侠骨柔肠、温润如玉、敦厚朴素、随和率真、言行一致；他有着人文知识分子独有的骨气、童心、洁净、善良、正直、公正、儒雅和睿智。他指导博士生的故事，将会一代代流传开去，传递着"学为人师，行为世范"的教育精神。

(原载《内蒙古师范大学学报(教育科学版)》
2020年第6期，有改动)

---

① 张楚廷.张楚廷教育文集(第13卷)[M].长沙：湖南人民出版社,2012:210.
② 王蒙.序[M]//童庆炳.又见远山 又见远山——童庆炳散文集.北京：高等教育出版社,2016.
③ 林贤治.五四之魂：中国知识分子精神史[M].桂林：漓江出版社,2012:208.

第四辑

大学教学荣誉体系的缺失与构建

大学教师的教学水平越来越受到人们的质疑,以至于有人通过"助教,助教,助人睡觉;讲师,讲师,就像僵尸;教授,教授,叫人难受"的顺口溜来表达不满和愤慨。导致大学教师教学水平下滑的原因有很多,如聘任时不注重教学资质的考察(没有试讲环节或试讲形式化),入职后不注重教学能力的培养等。而有目共睹的罪魁祸首则是大学过于偏重科研的价值导向,因为它直接削弱乃至浇灭了大学教师的教学热情。

如何激发大学教师的教学热情?这是摆在管理部门面前的一个难题。张楚廷先生认为,"管理主要不在一个'管'字,而在一个'理'字"[①]。黄达人先生主张,"大学对待教师的行为应抱宽容的态度,可以采取激励性的政策,奖励与大学成长愿景相容的教师,但不强求每个教师都采取与大学成长愿景一致的行动"[②]。这些理念启发我们,激发大学教师的教学热情,依靠督促甚至惩罚恐怕是治标不治本。有的高

---

① 张楚廷.思想的流淌[M].重庆:西南师范大学出版社,2015:212.
② 黄达人.大学的观念与实践[M].北京:商务印书馆,2011:71.

校派出大队人马去教室听课或者检查,一旦发现教师讲课水平糟糕或者学生"到课率""抬头率"不高等问题,立刻责令教师反思、整改乃至转岗等,这些做法除了造成人心惶惶外,并没有收到特别好的成效。

管理部门不妨换个思路,对教师少一些管束,多一些理解,形象地说,悄悄地放下手头的"鞭子",站在教师的立场,为捍卫教师日益受到伤害的职业尊严和职业幸福做一些建设性的事情。由此,我们提议,大学不妨构建教师荣誉体系,在力所能及的范围内,激励教师发自内心地投入教学,这也有助于本科教学管理从"管"走向"理",从诟病走向理解,从惩戒走向褒扬。

一、大学教学荣誉体系的缺失

大学的荣誉体系主要由三部分构成:科研荣誉体系、管理荣誉体系和教学荣誉体系。科研荣誉体系在客观上已经建立起来了,而且比较完备,因为大学的科研荣誉不仅种类丰富,含金量高,而且层次分明,逻辑性强。与之相反,大学的管理荣誉和教学荣誉是基本缺失的,更缺乏一个科学合理的管理荣誉体系和教学荣誉体系。

大学管理荣誉体系的缺失,导致很多管理者特别是处级以下和没有职称的管理者,兢兢业业奉献了一辈子,到头来什么荣誉也得不到。而处级以上的"双肩挑"管理者,常常凭借其管理者的身份,同普通教师争夺科研荣誉和教学荣誉,造成了诸多事实上的不公平和不必要的争议。从小的方面说,管理荣誉的缺失不利于管理人员全情投入管理、研究管理、热爱管理,从大的方面说,不免违背人文主义精神——管理作为一项相对独立的工作和事业,为何就得不到任何外界的认可和表彰？所以，大学构建管理荣誉体系也是当务之急。管理荣誉体系是一种广义上的教学荣誉体系，其设立既是对"管理育人"这个教育理念的有力推动，也能在一定程度上避免大学领导同普通教师争夺教学荣誉。

与管理荣誉的缺失相比，大学的教学荣誉则要丰富不少。可以说，每所大学都有自己的教学荣誉。有的大学在教学荣誉的设立方面还有自己的亮点，如长沙理工大学设教学荣誉两种："杰出教学贡献奖"（每次评选2人，每人奖励5万元）和"优秀教学贡献奖"（每次评选16人，每人奖励2万元）；湖南科技大学设教学荣誉两种："学生心目中的魅力老师"和"学生心目中的青年魅力老师"，每种每次评选10人，每人奖励1万元；延边大学设教学荣誉三种："卓越教学贡献奖"（每次评选1人，奖励20万元）、"优秀教学奖"（每次评选5人，每人奖励3万元）和"教学管理奖"（每次评选24人，每人奖励1万元）；浙江大学设教学荣誉三种："永平杰出教学贡献奖"（每次评选1人，奖励100万元）、"永平教学贡献奖"（每次评选3人，每人奖励10万元）和"永平教学贡献提名奖"（每次评选4人，每人奖励5万元）。

在教学荣誉的设立方面，四川大学显然走在全国高校的前列。它设立了三种教学荣誉，即"卓越教学奖"（特等奖1人，奖励100万元；一等奖1人，奖励50万元；二等奖2人，每人奖励30万元；三等奖7人，每人奖励10万元）、"星火校友奖教金"（一等奖2人，每人奖励30万元；二等奖14人，每人奖励10万元）和"五粮春青年教师优秀教学奖"（每次评选15人，每人奖励5万元）。

四川大学设立的教学荣誉比较符合教学荣誉体系的特征，因为它有几个鲜明特点：一是受益面比较宽；二是奖金比较丰厚；三是指标体系比较清晰,尤其是突出与教学直接相关的核心指标,明确了"担任现职的学校中层及以上干部不参评";四是有较强的层次感。在教学奖励方面,像四川大学如此豪爽和霸气的大学是少之又少。整体而言,当前大学的教学荣誉建设还存在诸多缺憾。

(一)奖金少。上述列出的都是奖金比较高的教学荣誉,实际上,不少高校的教学荣誉只有一点微薄的金钱奖励。比如某重点大学,"校优秀教师"奖励1万元,"校优秀教育工作者"奖励1万元,"校教学优秀教师"奖励5000元,"校青年教师讲课比赛"一、二、三等奖分别奖励3000元、2000元和1000元。尤其是"校优秀班主任"奖金只有500元,以至于在评选过程中,经常出现大家互相谦让的场景。

(二)地位低。教学荣誉在大学各类荣誉中的地位是比较边缘化的,尤其在职称晋升、各种人才工程的评审过程中,教学荣誉几乎没有起到任何作用。在更高一级的教学荣誉评选中,校级教学荣誉也几乎没有参考价值。在人们的观念中,教学荣誉是比科研荣誉层次低很多甚至根本不值一提的荣誉。

(三)缺乏连续性。教学荣誉的设立时断时续,不少荣誉突然设立,又突然取消,给人以随意性很强的感受,这导致一些大学自身缺乏有着悠久历史和传统的教学荣誉。

(四)指标体系模糊。在教学荣誉的评选过程中,与教学直接相关的核心指标或者表述模糊,或者比较缺乏。很多时候,还混淆了教学荣誉与管理荣誉、科研荣誉的区别,导致管理、科研可能突出但教学表现一般的人获得了教学荣誉,而这样的结果自然无法服众。比如教学成果奖,校级一等奖获得者几乎都是有行政职务者。普通教师得不到校级一等奖,也就无法走出校门,去争取更高级别的教学成果奖,因此省级以上教学成果奖也多是有行政职务者的囊中之物。

（五）彰显荣誉的仪式感不够。荣誉的公布和授予，缺乏必要的仪式。对荣誉获得者缺乏自觉的、系统的宣传，以至于教学荣誉获得者的业绩和声誉很快被淹没在历史的尘埃中。

总之，大学目前表面上不缺乏教学荣誉，但实质上缺乏有含金量的、有历史性的、有知名度的教学荣誉，更缺乏教学荣誉体系。这很大程度上导致那些善于教学、专心教学的老师，因为缺乏科研方面的突出成绩，而终生无法获得教学方面的认可，也从很大程度上挫伤了这些教师的教学热情。

二、大学构建教学荣誉体系的理由

大学在事实上已经基本建成一个激励效果、引导效果非常明显的科研荣誉体系，尤其是省级以上的科研荣誉种类齐全、名目繁多，含金量高。相比较而言，大学教学荣誉存在类型少、级别低、激励性弱、引导性不强等问题。至于教学荣誉体系，则更是缺失。

省级以上的教学荣誉也有一些，但在评审过程中，也基本是以科研业绩作为核心指标的，因此，这些教学荣誉实质上也是一种科研荣誉。这导致只有科研突出或科研、教学同时突出的教师，才有可能获得省级以上的教学荣誉，而教学突出但科研不突出或相对较弱的老师，终生无法获得任何省级以上的教学荣誉，这直接影响（或许说摧毁也不夸张）了他们的职业信心和尊严。一个刚入职的教师，最好的榜样其实是前辈们的选择及各种选择带来的结果。

在无法改变省级以上教学荣誉评选标准的前提下，各高校在自己的权力范围内,建立一个校级教学荣誉体系,可以在一定范围内和一定程度上,帮助教学突出但科研不突出或相对较弱的老师,也能让他们看到成长的希望。也就是说,大学构建教学荣誉体系是大学目前能够做到的。当然,这也是大学目前应该做到的,理由有以下五点。

(一)大学教师客观上存在不同的类型。大学教师大致可以分为四种:第一种,既擅长科研又擅长教学的;第二种,擅长科研而不擅长教学的;第三种,擅长教学而不擅长科研的;第四种,既不擅长科研也不擅长教学的。第一种情况既应获得科研荣誉,也应获得教学荣誉,但属于极少数;第二种情况应该获得科研荣誉,而实际情况是,他们不仅可以获得科研荣誉,还可以包揽教学荣誉;第三种情况应该获得教学荣誉,但实际情况是,为他们设立的荣誉不仅很少,而且激励力度也不够;第四种情况不在讨论之列。

(二)大学客观上存在教学型院系和专业。在很多大学,体育部、艺术学院、大学英语教学部等是教学型院系,他们也有科研做得好的老师,但大部分老师是以本科教学作为职业生涯的最终选择。在不少院系,都存在着教学型的专业,这些专业的教师以本科教学作为主要职责。教学型院系和教学型专业的老师,由于其职业发展的主要方向是本科教学,故他们需要教学荣誉。

(三)无论什么样的大学,本科教学都是最基本的目标。哪怕是哈佛大学这样高层次的研究型大学,如今也开始反思自己是如何变成了知识的创造者和存储地,变成了"失去灵魂的卓越"。它们失去的灵魂就是让学术追求替代了大学的教育任务,从而忽视了本科教育是大学最基本的目标。在世界著名大学纷纷不忘初心,重申本科教学基础地位的同时,一些以本科教学作为传统和优势的大学却纷纷奔走在科研至上的大道上,岂不是让人匪夷所思?

(四)科研与教学的均衡发展是理想型教师的标志。教学不仅包含教学水平,还包含教学心态。高水平的科研可能还会提升教师的教学水平。但科研荣誉体系的过于强势以及教学荣誉体系的长期缺失,则容易让教师的教学心态失衡。当教师的重点不在教学上时,单纯的科研水平并不会造就高水平的教学。那么,只会科研的老师会不会因此而心安理得呢?希尔斯(Edward Shils)认为,"在大学里,教学和研究是同样重要的。所有得到正式聘任的大学教师在原则上都要同时进行教学和研究"①,这一原则也可以理解为大学教师天然的职责。由此我们相信,科研上成功的教师并不会心甘情愿做一个教学方面的失败者,或者说,科研上的辉煌并不能弥补教学上的失败带给他们的职业遗憾。毫无疑问,一位只是科研水平高的教师固然是让人羡慕的,但肯定是有缺憾的教师,更不是理想型教师。一个比较合理的教学荣誉体系,多少能提醒科研型教师关于大学教师的原则和职责,点燃他们趋向熄灭的教学热情,激发他们去追寻科研与教学的均衡发展,从而真正凭借教学方面的贡献而不只是科研成果,名正言顺地获得教学荣誉。

(五)可以解答如何评"教学型教授"的疑问。关于教学型教授,一直存在两大争论:一是要不要评?二是怎么评?有人提出,"教学型教授传递给人们的错误导向是:只要教学好,科研不够,也可以做教

---

① 爱德华·希尔斯.教师的道与德[M].徐弢,李思凡,姚丹,译.北京:北京大学出版社,2010:38.

授"①;有人旗帜鲜明地主张,通过设置教学型教授,"让专注教学的人安于教学,让擅长教学的人乐于教学,使专注教学、擅长教学的老师都能获得与其价值匹配的职称待遇,以突出大学教学的中心地位,保证大学教学质量"②。整体上看,支持的声音高于反对的声音。但接下来的问题是:如何评出教学型教授?会不会评出只会教学不会科研的教学型教授?甚至会评出教学是"假好"而不是"真好"的教学型教授?构建教学荣誉体系,则可以较好地解答这个疑问。

大学当然需要投入科研,但不能所有人都只投入科研。并非杞人忧天地说,随着大学各种科研激励政策的陆续出台,要警惕大学忘记初心的倾向。而建立教学荣誉体系,可以在一定范围内和一定程度上,激发至少是保护部分老师岌岌可危的教学热情,这也是在一定程度上捍卫大学的传统和骄傲。

三、大学构建教学荣誉体系的基本思路

在综合、借鉴各方经验的同时,针对当前大学的现实情况,我认为,大学不仅要设立教学荣誉,而且要设立成体系的教学荣誉。成体系的教学荣誉,至少有四个特点。

(一)教学荣誉的教学性

之所以特别强调这一点,是因为行政权力对教学荣誉的攫取现象

---

①刘尧.让教授的归教授——由大学设置"教学型教授"说开去[J].高校教育管理,2010(2).

②张其志.设置教学型教授的合理性辩解——基于教学学术的视角[J].高校教育管理,2013(3).

十分严重。张楚廷先生说:"我主张,凡带'长'字号的,从处一级起,一律不参与校内评奖。这样,也不能参加校外的奖了,因为校外常以有无校内奖励为前提。在我看来,这就是不与民争利。"[①]理念上的倡导固然不错,但从制度上加以规定无疑更加有效。教学荣誉的教学性包含两层含义:一是面向一线教师,有副处以上行政职务者需要回避。二是建立以教学能力、教学投入和教学效果为核心的指标体系,只有在教学业绩相等的情况下,才参考科研业绩和管理业绩。

(二)教学荣誉的丰富性

教学荣誉的设立需充分考虑到教师的不同年龄、不同资历、不同贡献以及教学的不同环节(如课堂教学和课外教学),从而让教学荣誉是多元的而非单一的,是立体的而非平面的。针对课堂教学,可以设计四类教学荣誉:"青年教师课堂教学竞赛奖""青年教学标兵""教学名师""教学终身成就奖";针对课外教学,可以设计两类教学荣誉:"模范班主任"和"优秀教学管理工作者"。针对课堂教学而设计的四类教学荣誉,均以课堂教学能力和效果为考察的起点和核心,但侧重点并不同。"青年教师课堂教学竞赛"奖侧重考察青年教师,特别是入职不久的青年教师课堂教学的能力;"青年教学标兵"表彰有一定资历和经验的,课堂教学展现出卓越能力和良好效果的青年教师;"教学名师"侧重表彰有相当资历和经验,课堂教学具有相当影响力的教师;"教学终身成就奖"侧重表彰将大半个乃至整个职业生涯献给一所大学,又能称之为顶尖教学专家的教师。当然,对"教学名师"和"教学终身成就奖"的评选,在以课堂教学为考察起点和核心的基础上,不妨再综合

[①]张楚廷.思想的流淌[M].重庆:西南师范大学出版社,2015:60.

考虑他们在教学其他环节所做的贡献。

(三)教学荣誉的层次性

教学荣誉能够充分见证一个教师在职业生涯的不同阶段所呈现出的职业水平和职业贡献,还可以彰显他在不同教学环节所做出的独特贡献。为此,我对上述六种教学荣誉做了如下的逻辑设计:

第一,"青年教师课堂教学竞赛奖"。虽然教学是一项综合工程,但"讲授法是最常见的方法,也是最必需的方法"[①],所以所要废除的应该是"填鸭式",而不是"讲授法"。不管教学方法如何多元化,课堂上的讲课能力在任何时候都是一个教师最基本的职业素养,故设立该荣誉,主要是激励青年教师,尤其是新入职的青年教师不断提高讲课能力。该荣誉建议每年评选一次,一等奖每次评选不超过4人,每人奖励不少于1万元;二等奖每次评选不超过4人,每人奖励不少于8000元;三等奖每次评选不超过8人,每人奖励不少于4000元。

第二,"青年教学标兵"。有些老师的确有讲课天赋(特别是语言天赋),如果他参加只有20分钟左右的讲课比赛,经过精心准备,也可能取得理想的成绩。但是,如果他的心思不在上课方面,那么,他未必能够上好一门课。同时,如果他没有相当的学术水平,而只有单纯的教学技巧,也未必能上好一门课。故设立该荣誉,旨在表彰有5年以上教龄、年龄45岁以下的教师,在能够讲好一次课的基础上,通过不断地钻研,能教好一门乃至多门课。该荣誉建议每两年评选一次,每次评选不超过5人,每人奖励不少于2万元。

第三,"教学名师"。一位教师在站稳和站好讲台后,更高的追求

---

① 张楚廷.张楚廷教育文集(第2卷)[M].长沙:湖南教育出版社,2007:149.

应该是进一步提升课外教学水平(如带好学科竞赛、指导学生社团等),适当地总结和传播教学经验,在一定范围内延伸和拓展自己的教学影响力。故设立该荣誉,旨在表彰任教 10 年以上,教学综合效果好(包括课堂讲课效果好和课外教学效果好),有一定学术水平(包括教学学术水平),在校内有一定知名度和美誉度的老师。该荣誉建议每两年评选一次,每次评选不超过 5 人,每人奖励不少于 5 万元。

第四,"教学终身成就奖"。有些老师,通过数十年如一日的教学实践和研究,逐渐从会教学的老师升华为教学专家,甚至成为一所学校教学方面的标杆,这时理应授予他们"教学终身成就奖"。该荣誉旨在表彰那些任教 20 年以上,教学成就、教学声望获得校内外公认的老师。该荣誉建议每两年评选一次,每次评选不超过 3 人,每人奖励不少于 10 万元。

上述的四种荣誉侧重于表彰课堂教学方面突出的优秀教师。而从大学目前的实际情况看,比较务实的做法是将重点放在前两种。因为,最让学生失望、也最彻底暴露大学教学出了问题的,正是最原始的课堂教学。所以,校方可将课堂教学的水平和效果作为整个教学荣誉的逻辑起点和最核心的评价指标。因此,校方可将获得过"青年教师课堂教学竞赛奖"一等奖作为参评"青年教学标兵"的前提条件之一;将获得过"青年教学标兵"作为参评"教学名师"的前提条件之一;将获得过"教学名师"作为参评"教学终身成就奖"的前提条件之一。

这样的设计或许有些苛刻,但可以从根本上杜绝上不好课的教师获得教学荣誉,也能让教学水平高和教学效果好的老师在教学荣誉的评选过程中轻松地脱颖而出。但这不等于说上好课就可以获得教学荣誉。上好课只是获得教学荣誉的一个门槛,这个门槛可以将不会上课的老师拦在教学荣誉的大门之外。跨过这个门槛之后,会上课的老师之间还存在一个相互竞争的问题。这个时候,就需要将他们的教学研究水平、专业研究水平、校内外的影响力等纳入评选的参照指标之中。

苏霍姆林斯基曾对中学青年教师提出这样殷切的希望:"如果一个教师在他刚参加教育工作的头几年所具备的知识,与他要教给儿童的最低限度知识的比例为10∶1,那么到他有了15年至20年教龄的时候,这个比例就逐渐变为20∶1,30∶1,50∶1。这一切都归功于读书。"①这个殷切希望同样适用于大学教师。其实,大学教师不仅要读书,还要做研究;不仅做研究,还要做教学研究。

雅斯贝尔斯(Karl Jaspers)说得更明确:"尤为重要的是,教学要以研究成果为内容。因此,研究与教学并重是大学的首要原则。按照我们的大学理想,最好的研究者才是最优良的教师。"②引用并强调这个观点,旨在提醒教师围绕教学展开研究,包括研究如何做一个杰出的老师,因此,并不会重返只注重科研的老路。换言之,"教学名师"和"教学终身成就奖"获得者,应该是从会上课的老师中成长起来的、具备相当学术底蕴的教学专家,实际上,大学极为缺乏的也恰恰是教学专家。以此高标准评选出来的教学荣誉再与教学型教授的评聘对应起来,可以避免评聘出只会上课完全不会研究的教学型教授。

当然,大学教学除了课堂教学问题重重外,课外教学也被严重忽视。博克(Derek Bok)发现,"本科教育评估中常见的第六大问题是对课外活动重视不够。多数评估几乎只关注教授们参与的活动——为

---

① 苏霍姆林斯基.给教师的建议(上)[M].杜殿坤,译.北京:教育科学出版社,1980:8.
② 雅斯贝尔斯.什么是教育[M].邹进,译.北京:生活・读书・新知三联书店,1991:152.

学生授课、为学生提供咨询、为学生评分。然而,不断有研究表明:许多本科生认为,在大学生活中,课外活动与学术活动具有同等的价值。事实上,当被问到大学期间真正收获知识、完成自我了解的关键事件是什么时,学生们更多提及了课堂之外的某次活动,而不是某些难忘的讲座,或者某次讨论课上的顿悟"[1]。

当下在大学中,能够积极参与学生课外活动的多为团委、学工系统的教师。他们的积极也多半是出于自身的职责。很多一线教师由于太忙,对学生的课外活动缺乏参与的热情。学生也意识到,如今的大学老师,乐于在课外与他们打成一片的越来越少。多年前,季羡林先生不无忧虑地说:"我只觉得,现在学生与教员间的隔膜愈来愈大,彼此都没了信任。"[2]如今这种情况越发变得严重。正因为如此,在课堂教学之外的环节,有些老师做出了突出的贡献,更应得到适当和及时的认可。于是,我还设计了以下两种教学荣誉:

第五,"模范班主任"。班主任工作对大学生的成长极为重要。当好一个班主任,是体现大学老师课外教学水平的重要标志。而现在的情况是,愿意当班主任的老师越来越少,会当班主任的老师屈指可数。故设立该荣誉,旨在褒奖那些乐意当班主任、善于当班主任的大学老师。该荣誉建议每年评选1次,每次评选不超过10人,每人奖励不少于2万元。

第六,"优秀教学管理工作者"。张楚廷先生说:"一所大学校风好

---

[1] 德雷克·博克.回归大学之道——对美国大学本科教育的反思与展望[M].侯定凯,梁爽,陈琼琼,译.上海:华东师范大学出版社,2012:52.
[2] 季羡林.可怕的隔膜[M]//季羡林.季羡林谈教育.太原:山西人民出版社,2016:4.

不好,优秀不优秀,首先确实是取决于机关作风。"[1]学生们常常反映,有些管理人员的态度极为恶劣,这让他们难以释怀;有些管理人员始终面带微笑,这成了他们大学最美好的回忆之一。所以说,大学里具备职业精神和职业道德的教学管理人员值得尊敬。故设立该荣誉,旨在表彰那些在教育管理岗位上勤勤恳恳的杰出人士(该荣誉也可纳入管理荣誉体系中)。该荣誉建议每年评选1次,每次评选不超过10人,每人奖励不少于2万元。

(四)教学荣誉的荣誉性

荣誉性指评选出来的教学荣誉实至名归,能够获得师生的广泛认可(故要特别重视与教学直接相关的核心指标的设立),荣誉的获得者自身也会十分珍惜获得的荣誉,并由此迸发出更大的教学热情。

第一,要保持荣誉的稳定性、连续性和历史性。理想的是,教学荣誉设立后,能够成为一所大学教学激励政策方面的"百年荣耀",一代代地传承下去。如果教学荣誉总是心血来潮地设立,又毫无理由地取消,荣誉的权威性就会大大降低。

第二,要注重彰显荣誉的仪式性。学校定期举行专门的、隆重的颁奖典礼,并有相关媒体进行跟踪报道和宣传,以彰显教学荣誉获得者的业绩和故事。这不仅可以给荣誉获得者以自豪,也在客观上引导更多的老师去追求这样的荣耀。

第三,要将教学荣誉直接纳入教师的职称评审和人才工程评选指标中。大学老师是需要情怀的,但只有情怀是肯定不够的,就像如今大学老师如此热爱科研,依靠的肯定不仅是责任感一样。大学老师一

---

[1] 张楚廷.张楚廷教育文集(第20卷)[M].长沙:湖南人民出版社,2012:92.

般最关注两样东西:收入和职称。很多时候,对职称的关注要多于对收入的关注。因此,建议将教学荣誉与教师的职称评审,以及人才工程的评选直接挂钩:

首先,"青年教师课堂教学竞赛"一等奖获得者和"青年教学标兵"参评副教授或相关的人才工程时,视同获得相应的课题指标。以湘潭大学为例,参评副教授时,视同获批教育部课题(文科)或国家自然科学基金青年项目(理工科);参评校内人才工程时,视同获批国家社科基金项目(文科)或国家自然科学基金项目(理工科)。

其次,"教学名师"和"教学终身成就奖"获得者参评教授或相关的人才工程时,视同获得相应的课题指标。以湘潭大学为例,就是视同获批国家社科基金项目(文科)或国家自然科学资金面上项目(理工科);参评校内人才工程时,"教学名师"被直接认定为第三层次的"韶峰学者·学术骨干"(每年享受6万元津贴),"教学终身成就奖"获得者被直接认定为第二层次的"韶峰学者·学术带头人"(每年享受12万元津贴)。

最后,通过上述途径获得职称评审或人才工程评选基本资格的教师,学校为之单列指标,即教学型人才与教学型人才之间竞争,而不是教学型人才与科研型人才之间竞争。如果是后一种情况,教学型人才可能依然会名落孙山。

构建教学荣誉体系,本意不在于对抗已经比较成熟的科研荣誉体系,也不在于改变科研引导大学发展方向的事实(校级教学荣誉没有这样强大的功能),它只是对科研荣誉体系的一个微小补充,借此宽慰一部分应该或者能够走本科教学之路的教师。教学荣誉体系的设立,关乎收入和晋升,但和科研荣誉所涉及的利益相比,教学荣誉更像是一种精神安慰。而且教学荣誉体系不只是涉及晋升和收入,"这种荣誉制度,表彰的是关乎忠诚,关乎坚持,关乎对所从事职业的专业精神,因此,它表彰的是关乎人类社会所共同认可的基本价值"①。我们希望,通过教学荣誉体系的构建,在大学层面倡导这种基本价值。

(原载《现代大学教育》2018年第3期,
《新华文摘》2018年第18期摘要,有改动)

---

① 黄达人.大学的观念与实践[M].北京:商务印书馆,2011:12.

当得不像校长了，就当好了

——张楚廷日常生活中校长形象的呈现、实质与启示

当校长的时候，张楚廷曾无数次地面对这样的问题："怎样当好一个校长？""怎样才算当好了校长？""校长该做一些什么事？""校长是什么？"[1]他在理念和实践层面给出的答案，可以总结为一句话："当得不像校长了，就当好了。"[2]这句话看似简单明了，实则暗藏玄机，值得细细品味。

大学校长预设的样子是什么呢？又如何不按照套路出牌，做"不像校长"的校长呢？"不像校长"的校长怎么又是最像校长的好校长呢？解答这些疑问，不妨从张楚廷日常生活中的校长形象出发，或许会得到一些意想不到的收获。这些收获应该能为正在当大学校长、准备当大学校长以及研究大学校长的人，提供诸多有益的启示："似乎问题不在于像不像校长，而在于，他是不是校长？他是否理解了校长的使命？他是否有自己的校长理念？这与他的衣着、行为举止有关系吗？"[3]

---

[1] 张楚廷.张楚廷教育文集(第4卷)[M].长沙:湖南教育出版社,2007:15.
[2] 张楚廷.改革路上:张楚廷口述史[M].武汉:华中科技大学出版社,2019:8.
[3] 张楚廷.漫漫人生路:教育与我[M].重庆:西南师范大学出版社,2018:125.

一、"我不穿西装,土里土气的,确实不像校长"

张楚廷日常生活中的校长形象,大致可以归纳为五个词:"土气"、简朴、谦卑、幽默、"蛀书虫"。每一条,都与人们预设的大学校长形象相距甚远。五条合在一起,更是彰显出张楚廷校长形象的与众不同。

一、"土气"。张楚廷给人的第一印象是"土气",而且是"土得掉渣",怎么看都不像大学校长,"因为我穿的是球鞋,一般的校长是西装革履。我不穿西装,土里土气的,确实不像校长。我走到外面,没有一个人说我像校长"①。张楚廷什么时候才穿西装呢?那就是出国访问需要代表国家形象的时候。但出国的时间总不会太多,所以他每年西装革履的时间累计不超过一个月。西装通常是要匹配皮鞋的,因为很少穿西装,所以张楚廷也很少穿皮鞋,"我一生中穿过的皮鞋不过三四双,且大多时候闲置着只偶尔穿穿"②。当然,他还有比只穿球鞋更"土气"的时候,那就是穿着西装,脚上再穿一双球鞋。

二、简朴。张楚廷的办公室,根本不像大学校长的办公室。"我的办公室是简朴的,我坐的凳子有半个世纪之久,是学校流传下来的,我的办公桌也是之前用过的。我们的办公楼不足一千平方米,两层。恐怕在今日中国很难看到这种不起眼的办公楼。"③不仅如此,他还十八年如一日,坚持办公室不装空调,夏天用风扇,冬天用烤火炉。张楚廷坐的车,根本不像大学校长坐的车,"我坐车,一直是坐上海牌或桑塔

---

① 张楚廷.院校论[M].重庆:西南师范大学出版社,2015:105.
② 张楚廷.人生格言:一位教师的感悟[M].重庆:西南师范大学出版社,2016:27.
③ 张楚廷.思想的流淌[M].重庆:西南师范大学出版社,2015:69.

纳,还乘坐过苏联的伏尔加。到省里开会,唯有我坐的车最低档,但我的人格不低档。我不怕寒酸,却忌讳摆阔"①。张楚廷住的房,根本不像大学校长住的房,"我任湖南师范大学校长、书记的18年间,从未住过当时的一二等房子。在曾经还是住房配给制的时候就如此。尽管按计分分房,我的分数是全校第一的,但我从未要过'第一',我都是住当时的三四等房子。到现在,我的住房还如此,可能已降到四五等去了"②。总之,校长张楚廷在物质生活上无任何特殊的需要。"作为一名教师,粗茶淡饭就可以了,穿衣得体也够了,不需要去谋求绫罗绸缎。我在任校长时,依然如普通教师一样生活。我不允许自己有任何特权。"③

三、谦卑。至少有四个经典的细节。一是起立相迎来访的客人,"无论是教师、干部,还是工人或学生,在走进我的办公室时,我必起立相迎,并说'请坐'。如果他不坐而执意站着,那我也站立起来,把'坐谈'改为'站谈'。"④二是照相时只站两旁或后排,"在我任校长期间,也有跟师生合影的时候。但合影时,我只站两旁或后排,否则,我宁愿不照。一般情况下,我的要求都能得到满足"⑤。三是参加活动时不坐显眼的位子,"在一些活动中,我们或者不设位子,或者把显眼的位子给教授们。开会如此,照相更是如此"⑥。四是开会时介绍来宾,最后一个介绍自己。"在介绍与会人员时,先介绍教授代表,再介绍行政领

---

① 张楚廷.人论[M].重庆:西南师范大学出版社,2016:132.
② 张楚廷.人论[M].重庆:西南师范大学出版社,2016:132.
③ 张楚廷.人生格言:一位教师的感悟[M].重庆:西南师范大学出版社,2016:62.
④ 张楚廷.思想的流淌[M].重庆:西南师范大学出版社,2015:204.
⑤ 张楚廷.思想的流淌[M].重庆:西南师范大学出版社,2015:68.
⑥ 张楚廷.漫漫人生路:教育与我[M].重庆:西南师范大学出版社,2018:139.

导;行政领导中,先介绍副职,再介绍正职。"①经典的细节远不止如此,还包括站着做报告,自己拎包,自己打开水,记住教职工的名字,以及师生员工可以随时"破门而入"他的办公室,等等。

四、幽默。在人们的印象中,大学校长作为具有一定行政级别的干部,出于种种可以理解的原因,有些要么缺乏幽默的能力,要么缺乏幽默的胆量。可是,张楚廷既有幽默的能力,又有幽默的胆量;既有幽默的理念,又有幽默的实践;既在生活中幽默,又在工作中幽默;既在私底下幽默,也在公开场合幽默。

> 在我生活的各个方面都离不了开玩笑。所谓各个方面,大体上是五个方面:1.打乒乓球和唱歌;2.上课,到现在我还在讲坛上讲课;3.做学术报告;4.任校长期间的工作以及撰写相关的工作报告;5.写论文,写著作。在这五个领域里,我都会开玩笑,亦即都说着笑话。②

他将自己的幽默自谦地说成是"讲笑话""开玩笑""琢磨笑料""创造笑料"。乒乓球场上,有烟瘾的人到室外去抽烟,虽相距20米,但张楚廷还闻得到烟味。有人说:"这么远你还闻得到?"他回答:"他在武汉抽,我在长沙也闻得到。"大家会心一笑。做了校长的第二天,张楚廷照样提着水壶去打水,一位教师靠近他,说:"张校长,您亲自打开水?"他对那位说"亲自"的老师讲:"我不只亲自打开水,还亲自吃馒头

---

① 张楚廷.思想的流淌[M].重庆:西南师范大学出版社,2015:68.
② 张楚廷.人生格言:一位教师的感悟[M].重庆:西南师范大学出版社,2016:93.

啊。"听者不禁莞尔。总之,幽默已经融入他的血液,成为他的习惯,变成他的标志。"在十分严肃的场合,我都觉得是可以开玩笑的。比较雅的说法叫幽默或诙谐。我开玩笑的习惯有必要改吗?当校长了,需要改吗?……为什么我很喜欢开玩笑呢?我觉得,大家在一起,就是图个快乐,板起个面孔有什么意思?谁欠了谁几百年的债?"①幽默是与智慧连在一起的,较之聪明还高了一档。而张校长的幽默,无疑更是自带深意。

五、"蛀书虫"。张楚廷是一名读书人,而且是一名真正的读书人。"我算是一个读书人,也是教书人,还是写书人,一辈子注定了跟书打交道。因此,我也喜欢书、热爱书。对书有了感情,同时,书也赋予我感情,锤炼我的情感。"②"我认定了自己一辈子是做学问的人,换句话说,是一辈子要跟书打交道的,读书、买书、念书、背书、教书、借书、藏书、写书、出书,闻着书香,吹拂着书风。"③如何判断此言非虚?有一个最简单直接的证据,那就是他的讲话稿都是自己写的。"如今,认为自己拥有秘书成了一种身份,我很厌弃。办公室有秘书,我作为书记、校长,无秘书,也无须秘书,我从不要人起草讲话稿,除了特定的场合,也决不拿稿子念,以冒充报告。"④读书的校长和不读书的校长有何不同?一般而言,"读书的校长,讲话稿是自己写的;不读书的校长,讲话稿是秘书写的"⑤。自己写讲话稿的实质是自己探索、自己思考、自己表达,

---

① 张楚廷.漫漫人生路:教育与我[M].重庆:西南师范大学出版社,2018:126.
② 张楚廷.大学的教育理念[M].重庆:西南师范大学出版社,2015:98.
③ 张楚廷.漫漫人生路:教育与我[M].重庆:西南师范大学出版社,2018:107.
④ 张楚廷.张楚廷教育文集(第4卷)[M].长沙:湖南教育出版社,2007:295.
⑤ 宋德发.用整个的心做大学老师[M].湘潭:湘潭大学出版社,2016:71.

这一切的前提是自己真正在读书和读真正的书。当然,张楚廷已经不是一般意义上的读书人,他对书的痴迷已经达到"蛀书虫"级别。"我作为一个教书匠、'蛀书虫',不可能如影视明星那样轰轰烈烈,不可能像商界大佬们那样风风火火,不可能像将军那样率领千军万马,浩浩荡荡。我注定了与宁静、寂寞打交道。"①

张楚廷买书、藏书、读书、教书、写书,一辈子与书交往。他骨子里是一个喜欢安静、享受安静和向往安静的读书人,只因为人生中的种种必然或偶然,成为一名日常行政事务缠身的大学校长。做了大学校长后,他珍惜时间,同时充分发挥自己转移注意力的能力,白天做行政,晚上做学术,将聚光灯下的大学校长和书房中的读书人两个看起来很矛盾的身份却有机统一了起来。更让人惊讶和敬佩的是,他不仅是大学校长中读书读得最好的之一,也是读书人中读书读得最好的之一,因为他已经读成了著作等身的教育家、哲学家、思想家和改革家。

二、"我不认为有雄才大略的人是可以不拘小节的"

"土气"、简朴、谦卑、幽默和"蛀书虫",张楚廷这"不像校长"的形象是无意呈现的。但是,对于这五种形象背后的故事及其实质,张楚廷本人也是心知肚明并开诚布公的。而通过他本人真诚的讲述,又可以明确一点:这五种形象的呈现很多时候也有有意为之的成分。但这丝毫不会损害张楚廷校长光辉的形象,恰恰相反,更有助于我们发现一位杰出大学校长有着怎样超乎寻常的身份意识、职业操守和道德自

---

① 张楚廷.漫漫人生路:教育与我[M].重庆:西南师范大学出版社,2018:223.

觉。"一个人的一生也可以说是一种'表演',只是这种'表演'与演员的表演有两点重大差别:演员只在相对较短的时间内完成人物塑造,而人的'表演'是在长达一生一世的时间内塑造人物;另一点就是,这个人物是自己,每个人都应去塑造一个正面形象。这是很不容易的'表演',一在正面,二在恒久。"①

大学校长如何恒久地塑造自己的正面形象?张楚廷认为,有宏图大略,有大视野、大气魄、大胆量固然是一方面,注重细节也是很重要的另一方面。"有人说,看人要看大方向,看大节。我却看'小节',艺术体现在细节。什么是大?什么是小?其实也有不同看法。办公室里的工作人员(包括我),来人了,是否主动打招呼,是否欠身或起身相迎;来人离去时,是否有一声'好走'或'慢走',这些是'小节'吗?若是,我也看重,且不认为'小',我不觉得有离开这一基础的大节。"②

即是说,大学校长在大谋略的实现过程中,还需要无数细致的思考和小心的反思。因此张楚廷才会说:"我不认为有雄才大略的人是不拘小节的,他人的原谅或宽容是另一回事。'责己严,责人宽',正是这类人生态度。苛求自己,就不会视做人为小事,放纵自己可能会是从小事开始的。这样,就有一个由小见大的眼力和气质问题。"③总之,张楚廷无意呈现和有意塑造出来的"不像校长"的校长形象,客观和主观上都寓意深远。概括起来,无外乎两点:一是确认了"校长是人",二是确认了"校长不是官"。

首先看"校长是人"。一个人生活在现实社会之中,总是具备各种

①张楚廷.张楚廷教育文集(第8卷)[M].长沙:湖南教育出版社,2007:19.
②张楚廷.思想的流淌[M].重庆:西南师范大学出版社,2015:89.
③张楚廷.思想的流淌[M].重庆:西南师范大学出版社,2015:89.

各样的身份,"但在所有这些身份的背后,一个最基本的身份,那就是人,我们首先是一个'人'……"①校长当然首先也是人,这是一个常识。可是违背常识的人多了,尊重常识也就变得很深刻和奇特了。张楚廷说:"我的主义即人主义,我的哲学即人哲学,我的历史观即人观。而且,我所言之人实乃一个个活生生的人。"②这是他所有思想和行为的逻辑起点和最终归宿。"我的最低标准是做人,最高标准也是做人。父母生我养我育我,我要像个人,更好地做人,更会做人。并且,人确实可以越做越好,可以永无止境地做下去,且不因无止境而有丝毫的松懈。为人一世,做个实实在在的人,是最值得的。在任何不同行业里工作的人,其本质都是在做人,在做工作的同时,随时不忘做人。这是人特有的使命,也是人之为人的光荣和责任。人在做人的过程中,将获得新的生命。"③

作为校长,张楚廷看到了自己有变得"不像人"的危险。好在他一直很清醒,一直很警觉,一直很努力,一直将做人、做好人视为自己的良心和职责。"做学问,做工作,做校长,首先还是做人,其次也是做人,再次还是做人。做人都做不好,能做好校长? 做校长时依然还像个人,这并非易事。在一种特殊环境下做人,比在一般条件下做人更困难些,因而更需要审慎。若被'官本位'侵蚀,许多来自外界的东西会诱惑你离开做正常人的轨道。这些诱惑迅速把你推上官位,让你很快滋生出官气、官味,让你忘乎所以。"④

---

① 刘铁芳.知识与教养之间[M].北京:北京师范大学出版社,2017:4.
② 张楚廷.大学的教育理念[M].重庆:西南师范大学出版社,2018:181.
③ 张楚廷.人生格言:一位教师的感悟[M].重庆:西南师范大学出版社,2016:211.
④ 张楚廷.思想的流淌[M].重庆:西南师范大学出版社,2015:59-60.

当明确"校长是人"后,意味着校长的形象不应该有预设,不应该有标准,不应该有模板,意味着"土气"、简朴、谦卑、幽默和"蛀书虫"等等,也可以成为校长形象的常态。当然,校长还是杰出的人,所以,他的生活可以像普通人,他的思想精神和人格修养又要超过普通人。"对于校长,在人格上无论如何要求,都不算苛求。"[1]因此,张楚廷坚信,在学校里,"最需要磨炼的是校长,最需要每天在中华民族的先祖面前默默检点自己的,第一个就是校长"[2]。

无论我们是否意识到,对大学而言,教师应该具有良好的品德,作为校长更应如此。换言之,校长或许不能成为圣人,也不需要成为圣人,但校长需要在道德品质方面有着更高的自我要求和追求。"校长行使职权的合法性虽然来自其校长的职位,但他行使职权的有效性则来自由他渊博学识和高尚人格建立起来的不言自威的德望。因为,大学校长不仅是领导者,更应是学问家和教育家,他是社会文化和社会美德的代表,是知识的化身、教育的楷模、道德的旗帜。校长对大学的影响之大,决定了其必须以完美的形象出场。"[3]因此,校长日常生活中的每一个不经意的细节,都会被赋予意义,成为某种联想、隐喻。比如,普通人去水房打开水只是打开水,校长去水房打开水就是"亲自打开水"。"亲自打开水"就成了平易近人的象征。当校长意识到这一点后,"亲自打开水"之类的事情就得一以贯之地坚持下去。校长或许并不想这样,但有时不得不这样。

其次看"校长不是官"。大学是学术的殿堂,只有教职员工,哪有

---

[1] 张楚廷.张楚廷教育文集(第4卷)[M].长沙:湖南教育出版社,2007:402.
[2] 张楚廷.张楚廷教育文集(第4卷)[M].长沙:湖南教育出版社,2007:399.
[3] 眭依凡.大学校长及其演讲的重要性[J].高校教育管理,2010(1).

什么官？诚如刘道玉先生所言，"校长不是官，如果一定说是官，那至多是个'学术官'。问题还在于你以什么态度来当校长，可以把他当官做，也可以用它来干事业，这是两种不同的校长"①。可是在现实中，校长常把自己当成官，或者一直被别人当成官，以至于"官本位"在大学里已无孔不入，"比'官本位'本身更严重的是人们并不充分感觉到它的严重存在，并未意识到它危害的严重性，并未有要清除它的紧迫感，没有危机感，有的倒是十分普遍的麻木感"②。

为了消除或者减轻"官本位"的危害，张楚廷做了很多努力，比如和两位副校长一起去省里请辞厅级待遇，以及通过制订规定的方式，在自己主政的大学里推行"小行政，大学堂"等。当然，他做得最彻底的就是，从哲学的高度还原校长"人"的身份。在确认"校长是人"的同时，也就悄然确认了"校长不是官"。"我从未把校长当官做。即使我在任何特殊岗位上，我也不会享有特权。"③"我一直认为校长不是官。因而，校长不能有一丝一毫的官气，不能有官腔、官调、官架子。也就是说，不要当了校长就误会了，误会了校长，误会了自己。校长不是官，他是什么呢？他是教师中的首席，是学术的组织者，是学术自由的守护者，是为师生员工服务的人员之一。"④

张楚廷强调校长不是官，是行政人员，至多算是行政人员的头儿，也是教师的头儿，但他不是官。将校长当成官去做，就容易装腔作势，

---

① 刘道玉.拓荒与呐喊：一个大学校长的教改历程[M].北京：世界知识出版社，2011：227.
② 张楚廷.张楚廷教育文集（第1卷）[M].长沙：湖南教育出版社，2007：232.
③ 张楚廷.人格格言：一位教师的感悟[M].重庆：西南师范大学出版社，2016：183.
④ 张楚廷.人论[M].重庆：西南师范大学出版社，2015：131-132.

容易乔装打扮。将校长当成人去做,就能以一个真实的自己去面对师生员工。"无论在什么时候,在什么环境下,身居什么位置,无论作为教授或者校长,我都不能有官腔官调,绝不可能装腔作势,更不可能居高临下、自命不凡、盛气凌人。这些东西与我无关,我从来没有忘乎所以,没有忘记我是众人之中的一员。我不是人上人,更不是人外人,而是人中人。"①

当明确"校长是人"和"校长不是官"的时候,张楚廷日常生活中的校长形象其实都是校长可以拥有、也应该拥有的形象。只不过,由于校长一直被当作官,而且被当作高官,所以这些本属常态的校长形象才被视为另类形象,视为"不像校长"的形象。这些"不像校长"的形象,又成为张楚廷解构行政化的一种高明策略,取得了"谈笑间,樯橹灰飞烟灭"的良好功效。"师大的校长坐桑塔纳,皇冠的车子给教授坐,你看还有官本位吗?师大各系的系主任有空调、好办公桌,校长办公室只有电风扇、煤火炉子,你看还有官本位吗?照相的时候,教授、学生站前面,校长、书记站后面,你看还有官本位吗?校长和书记住的房子是三等、四等的,你看还有官本位吗?"②

三、"我相信我是自己调动自己的"

张楚廷日常生活中的校长形象及其背后的实质,从管理智慧的层面看,启示人们如何让显性的管理走向隐性的管理,制度的管理走向文化的管理,"管"走向"不管",科学的管理走向艺术的管理。为了更

---

① 张楚廷.人生格言:一位教师的感悟[M].重庆:西南师范大学出版社,2016:27-28.
② 张楚廷.张楚廷教育文集(第20卷)[M].重庆:湖南人民出版社,2012:88.

好地理解这些,不妨结合他的隐性课程思想去谈。

张楚廷认为,"在学校千门万门的显性课程之外或之中,的确存在着一门特别的隐性课程。最好的大学自觉地看重它,次好的大学无意地建设它,不幸的大学忘记了它"①。"这一课程的价值也就不言而喻了,而校长对此课程之建设负有最直接最重大的责任。"②形象地说,大学校长是隐性课程的第一作者,他或是主笔,或是第一执笔人,而不应当只是挂名的主编。何为隐性课程?张楚廷有一个生动的比喻,就是"风"。

> 学校里的学风、教风、校风怎样?这个校园所刮的是东南风,还是西北风?"风"是无形的旗帜,因而,换句话说,就要看学校里是否飘扬着旗帜,飘扬着怎样的旗帜。而所谓旗帜,即无形的引路者、照耀者。它引导学生去崇敬、去鄙视,指引学生去追求、去拒绝。还有什么比这更重要、更珍贵的呢?还有什么是更值得校长去关注的呢?③

在"风"的形成过程中,校长应该认清并且承担起自己的职责。"校长作为主持大学校务的最高行政长官,他们不仅是大学的CEO,同时也是大学的灵魂,他们代表大学的精神并决定大学改革发展的方向。"④校长能给予"风"一般的影响主要来自两个方面,"一是校长的教

---

① 张楚廷.张楚廷教育文集(第15卷)[M].长沙:湖南人民出版社,2012:373.
② 张楚廷.张楚廷教育文集(第4卷)[M].长沙:湖南教育出版社,2007:82.
③ 张楚廷.思想的流淌[M].重庆:西南师范大学出版社,2015:177.
④ 眭依凡.大学校长及其演讲的重要性[J].高校教育管理,2010(1).

育思想、办学思想,这是最基本的,另一则是校长的作风"①。校长的作风影响"风"的形成,主要不是通过明示、说服和教导来实现,而是通过暗示、熏陶和引领来达成目标。即是说,在创建"风"的过程中,校长首先要做的是从要求者变成被要求者,从说"你该怎么做"变成说"我该怎么做",从说"你该做些什么"变成说"我该做些什么",从调动别人变成调动自己,从改变别人到改变自己。

> 我也一样,无论是作为教师的我,还是作为校长的我,自然都着眼于唤起自己,鼓舞自己,调动自己,同时也还有约束自己、检点自己,只不过作为校长时,我肩负着更多的责任,因而,也更多需要自己检讨自己、反省自己,也更多需要调动自己,让自己更积极、更主动、更富于创造性地工作。……我很自然地把每个人切实地视为独立的他,越独立越是他自己。因而,我压根就不会想着去调动别人,我希望别人好,希望别人有活力,从而使学校也获得活力,而他们越独立才越会有活力。所有这些,只可能是他们自己唤醒自己,自己调动自己。我相信我是自己调动自己的,同时亦相信他人也是自己调动自己的。②

也就是说,张楚廷首先从自己做起,通过自己看中什么、崇尚什么、欣赏什么、尊重什么、追求什么,来暗示和引领大学要吹什么"风",以及"风"吹向哪里。

---

① 张楚廷.张楚廷教育文集(第5卷)[M].长沙:湖南教育出版社,2007:225.
② 张楚廷.人生格言:一位教师的感悟[M].重庆:西南师范大学出版社,2016:209-210.

大学要主张平等,张校长首先要求自己做平民。他说:"我总盼望我们学校是一所充满了彼此尊重、彼此平等对待、彼此关心的校园。特别是有点地位、有点身份的人对待普通人,比如普通的学生、工人和教师,不要起高腔,不要那样傲气,不要那样不屑一顾。"[1]他还说:"人可以有不同辈分、不同职务、不同职责,但应当没有贵贱之分,更应当没有主奴之分,没有从属、附庸关系。"[2]为了弘扬这样的信念和精神,张楚廷无意或者有意,总之是非常巧妙地借用"土气"这个符号来标明自己的平民身份。从符号学的角度看,任何意义都需要借助特定的符号才能表达,而任何符号都会表达特定的意义。人们为什么用衣服装扮身体,"御寒之外,首先是为了提升社会地位"[3]。

张楚廷反其道而行之,他的衣服在御寒之外,并没有被赋予提升社会地位的意义,而这恰恰帮他获得了另一种想要表达的意义,我是平民。除此之外,彰显张楚廷平民身份的符号还包括:起立相迎来访的客人,照相时只站两旁或后排,参加活动时不坐显眼的位子,开会时介绍来宾最后一个介绍自己,站着做报告,自己拎包,自己打开水,自己写讲话稿并且写得很好,从不坐豪华车,等等。

大学要培养个性,张校长首先要求自己做有个性的人。张楚廷对"人"的推崇,很多时候就是对人的个性的推崇,"说到个性,我觉得是特别值得关注的。所谓个性,就是人性,就是自我性"[4]。作为一名真正的知识分子,张楚廷知行合一,一直都在做有个性的校长,"做人与众不同,做事与众不同,换一说法就是:低调做人,高调做事。做事时

---

[1] 张楚廷.张楚廷教育文集(第20卷)[M].长沙:湖南人民出版社,2018:225.
[2] 张楚廷.有效的家庭教育[M].重庆:西南师范大学出版社,2015:11.
[3] 赵毅衡.趣味符号学[M].重庆:重庆大学出版社,2015:30.
[4] 张楚廷.体育与人[M].重庆:西南师范大学出版社,2014:65.

的高调是唱给自己的,这样就有利于做人时的低调。做人时的低调也是唱给自己听的,这样就有利于做事时的高调"①。他的"土气",他的简朴,他的谦卑,他的幽默,他的"蛀书虫"形象,他作为校长所呈现出来的诸多与众不同,其实就是与级别不同,与社会习俗不同,与思维定式不同。正是在种种不同中,张楚廷自然塑造和流露着自己的独立个性和人格。

大学要追求学问,张校长首先要求自己做学问家。在张楚廷看来,"校长既要带领师生员工认真做人,学习做人,又要带领师生员工做学问,在做学问中更好地学做人,在做人中学着更好地做学问。这才叫作学校,这才是校长应做的事。于是,校长也要做学问,并且也要成为做学问的典范。他的学问不一定是做得水平最高的,但一定是一位认认真真做学问的,而且亦应是一位把学问与做人两件事融为一件事的人"②。他还认为:"校长不一定是最会读书的,但校长必须爱读;校长不一定是最会写书的,但校长是最有可能写书的。比一般教师有更丰富的教育管理经验,也就应当对教育有更多的领悟。写出来,不就是书吗?唯有如此,校长才真正是读书人的领头羊。"③眭依凡说:"我们实在不敢想象如果一个大学校长不学无术、知识贫乏甚至有些低级趣味,其言行会在师生面前产生什么影响?"④作为"蛀书虫"的张楚廷,不仅坚持做学问,而且做出了大学问。他甚至做什么事就做什么方面的学问。在他所做的学问中,有一门尤为独特,尤为值得大学校长们借鉴,那就是如何做大学校长的学问。

---

① 张楚廷.漫漫人生路:教育与我[M].重庆:西南师范大学出版社,2018:128.
② 张楚廷.关于人的问题[M].重庆:西南师范大学出版社,2018:85.
③ 张楚廷.漫漫人生路:教育与我[M].重庆:西南师范大学出版社,2018:108.
④ 眭依凡.大学校长及其演讲的重要性[J].高校教育管理,2010(1).

张楚廷认为,"最好的管理是不需要管理的管理,真正卓越的人是不去管人的人。"[①]"人管人,是一种低层次的东西;制度管人是中层次的东西;文化育人才是高层次的东西。"[②]大学要实现最好的管理和最高层次的文化育人,张楚廷用他的理念和实践启示我们,首先从校长做起,从校长的率先垂范做起,从校长不断提升自己的道德品质和人格魅力做起。"校长的人格,是无法用具体价值来衡量的,随着时间的推移,它将会日益清晰地化作永远值得铭记的人格丰碑,化作滋润一所学校的精神营养。"[③]因此,也就可以说,张楚廷的珍贵就在于他身在体制内,心在体制外;在于他以身作则,主张个人德行对于大学校长身份的不可或缺性;在于他知行合一,在学校管理中真正践行他的道德自觉。

(原载《当代教育论坛》2020年第1期,有改动)

[①]张楚廷.大学的教育理念[M].重庆:西南师范大学出版社,2018:38.
[②]张楚廷.张楚廷教育文集(第20卷)[M].长沙:湖南人民出版社,2012:32.
[③]刘铁芳.教育的高度即人性的高度[M].北京:北京师范大学出版社,2017:198.

最好的管理是不需要管理的管理

——张楚廷"隐性管理"思想述论

在总结自己的大学管理经验时,张楚廷先生说过两句非常经典的话,第一句是:"最好的管理是不需要管理的管理,真正卓越的人是不去管人的人。"[1]第二句是:"人管人,是一种低层次的东西;制度管人是中层次的东西;文化育人才是高层次的东西。"[2]这里所言的"不需要管理的管理"和"高层次的东西",实质上就是张楚廷一直非常推崇的隐性管理。而对他隐性管理思想的提炼、概括和评析,对文化含量更高的大学管理无疑具有重要的启示。

一、使人口服心服的管理:隐性管理的特征

管理有显性和隐性之分。何谓显性管理?张楚廷认为,"显性管理是以明显的形式做出决策以及与决策相应的行为;这种决策一般以一定的文字、符号表现出来;负载于一定文字、符号的显性管理信号能

---

[1]张楚廷.大学的教育理念[M].重庆:西南师范大学出版社,2015:38.
[2]张楚廷.张楚廷教育文集(第20卷)[M].长沙:湖南人民出版社,2012:32.

被明确地传递给所有有关的管理人员及与此有关的人员(管理对象中的人)"①。何谓隐性管理？张楚廷认为，"隐性管理则是并非以显性的文字、符号为负载，而是通过隐性形式作用于观念体系，间接地产生对管理对象的影响，间接地影响显性管理"②。显性管理与隐性管理内涵的不同，自然地衍生出两者特点的不同。概而言之，有以下五点明显的区别：

(一)管理对象的区别。显性管理的直接对象是人、财、物、时间与信息；隐性管理的直接对象是观念、情感、信仰、价值体系等。

(二)管理内容的区别。显性管理大多直接指向人们的行为，如告诉人们朝哪个目标去做，做什么，怎样做，不能做什么等；隐性管理主要指向人们的意识。

(三)管理方式的区别。显性管理主要通过明显的形式，如一定的文字、符号等，直接作用于管理对象；隐性管理主要通过隐性形式，并非以显性的文字、符号为负载，间接作用于管理对象。或者说，显性管理主要借助人的智力来实现管理目标，隐性管理主要借助人的心力来实现管理目标。智力即生物一般性的精神能力，心力即潜藏于人心灵深处的非认知心理，包括情感、意志、兴趣、需要、信念等。

(四)管理效果的区别。显性管理因为通过"你该怎样做""你该做些什么"这种直白的方式呈现，所以被管理者常常是被动地接受、理解和履行自己的职责。隐性管理由于呈现得更加含蓄，更重视通过观念认同的方式来实现管理目标，所以更能激发被管理者潜藏在内心深处的心力，促使他们主动地自己回答"我该怎样做""我该做些什么？"。

---

① 张楚廷.张楚廷教育文集(第 7 卷)[M].长沙：湖南教育出版社，2007：162.
② 张楚廷.张楚廷教育文集(第 7 卷)[M].长沙：湖南教育出版社，2007：163.

（五）管理氛围的区别。显性管理由于带有强制性，所以是比较容易产生对抗心理，可能会导致被管理者口服心不服。隐性管理以潜移默化的熏陶为主，使得被管理者的心情处于愉悦的状态，让他们充分感受到尊重和平等，所以也是使人口服心服的管理，是有助于避免对抗心理产生的管理，因此是更容易造就和谐氛围，甚至有家的氛围的管理。

由于注意到大学的特殊性，以及由这些特殊性所造就的大学管理的特殊性，所以张楚廷特别重视隐性管理。"一说到管理，不少人只注意到'管'，而较少注意到'理'。管理之中，有显性管理，亦有隐性管理。管理不只是组织、安排、设计程序、制定制度，而且包括暗示、认同、价值观念的形成、信仰系统的建构、人际关系的优化等等，后者亦属于管理之内，大都是隐性的形式，理智的管理。"[①]可以说，隐性管理是张楚廷大学管理思想中既特别又有价值的部分，因而也值得关注、探讨、总结和推广。

二、人是自动、主动的人：隐性管理的基础

管理学对人有两种不同的理解。

一种认为人是"经济人"，于是有了管理学中的"经济人"观点："人生来是懒惰的，以自我为中心，多数人只求满足生理需要、安全需要，而只有少数人能自己鼓励自己。因此，相应的管理观念是：以经济报酬来换取员工的效力，以权力及控制系统来引导，认为管理就是计划、

---

①张楚廷.张楚廷教育文集(第7卷)[M].长沙:湖南教育出版社,2007:7.

组织、安排、监督等,即任务管理。因而也认为管理是少数人的事。"①另一种认为人是"自动人",于是有了管理学中的"自动人"观点:"一般人都是勤奋的,人是自动、主动的人,在正常情况下会主动承担责任,一般人都还很有潜力。因此,相应的管理观念是:管理应着重于创造适宜的工作环境和条件,使员工在这种环境下便于充分挖掘潜能,保证员工发挥和表现才能,等等。"②

认为人是"经济人",更容易偏爱显性管理;认为人是"自动人",更容易选择隐性管理。张楚廷显然更相信人是"自动人",这也是他隐性管理思想的基础。不仅如此,他对这个基础还有自己的理解和发展。具体而言,体现为以下三点。

(一)哲学基础:人具有可发展性。张楚廷将人的"可发展性"归纳为"可反身性""可自控性""可暗示性""可超越性"等方面。其中"可反身性""可自控性""可暗示性"恰恰是隐性管理最直接的哲学基础。

人的"可反身性",指的是"人可以自己以自己为意识对象",以及"自己催促自己发展,催促自己向前走",亦即"自己认识自己,自己鼓励自己,自己相信自己,自己尊重自己,自己安抚自己,自己提升自己,自己振奋自己……。"③人的"可自控性",指的是"自己阻止自己停滞和倒退,自己控制自己不向后退",以及"自己鞭策自己,自己约束自己,自己悔怨自己……。"④人的"可暗示性",指的是主体能够也期待接受外界以隐性的方式传递的信息。可以说,人的"可反身性""可自控性"

---

①张楚廷.张楚廷教育文集(第7卷)[M].长沙:湖南教育出版社,2007:7.
②张楚廷.张楚廷教育文集(第7卷)[M].长沙:湖南教育出版社,2007:8.
③张楚廷.张楚廷教育文集(第1卷)[M].长沙:湖南教育出版社,2007:338.
④张楚廷.张楚廷教育文集(第1卷)[M].长沙:湖南教育出版社,2007:338.

"可暗示性",对教育而言,有助于促成隐性教育;对管理而言,有助于促成隐性管理。

(二)是心理学基础:人具有非认知心理。在张楚廷看来,"人的发展不只是认知的发展,还必然有非认知心理的发展,而且后者对前者的影响很大。这是事实,已为科学所证实,你忽视它也好,否定它也好,它存在着,而且忽视或否定它必然带来损害"[①]。正因为人的认知过程常常伴随着属于非认知心理的体验、感受、意志和情感等因素,因此,人所能接受和所期待接受的绝不只是显性的语言信号。而对于看起来是显性的语言信号,在具体情况具体分析之后,也会发现,其中还包含着诸多隐性的部分。

语言信号其实可以分为三类:一类是"为实"的,一类是"为事"的,一类是"为人"的。"为实"的告诉人们世界的本来面貌,"为事"的告诉人们如何办事,"为人"的告诉人们如何做人。人们接收"为实"的语言信号,更多地需要理论思维;接收"为事"的语言信号更多地需要操作与训练;接收"为人"的语言信号,更多地需要非认知心理的参与,需要内省,需要养成……所以说,人无论是接收非语言信号,还是接收语言信号,都离不开客观和普遍存在的非认知心理。

(三)现实基础:大学是有文化的地方。人们可能有一个共同的发现或感受:文化层次越高的组织,其管理越是看不见、摸不着,因为他们已经形成自己的管理文化。这其实说的是,越缺乏文化的组织越可能迷恋显性管理,越有文化的组织越可能运用隐性管理。

张楚廷说,"一个活动,一个报告,一间教室,一栋建筑物,都讲文

[①]张楚廷.张楚廷教育文集(第1卷)[M].长沙:湖南教育出版社,2007:620.

化,讲文化含量大小。大学与其他单位相比,最大的差别是文化。大学与大学相比,根本的差距在文化含量"①。这句话暗含了张楚廷推崇和开展隐性管理的两个现实条件:一是大学是有文化的地方,二是湖南师范大学是特别有文化的地方。

从整体上看,大学的平均文化水平显然要高于社会平均文化水平,甚至可以说,大学本身就是文化的象征。"这一客观情况有利于对权力的理解,同时对权力的过度运用也可能导致更强烈的抵制,对非权力性影响更为关注。平均文化水平较高使得非权力性管理的影响力也具有比较特殊的意义。"②张楚廷主政的湖南师范大学,是全国重点大学,所以它的文化水平较高,因此,更有条件推行非权力性管理即隐性管理。

总之,隐性管理的自然展开,离不开一定的文化环境,而文化环境的营造其实也离不开隐性管理的自然开展。文化贫弱的大学,在隐性管理方面可做的文章不多,隐性管理的作用也难以发挥,甚至会导致管理的缺失和混乱。文化厚重的大学,如湖南师范大学,在隐性管理方面则可以大做文章,而隐性管理的自然开展,反过来又进一步推动了学校的文化建设。

三、隐性管理大多通过暗示进行:隐性管理的实践

在张楚廷看来,隐性管理大多是通过暗示进行。由于人具有"可暗示性",因此人一般都有接受暗示的能力。而且由于暗示与明示相

---

①张楚廷.张楚廷教育文集(第20卷)[M].长沙:湖南人民出版社,2012:206.
②张楚廷.张楚廷教育文集(第7卷)[M].长沙:湖南教育出版社,2007:23-24.

比具有一些特殊的效果,所以,当人们的心理发展水平越高时,接受暗示的能力就越强,接受暗示的心情就越迫切,接受暗示的效果就越明显。湖南师范大学作为一所文化厚重的大学,师生员工的心理发展水平显然是高于一般人的,因此能够为主要通过暗示进行的隐性管理提供了良好的环境。张楚廷也正是通过种种巧妙的暗示,来实践他的隐性管理思想。"暗示者是谁呢? 他既可以是人,它又可以是环境(自然环境、文化环境、艺术环境、观念环境……);可以是悠扬的旋律,也可以是弦外之音。环境因此可成为'教师'。"①

(一)环境暗示。大学的环境,一是指自然环境,二是指人文环境。对隐性管理而言,人文环境的影响最为直接。在人文环境中,更重要的是观念环境。"观念是无形的东西,鲜明的、具有感染力的观念要在校园内形成是不容易的,它需要从许多方面体现出来,积淀起来,建构起来。从学校的建筑物中渗漏出来,从自然与人文交融的景点中散发出来,从学校主流人群的信仰中显现出来,特别从教师群体的精神境界中凸现出来。什么是最珍贵的? 什么是最值得的? 什么是要去追求的? 什么是最受尊重的? ……一所学校的方方面面都在回答这些问题。"②

张楚廷主政湖南师范大学期间,致力于两大观念环境的建设:一是"教师第一,行政干部第二",这是面向教师的观念环境。"我奉行'教师第一,行政干部第二'的理念,我也认为这正是干部的价值所在。干部,实质上是管理人员,管理人员是派生的。"③二是"一切为学生服

---

①张楚廷.张楚廷教育文集(第1卷)[M].长沙:湖南教育出版社,2007:339.
②张楚廷.张楚廷教育文集(第2卷)[M].长沙:湖南教育出版社,2007:158.
③张楚廷.思想的流淌[M].重庆:西南师范大学出版社,2015:68.

务",这是面向学生的观念环境。"师生员工,'生'字第一;教职员工,'教'字第一;一切工作,教学第一;一切事务,质量第一。还有一种体现顺序的说法,我称为:上级为下级服务;少数为多数服务;机关为院系服务;一切为学生服务。"①

(二)榜样暗示。上述的两大观念环境,可以归结为一句话:学生第一,教师第一,机关第二。实现"学生第一"和"教师第一",要从机关自身做起,因为"一所大学校风好不好,优秀不优秀,首先确实取决于机关作风。所以,包括我在内的所有的学校行政工作人员,首先要严于律己,首先自己学会做人,我们也不能保证自己没有缺点,但如果有人指出,我们就虚心地听,努力地改"②。当机关将"机关第二"付诸实践了,就是为"学生第一""教师第一"做出榜样。

在湖南师范大学,张楚廷让机关"八字作风",即"平等、礼貌、准确、高效"成为校风重要的一部分,吹拂在校园的每个角落。八字中,前四个字是待人,后四个字是待事:平等、礼貌是为人,准确、高效是为事;更好地做人保障更好地做事。

担任湖南涉外经济学院院长时,张楚廷又将机关作风升级改造为"平等、尊重、敬责、高效",依然是八个字,但"尊重"比"礼貌"有更丰富的内涵,有更高的层次,因为尊重他人的人对人有更好的理解。"敬责"比"准确"也更好,有些工作特别要求准确,但也有工作所要求的不在于准确,而在于精巧、细腻、委婉乃至必要的模糊。尤其在学校里,在这个主要开展心智活动的地方,更是如此。

"机关第二"的机关作风,当然可以通过暗示来传递。比如张楚廷

---

①张楚廷.思想的流淌[M].重庆:西南师范大学出版社,2015:68.
②张楚廷.张楚廷教育文集(第20卷)[M].长沙:湖南人民出版社,2012:92.

对机关之首——离校长最近的校长办公室提出这样的建议:在来人时,起身相迎;接电话时先问候对方:"你好。"教师来了,领导来了,要这样做,学生、工人来了,更应该这样做。

(三)行为暗示。在张楚廷说,与其改变别人,不如改变自己,即是说,他希望机关为"机关第二"做出榜样,他其实自己也一直在为机关做出榜样。这一点,可以通过他种种率先垂范的行为得到验证。

1.通过收入暗示"教师第一,行政干部第二"。主政湖南师范大学期间,只要有机会,他就会给教职工涨工资,在教职工中,他又首先考虑给教师涨工资。与此同时,校领导的工资低于教授,学校行政干部的工资也低于相应职称的教师。校领导中有几位都同时是教授,但他们的工资仍是相对较低的。

2.通过住房暗示"教师第一,行政干部第二"。由分房可看出,教师优先,优先于干部;教授优先,优先于校长。"我们的住房,显然是先教师后干部的,先教授后校长、副校长(或书记或副书记)的。在我任职的18年期间,书记和校长从来都是住的三等或四等住房,稍好一点的也只是二等住房,这些人的住房至今仍是三等、四等的。"[①]

3.通过改革校学术委员会和学位委员会暗示"教师第一,行政干部第二"。学校设立学术委员会和学位委员会,在具体工作安排上,所有校长、副校长等行政人员都不得在学术委员会任职,更不能兼任学位委员会主席。

4.通过改革校报暗示"教师第一,学生第一,行政干部第二"。《湖南师大报》做出两大改革:一是废弃以会议报道为主,以报道领导人为

[①] 张楚廷.张楚廷教育文集(第4卷)[M].长沙:湖南教育出版社,2007:171.

主的模式;二是坚持以报道教师、学生为主。因此,这张小报被人誉为一张真像大学的报纸,脱离"官本位"的报纸,有大学特色的报纸。

5.通过改革文件用语暗示"学生第一,行政干部第二"。以前的学校领导人(也包括校长)的讲话稿打印发布时,办公室一般附带有一个通知。通知的行文常常是这样的:"现将××的报告打印下发各系各单位。这个报告十分重要,各系各单位要组织师生认真学习,切实贯彻执行。"后来张楚廷将之改为:"××的报告,现印发给你们。请结合本单位实际参考。"

(四)情景暗示。英语教授张京华将要离开学校去上海,张楚廷派了一辆车送他去机场。当车快要开动时,他出现在车旁。张教授十分惊讶:"我要离开了,张校长还来送行。"著名画家黄柯教授因为冬天耳朵总是有冻伤,所以调往海南大学。张楚廷不仅为他送行,还派了一辆卡车,把他全家的行李一直运抵海边。这些既是行为暗示,也是别人眼里的情景暗示,暗示着"教师第一"的理念,暗示着"人才流动合理"。

情景暗示还有很多。学校开会,除了党代会、教职工代表大会有主席团成员坐在主席台上,其他许多大会都不设主席台。教职工代表大会由于是教职工的大会,所以校领导不得坐主席台。一般会议就是谁讲话谁上台,校领导和其他人一样,都是听众,都坐台下,而且不一定坐第一排,而是分散于听众之中。开学典礼跟新生见面,他们的传统是:书记、校长与教授代表们在台上相间而坐。在向新生介绍时,首先介绍台上就座的教授们。还有照相、摄影之类,在一般情况下,都请教师站(或坐)前排,学校领导站两边或站后排。

在种种努力之后,张楚廷也终于可以自豪地说:"我们感到欣慰的是,至2000年,在我们学校,教师的地位是明显高于行政人员的。教师真有地位,这也是学校行政人员可以感到欣慰的。"①

四、风,实际上是无形的旗帜:隐性管理的实质

在张楚廷看来,当管理者面对一家单位时,既要思考"管什么"和"如何管",还要思考"不管什么"和"如何做到不管"。"管什么"和"不管什么",这本是管理的两面,"说也奇怪,一个事物的两面,人们却偏偏只看一面,常常以为管理就是要'管',而忽略了另一面——'不管'。从形式逻辑的角度,从辩证逻辑的角度,都提醒人们,要考虑管哪些,如何管好,管起来有什么好处;哪些不应该管,管起来有什么弊病;不管有没有好处,不管有没有弊病,如何不管。可是,事实证明,光有逻辑的提醒还远远不够"②。

"不管"是管理的一个重要方面,它与图清闲没有关系,更与不负责任毫不相干。那怎样才能做到"不管"呢?"不管,你就要创造好的制度出来,创造好的文化出来,创造好的环境出来。撒手不管,哪有这么便宜的事情?所以,我们更加致力于制度建设、文化建设、观念建设、干部建设,总的来讲,是要让不管比管还好。"③

在制度建设方面,张楚廷主要致力于民主管理、法规管理和目标管理的创建和完善。民主管理,除了一般的行政民主、组织民主、财务民主外,还拥有学术民主(以学术自由为根基)和教学民主。对于学

---

① 张楚廷.张楚廷教育文集(第4卷)[M].长沙:湖南教育出版社,2007:178.
② 张楚廷.张楚廷教育文集(第11卷)[M].长沙:湖南人民出版社,2012:103.
③ 张楚廷.张楚廷教育文集(第20卷)[M].长沙:湖南人民出版社,2012:33.

校,这是重要和基本的方面,其他方面都应有利于学术民主。法规管理,包含两个大的方面:"一是严格遵守国家法律法规,依法治理学校;二是在国家法律法规允许范围内结合学校的实际健全学校的规章制度,以加强学校管理。"①实行法规管理就是要让学校从人治走向法治。目标管理指的是系统地运用目标进行管理,管理的基本对象和内容之一是目标,管理的基本手段和方式也包括目标。具体一点说,目标管理所直接管理的是目标,而不是人们的行为。好比那座山要让人们要登上去,这是管理的基本对象,至于从南侧还是北侧登上去,穿着什么样的登山鞋登上去,背着什么样的行囊登上去,就不是管理的基本对象了,至少不是直接管理的对象了。因此,目标管理是相对于行为管理而言的。

为了做到"不管",张楚廷更侧重于文化建设、观念建设和干部建设。

观念建设和干部建设,其实都属于文化建设的具体表现,即是说,张楚廷更注重的就是文化建设。在他看来,"学校文化可分为两种,一种是诸如科学、哲学、史学、文学等能以文字或符号为载体而显现于外的文化,可有意识地经过一定的组织形式(如班级)按一定计划进行的;另一种是诸如价值观念、思维模式、情感气质等难以用文字或符号,或者仅借助文字或符号难以显现于外的文化,这是一种非组织的,并无一定日常安排,而是主要经过积累整合的。前者称为外显文化,后者称为内隐文化"②。

张楚廷重视和推行隐性管理的实质,其实就是致力于大学内隐文

---

①张楚廷.张楚廷教育文集(第5卷)[M].长沙:湖南教育出版社,2007:269.
②张楚廷.张楚廷教育文集(第5卷)[M].长沙:湖南教育出版社,2007:81.

化的建设。"在我看来,校长的真正本领就在于你是否发展了学校文化、丰富了学校文化、凝练了学校文化、焦聚了学校文化,形成了强有力的观念文化,并让这些文化孕育了杰出人才。"[1]隐性管理的背后是文化,文化的背后是精神。大学特有的文化象征着大学特有的精神,大学特有的精神代表着大学特有的灵魂。大学的灵魂是大学自己铸造的,是生活在这所大学的人用心去铸造的。大学的精神、大学的灵魂,都可以用一个"风"字来描述。风,实际上是无形的旗帜。在那些有文化、有精神的大学,应该都飘扬着两面无形的旗帜:真理至上,民族至上。具体到管理层面,那就是学生至上,教师至上。

---

[1]张楚廷.思想的流淌[M].重庆:西南师范大学出版社,2015:119.

在最美丽的时候，我遇见了谁？

——张楚廷先生教我治学与为人①

我主要从事外国文学和高等教育学研究。我的外国文学研究的引路人是我的硕士生导师张铁夫先生；我的高等教育学研究的精神导师则是张楚廷先生。

我是2010年接触高等教育学，2013年读到张楚廷先生的著作。遇见张楚廷先生时，我已经34岁，不再是最美丽的时候。我没有在最美丽的时候遇见张楚廷先生，这是一种遗憾！但是，我也可以说，遇见张楚廷先生，才是我最美丽的时候！

2016年春节，我用了18天时间，编辑了一本10万字的阅读笔记——《张楚廷格言与感想集》，然后开始了自觉的张楚廷先生研究。我研究张楚廷先生有两个目标：一是用我的人生激活张楚廷先生书中的智慧，传播张楚廷先生的智慧；二是用张楚廷先生书中的智慧激活我的人生，践行张楚廷先生的智慧。

---

① 一次偶然，我读到了张楚廷先生的书，立刻喜欢上他的文笔和智慧，便找来他所有的书来看。我和他的关系，就是读者和作者的关系，非常简单纯粹。阅读他的著述，极大地提升了我的教学水平、管理水平以及为人处世水平。2019年6月22日，我以特邀代表的身份，在"张楚廷先生从教60周年纪念暨学术思想研讨会"上做了这次演讲。

张楚廷先生不仅是一位学者、思想者,还是一位智者,他对我的影响,不仅体现在学术、思想层面,还体现在细微的日常工作和生活层面。下面,我用张楚廷先生的方式理解张楚廷,即用"思想的流淌"的方式来阐释、体悟他那流淌的思想。不妨就从十句话出发,谈谈他如何以无言的方式教我治学与为人。

第一句话:会教书的教师是好教师,会进行研究的教师是好教师,既会教书又会进行研究的教师是更好的教师。①

大学应该是多元化的,因为我们培养的学生也是多元化的。那些个人选择与学校总目标一致的老师应该得到尊重,那些个人选择与学校总目标不一致,但有才华和贡献的老师也应该被理解。会教书的教师,是学生最需要的,所以是好教师,没有会教书的老师,大学没有必要办下去;会进行研究的教师,是体制最需要的,所以是好教师,没有会做科研的教师,大学没有可能办下去。会教书的教师和擅长科研的教师,各有存在的价值,要互相尊重,互相学习,而不是互相对立,谁也瞧不起谁。

既会教书又擅长科研的教师,意味着既能满足学生的期待,又能满足体制的需要,自然是大学最欢迎的。这些年,我之所以在各种场合特别"鼓吹"教书的重要性,那是因为教书越来越被大学所鄙视和遗弃,我看在眼里,急在心里,只能通过微弱的呼声来引发大家对会教书的教师的关注和敬重,只可惜人微言轻,效果甚微。

"鼓吹"教书的事做得多了,有些人就误以为我看不起研究,误以为我在专业方面不学无术了。其实,在日常工作中,我在明知道自己

---

① 张楚廷.张楚廷教育文集(第5卷)[M].长沙:湖南教育出版社,2007:423.

专业研究天赋有限的情况下,还是通过还算勤奋的写作,做一些力所能及的专业研究。可以说,探寻科研与教学的平衡与融合,做一个有相当学术底蕴的会教书的教师,一直都是我追寻的目标。

第二句话:谁规定过只能用一种格式写论文?[①]

这让我想起易中天先生的一个比方:表达爱国的情感,当大部分人都用民族唱法的时候,我来段摇滚,有何不可?张楚廷先生的大部分论著,用的是散文体,注重"思想的流淌",不注重机械和烦琐的形式,所以,他写得很快,写得很多,单从技术层面看,也是可以理解的。在我看来,张楚廷先生的文风和陶行知、苏霍姆林斯基的文风相通,是典型的大教育家风格,似乎很直白,但意味深长、回味悠长,读起来既有感觉,又很感动。当然,还有一种教育理论家的风格,文章看起来很漂亮,但看完后感觉不强烈,感动也不多。

张楚廷先生的写作,归根结底,不是为了学术界认可,而是为了自己的内心认可,广大读者认可,被表达的思想本身认可。于是,他的写作才能回归初心,回归本真,回归写作该有的样子。

这些年,我在发表"八股文"的同时,也写了一些心灵需要的随笔体论著,如《大学的痛与梦:宋德发教育随笔》《用整个的心做大学老师》《大学教学名师研究》等。每当我受到质疑并因此怀疑自己的时候,张楚廷先生的那句"谁规定过只能用一种格式写论文?"无疑给了我足够的信心。

第三句话:我做什么事就写什么书。[②]

张楚廷先生,当校长,就写了《校长学概论》;当父亲,就写了《子女

[①] 张楚廷.思想的流淌[M].重庆:西南师范大学出版社,2015:110.
[②] 张楚廷.思想的流淌[M].重庆:西南师范大学出版社,2015:221.

的培育》。教微积分,就写了《微积分基础》;教复变函数,就写了《复变函数论学习指导》;教课程哲学,就写了《课程与教学哲学》……教了23门课,就写了几十本书。

干一行爱一行,干一行研究一行,干一行就变成这个行业的专家,这就是张楚廷先生的职业水平和职业精神。受张楚廷先生的启发,我教比较文学,就写了《常识　方法　视野:比较文学的三维建构》《19世纪欧洲作家笔下的拿破仑》;我教外国文学,就写了《厄普代克中产阶级小说的宗教之维》《做一个受欢迎的外国文学老师——西方文学的口语传承》;我当老师,就写了4部教学方面的书。我的书写得真不好,对学术而言意义很小,但对我个人水平的提升却是极为明显的。

和张楚廷先生比较起来,我写得还是太少。一方面我没有他那种压抑不住的天赋和才华,另一方面,我还缺乏他那种"白天行政,晚上学术"的转移注意力的能力。在教务处当副处长的三年,我白天坐班,晚上只想在客厅的沙发上慵懒地躺着(又名"葛优躺"),啥也不想干。我想写的书,比如《大学讲授学》《大学班主任学》《西方文学中的生命哲学》,现在一部都没有写成。

第四句话:讲授法是最常见的方法,也是最必需的方法……应该说所要废除的是"填鸭式",而不是讲授法,应尽量避免讲授法中可能产生的"填鸭式",从而使讲授更富有启发,更能吸引学生。[①]

这些年,大学有一个很不好的现象,就是为了推行"翻转课堂""混合式教学""研讨式教学"等,故意贬低甚至嘲讽传统的讲授法。他们常将课堂效果不好统统归因于讲授法,将讲授法置于他们所要推行的

[①]张楚廷.张楚廷教育文集(第2卷)[M].长沙:湖南教育出版社,2007:149.

新教学法的对立面。

像张楚廷先生一样,我一直在为讲授法正名。我还专门写过一篇文章《我为什么特别重视讲课?》。在我看来,讲授法不等于灌输式,讲授法也可能包含着诸多启发;讲授法固然是传统的,但传统不等于陈旧,传统也可能代表着经典。我们应该反对的是低水平的讲授法而不是讲授法本身。课堂效果不好,不是因为教师用了讲授法,而是因为教师讲授的水平不行,或者因为教师的整体水平不行。当教师整体的水平不行时,用什么教学法都会导致课堂效果不好。

这些年,我教学改革的一个中心就是探索如何将低水平的讲授提升为高水平的讲授,2013年出版的《如何走上大学讲台——青年教师提高讲课能力的途径与方法研究》便是阶段性成果。这本书也算是我个人的成名作。

第五句话:教师必须要有思想家的深刻、文学家的文采、相声演员般的口才,这也许是理想化的想法,却是应当去追求的目标,却是教师的使命。①

高水平的讲授离不开一个前提:高水平的语言能力。夸美纽斯说,教师的语言应该像猪油一样,具有渗透性;张楚廷先生说,教师要有"相声演员般的口才",说的都是同一个道理。所以,作为教师,不仅要注重专业内涵方面的修炼,还需要重视语言能力的提升。语言能力最直观的表现是声音,就像广告词所言,"没有声音,再好的戏也出不来"。如果一位教师,普通话标准,声音洪亮,说话富有节奏感,同时具有很强的辨识度,那算是老天赏饭吃。

---

① 张楚廷.张楚廷教育文集(第2卷)[M].长沙:湖南教育出版社,2007:68.

声音条件,有很多天生的成分,不过语言能力却可以通过后天努力不断加以提升。如厦门大学的易中天教授普通话不太标准,华中师范大学的戴建业教授普通话也不标准,但他们通过奇特的个性、超乎寻常的想象力和天然的幽默感,也能让自己充满无穷的魅力。

第六句话:如果行政人员不清楚自己的位置,那是大学的不幸,也是这些行政人员的不幸。因为只有切切实实知道自己是谁,我们才找准了自己的位置,明白了工作的意义,也才清楚自己该做些什么,该怎么做。①

2016年9月,我阴差阳错地成为湘潭大学教务处副处长。在与新同事的第一次见面会上,我郑重地做出以下承诺:第一,"对上好",不折不扣、无怨无悔地完成上级交代的各项任务(但也不拍马屁);第二,"对下好",不做媚上欺下之事;第三,对老师好,尤其不和一线老师争利,当和一线老师发生利益冲突,而教务处副处长这个身份又可能给我加分时,我应该主动回避。

其实,第三点承诺是最难做到的,因为我还年轻,还有诸多世俗的追求,还要应付各种评价机制的考核,考核如果不合格,结果会比较惨。每当我动摇的时候,就再回味一下张楚廷先生的另一段名言:"我主张,凡带'长'字号的,从处一级起,一律不参与校内评奖。这样,也不能参加校外的评奖了,因为校外常以有无校内奖励为前提。在我看来,这就是不与民争利。"②

第七句话:在我所参加过的、为数不多的会议,都没有给我留下好印象。我的基本结论是,无边无际地聊天,没有什么实质意义。对时

---

① 张楚廷.思想的流淌[M].重庆:西南师范大学出版社,2015:135.
② 张楚廷.思想的流淌[M].重庆:西南师范大学出版社,2015:160.

间如此看重的我,不太可能让这种会议来耗磨时光。①

受张楚廷先生这段话的启发和鼓励,做行政工作期间,我干了三件很有勇气的事:一是公开质疑现在开会的方式太浪费时间,明明15分钟可以搞定的事情为何硬要"讨论"一个上午？二是我自己主持的为数不多的会议,三言两语结束,没有超过15分钟的。三是对于校内外明显无意义的大会,在明确要求我参加的情况下,我也基本不参加。刚开始还有点害怕被发现,后来我发现,那么多人,缺我一个小角色,根本没有人在意。

第八句话:我本人,在学生时代就喜欢体育,酷爱体育,成为教师后,更重视体育。体育不仅能使人精力旺盛地从事心智活动,而且它还可发展智慧,体育可使人更聪明。②

在读研究生之前,我从未意识到体育对于美好生活的意义,当时我是一个"一年感冒三次,每次感冒四个月"的人。读研究生之后,为了改变体弱多病的现状,我开始打篮球,10多年后,曾经的一颗豆芽渐渐强壮成一根丝瓜。后来在湘潭大学文学与新闻学院,我带着男教师和屈指可数的几个男同学一起建设篮球文化。我也在各种场合倡导以篮球为中心的体育教育和体育文化。2016年我还写过一篇影响甚广的散文《篮球与人生》。在各种演讲中,我也喜欢引用陶行知、张伯苓等先生关于体育和体育教育的名言。这种为体育代言的事做多了,好多人都以为我是一名体育老师。其实我不过是一名尊重体育,热爱体育,"鼓吹"体育和受益于体育的文学老师。

---

①张楚廷.思想的流淌[M].重庆:西南师范大学出版社,2015:114.
②张楚廷.给教师的101条建议[M].重庆:西南师范大学出版社,2017:113.

第九句话：人生总有最后那一天，用不着去等待，只需要坦坦荡荡、实实在在、畅畅快快过好每一天。"做一天和尚撞一天钟"被认为是混日子，可是，撞钟就是和尚每天要做的事，认真去撞钟，不正是他的生活吗？我每天看书、写书，不断读书、教书，不也是撞钟吗？农民每天耕耘，我不也是每天笔耕吗？①

这其实是一种最简单朴素的职业操守和敬业精神。作为大学老师，做研究，教书，就是"做一天和尚撞一天钟"。我一直认为，我们不会因为从事什么专业而天然地赢得社会的尊重，我们只有把自己的专业做得很专业，才能获得社会的认可。

古代的庖丁，从事的是厨师工作，可是他从没有自卑过，也没有抱怨过，不仅如此，还用审美的心态去做，居然将一项看起来毫无创造性的工作做成了哲学，做成了美学，赢得了千古美名。当代的陆步轩，北大中文系毕业生，运用北大教给他的能力和思维，成了中国屠夫界的翘楚，还写出了一本如何卖猪肉的讲义《猪肉营销学》，继而在全国各地的"屠夫培训班"做报告，他因此用另外一种方式成为母校北大的骄傲。这让我很自然地想到张楚廷先生的另一段非常哲学的话："任何工作，任何行业，都可以达到艺术境界。由熟练而拥有技巧，由技巧而生成艺术。"②

大学老师，不管多么不受待见，但看起来应该更有创造性一些。那我们可不可以将这项看起来更优雅、更有创造性的工作做成哲学、做成美学呢？我们大学老师应不应该在立志做科学家的同时，还能立志做教学艺术家呢？

---

① 张楚廷.思想的流淌[M].重庆：西南师范大学出版社，2015：374.
② 张楚廷.给教师的101条建议[M].重庆：西南师范大学出版社，2017：44.

第十句话:我身在体制内,心在体制外。①

对于张楚廷先生的"心在体制外",我读他的论著,已经充分感受到了。他是如此个性鲜明的人,他的很多所思所行,是那样的另类,那样的张扬,那样的骄傲,那样的出人意料,同时又是那样的直指人性和事物的本真。

但他是一个现实中的人,一个现实中的大学校长,他的智慧就在于,他很清楚用适应体制的方式来超越体制,如竭尽全力申报"211",从而为湖南师大的发展赢得了更多时间和空间上的自由;再如申报政府奖励,为湖南师大拿到两个教育学博士点。总之,他懂得为了自己深爱的事业和单位,该隐忍的时候隐忍,该妥协的时候妥协,该迂回的时候要迂回,该承受误解的时候承受误解。为了更远大的抱负,更庄严的承诺,更崇高的信仰,做一些自己不喜欢的事情,这正是高度的责任感和自我牺牲精神的体现!

最后,我再以张楚廷先生的一段话作为本文的结束语:"事实上,别人的态度和评价不是最重要的,最重要的还是你自己怎么样。所以,我常告诫自己:与其企图去改变别人,不如努力改变你自己。这不是阿Q精神,因为我们的立足点在于让自己强大。"②

10多年来,我本人在专业研究之外,专注于微观的大学教学法研究,并以古老的讲授法作为研究重点。有人真诚地鼓励过我,说我做的是一件很符合自身身份和大学职责的事情。也有人根本不看好我,甚至将我的"不务专业"直言为"不务正业","简直是毫无意义"。

---

①张楚廷.思想的流淌[M].重庆:西南师范大学出版社,2015:120.
②张楚廷.张楚廷教育文集(第4卷)[M].长沙:湖南教育出版社,2007:75.

在鼓励和鄙视中,我按照自己"我无法改变世界,但我可以改变我自己"的想法和信念,一直坚持到今天,从来没有动摇过。我很满意我现在虽然没有成功但成就感不断、幸福感不断的生活状态。通俗地说,我是一个自我认知越来越良好的人。我还有20多年退休,我愿意再用20多年的选择和坚持,履行我对未来职业生涯和整个人生的一次庄严的承诺:"我就是我,是颜色不一样的烟火!"

后记

每个人都有不同的境遇

算起来,我当老师已有整整20年,从事教学研究也有13个年头了。

2008年,我在《理工高教研究》第6期发表了第一篇教学论文《论大学教师的身份危机》。文章的中心思想是反思一些大学老师遗忘了"教师"这个身份,导致其既不愿意教学,又不擅长教学,甚至冷落和歧视教学。

这篇文章既是写给别人看的,更是写给我自己看的。

我知道,我要面临一次重要的人生选择。

我希望自己的职业生涯整体上与众相同,局部上与众不同。

也正是从这篇文章开始,我更加自觉地明确了自己的教师身份,强化了自己的职责,提升自己的素养。

教师的素养包含三个同等重要的要素:一是专业水平,二是教育学储备水平,三是教学能力。

为了让教师的素养更加完备和均衡,这些年,在从事专业研究的同时,我不断地加强自己的教育学储备,提升自己的教学能力。为此,我结合日常的教学实践,有意识地阅读了500余部教学书籍,撰写了

30余篇教学论文,出版了6部教学著作。

我的教学研究,这些年引起了部分专业人士的注意和认可,可谓"有心栽花花不开,无心插柳柳成荫",这让我惊喜不已。但考虑到自己只是教学研究的发烧友,因此,在感动之余,我依然缺乏"改行"的勇气。

和专业的教育研究者相比,我的教学研究水平是不高的。但也有读者和听众认为,我的教学研究比较奇特,尤其是我的教学演讲比较接地气。这是因为我的教学研究是从体验出发的,比较侧重经验总结,理论因素很少,理念成分同样不多。

我写的教学论著都比较简约、朴实甚至有些粗略,一看就很不专业,但从指导教学实践的角度看,似乎又比较有用。尤其对我个人教学水平的提升,更是直接有效。

我的教学研究还有一个显著特点,就是批判少、建设多。所谓批判少,是指我极少抱怨和批评大学的教育问题,尤其人到中年后,心态日趋"佛系",更加关注内在的自我而不是外部的环境;所谓建设多,是指我立足做好自己,思考一个教师究竟该如何上好课和带好学生。

批判当然很过瘾,但也只是"过嘴瘾",除了给自己添堵,啥也改变不了;建设当然很辛苦,但常常有意想不到的小收获和小惊喜。

我算不得资深学者,所以原没有出"自选集"的计划。恰逢安徽教育出版社周佳编辑约稿,于是,我灵机一动,乘机从已有的教学文章中挑选出20篇结集出版(一些应景性的文章就没有被收入),算是为自己的教学研究做一个阶段性总结。

这20篇文章分为4辑:第一辑侧重本科教学实践;第二辑侧重本科教学观念;第三辑侧重研究生培养;第四辑侧重本科教学管理——

因为我做过4年的教务处副处长,出于履行职责的缘故也关注过教学管理问题。

可以说,收入本书中的每一篇文章我都写得很投入,很用情。它们可以证明,我曾为做"好"老师如何认真地探索和思考过。

我很喜欢《我们不一样》中的一句歌词:"我们不一样,每个人都有不同的境遇。"我毕业于师范专业,身上流淌着师范生的血液,且我一直向往教学、敬重教学、痴迷教学,似乎也还算擅长教学,这就是我"不同的境遇"。

这些年,也正是通过比较自觉而系统的教学研究,在成千上万的大学老师中,我活出了自己的不一样。

这是我的骄傲,也是我的幸福!

宋德发

2021年5月